国家社会科学基金重点项目"《高等学校外国语言文学类专业本科教学质量国家标准》阐释与应用研究"（18AYY011）成果

《高等学校外国语言文学类专业本科教学质量国家标准》阐释与应用研究

孙有中 等 著

外语教学与研究出版社
北京

图书在版编目 (CIP) 数据

《高等学校外国语言文学类专业本科教学质量国家标准》阐释与应用研究 / 孙有中等著. —— 北京：外语教学与研究出版社，2022.12（2023.7 重印）
ISBN 978-7-5213-4158-4

Ⅰ. ①高… Ⅱ. ①孙… Ⅲ. ①高等学校－外语－教学质量－国家标准－研究－中国 Ⅳ. ①H09-65

中国版本图书馆 CIP 数据核字 (2022) 第 245280 号

出 版 人　王　芳
责任编辑　程　序
责任校对　闫　璟
封面设计　水长流文化
版式设计　付玉梅
出版发行　外语教学与研究出版社
社　　址　北京市西三环北路 19 号（100089）
网　　址　https://www.fltrp.com
印　　刷　北京九州迅驰传媒文化有限公司
开　　本　787×1092　1/16
印　　张　19.75
版　　次　2023 年 6 月第 1 版　2023 年 7 月第 2 次印刷
书　　号　ISBN 978-7-5213-4158-4
定　　价　78.90 元

如有图书采购需求，图书内容或印刷装订等问题，侵权、盗版书籍等线索，请拨打以下电话或关注官方服务号：
客服电话：400 898 7008
官方服务号：微信搜索并关注公众号"外研社官方服务号"
外研社购书网址：https://fltrp.tmall.com

物料号：341580001

本书课题组名单及撰写分工

孙有中：1，6（6.3，6.4），14
张　莲：5（5.1），6（6.1），8（8.1，8.3）
张文忠：15
王立非：3，5（5.5，5.6），6（6.9），8（8.8）
冯光武：2，12
张　虹：11
金利民：7
程晓堂：8（8.5）
曾艳钰：8（8.7）
王俊菊：13（13.2）
金　艳：13（13.1.2）
徐锦芬：6（6.8）
姜景奎：4
夏登山：6（6.6）
常俊跃：10
赵军峰：8（8.4），9
杨金才：5（5.2），6（6.2），8（8.2）
潘文国：5（5.4）
唐锦兰：6（6.7）
谢　韬：5（5.3），8（8.6）
王守仁：6（6.5）
郭英剑：13（13.1.1）
张　欣：14

前 言

2018年1月30日，教育部发布《普通高等学校本科专业类教学质量国家标准》。《人民日报》1月31日的专题报道称："这是向全国、全世界发布的第一个高等教育教学质量国家标准，与全世界重视人才培养质量的发展潮流相一致，对建设中国特色、世界水平的高等教育质量标准体系具有重要的标志性意义。"[1] 教育部高教司吴岩司长强调，"有了'标准'才能加强引导、加强监管、加强问责。颁布《普通高等学校本科专业类教学质量国家标准》特别特别重要，非常非常重要，是天大的事。教育部下一步的工作重点就是确保'标准'的使用，'以标促改、以标促建、以标促强'。"[2] 他要求各地、各相关行业部门根据这一标准研究制定人才评价标准；各高校要据此修订人才培养方案。

本书旨在系统阐释《高等学校外国语言文学类专业本科教学质量国家标准》（以下简称《国标》）的关键术语、重要原则、基本要求，揭示其内在逻辑，并通过对外语类专业培养方案的中外对比研究，为高校各外语类专业点贯彻落实《国标》，推进教学改革和创新发展，提供理论参考和实践路径。

当前，为贯彻落实《国标》的基本精神，各高校外语类专业点可着重推进以下三方面的建设：

第一，坚持内涵发展。聚精会神抓教师发展，聚精会神抓课堂改革，聚精会神抓专业升级，全心全意促进学生成长成才。

第二，坚持多元发展。充分发掘学校教育教学优势资源，特色发展，错位竞争，服务国家外语人才多元需求，服务地方经济社会发展多元需求，服务学生个性化发展多元需求。

第三，坚持创新发展。大胆探索外语教育教学新理论新方法，大胆探索人才培养新模式新机制，大胆探索智能技术与外语教育教学深度融合新平台新路径，全面整合

---

[1] 高等教育教学质量"国标"发布 [N].《人民日报》, 2018年1月31日。
[2] 吴岩. 我国首个高等教育教学质量国家标准发布 [N].《中国青年报》, 2018年1月31日。

i

校内外和国内外人才培养资源，充分激活全体教师的教学积极性与创造力、全体学生的学习动力与潜力，切实提升人才培养质量。

自2019年教育部启动"双万计划"以来，各高校外语类专业点积极投身"一流专业"和"一流课程"建设，在专业定位、专业管理、改革成效、师资力量、培养质量等方面全面发力，踏上了全面振兴本科教育、提高人才培养能力、实现内涵式发展的新征程。

我们有理由期待，全国高校外语类专业点将以立德树人为根本使命，以提升人才培养能力为抓手，主动对接国家经济社会发展需求，服务国家"一带一路"和国际传播能力建设，服务国家参与全球治理和中外人文交流，准确定位人才培养目标，不断完善人才培养方案，扎实推进课程思政和新文科建设，优化课程设置，夯实专业课程，突出能力培养，推动课堂革命，探索智能教学，促进教师发展，健全质保体系，切实提高人才培养的目标达成度和社会满意度，为建设中国特色世界一流的高等外语教育不懈努力，为中华民族伟大复兴和构建人类命运共同体做出外语类专业的独特贡献。

目录

1. 概论   1
   1.1 新时代高等教育的基本形势   1
   1.2 外语类专业取得的成就和面临的挑战   3
   1.3 振兴外语类本科专业的基本路径   5

2. 专业定位   13
   2.1 新时代外语类专业定位的必要性   13
   2.2 存在的问题   14
   2.3 新时代外语类专业定位   16

3. 复合型外语人才   25
   3.1 复合型外语人才的定义   25
   3.2 复合型外语人才的培养目标   26
   3.3 复合型外语人才培养目标的实现   27
   3.4 商务英语专业人才培养目标   29
   3.5 法律英语方向人才培养目标   31
   3.6 医学英语方向人才培养目标   31

4. 素质要求   33
   4.1 人生哲学   33
   4.2 中国情怀和国际视野   36
   4.3 社会责任感   37
   4.4 人文与科学素养   38
   4.5 合作精神   40

5. 知识要求　　　　　　　　　　　　　　　　　　　　41
    5.1　外国语言知识　　　　　　　　　　　　　　　41
    5.2　外国文学知识　　　　　　　　　　　　　　　50
    5.3　国别与区域知识　　　　　　　　　　　　　　52
    5.4　中国语言文化知识　　　　　　　　　　　　　54
    5.5　相关专业知识　　　　　　　　　　　　　　　60
    5.6　跨学科知识结构　　　　　　　　　　　　　　61

6. 能力要求　　　　　　　　　　　　　　　　　　　　64
    6.1　外语运用能力　　　　　　　　　　　　　　　64
    6.2　文学赏析能力　　　　　　　　　　　　　　　71
    6.3　跨文化能力　　　　　　　　　　　　　　　　73
    6.4　思辨能力　　　　　　　　　　　　　　　　　79
    6.5　研究能力　　　　　　　　　　　　　　　　　89
    6.6　创新能力　　　　　　　　　　　　　　　　　93
    6.7　信息技术能力　　　　　　　　　　　　　　　101
    6.8　自主学习能力　　　　　　　　　　　　　　　107
    6.9　实践能力　　　　　　　　　　　　　　　　　115

7. 课程体系　　　　　　　　　　　　　　　　　　　　127
    7.1　总体框架　　　　　　　　　　　　　　　　　127
    7.2　课程结构　　　　　　　　　　　　　　　　　133

8. 培养方向课程　　　　　　　　　　　　　　　　　　140
    8.1　培养方向课程设置原则　　　　　　　　　　　140
    8.2　外国文学方向课程　　　　　　　　　　　　　147
    8.3　外国语言学方向课程　　　　　　　　　　　　150
    8.4　翻译学方向课程　　　　　　　　　　　　　　155

8.5	外语教育方向课程	156
8.6	国别与区域研究方向课程	166
8.7	比较文学与跨文化研究方向课程	169
8.8	专门用途外语方向课程	177

9. 实践教学   211

9.1	实践教学与实践能力	211
9.2	实践教学的基本原则	212
9.3	实践教学的形式与课程设置	214

10. 毕业论文   218

10.1	当前外语类专业毕业论文工作存在的问题	218
10.2	外语类专业毕业论文（设计）的多样化解决方案	221
10.3	毕业论文（设计）多样化的优势	222
10.4	实施建议	223

11. 教师队伍   226

11.1	师资结构	226
11.2	教师素质	228
11.3	教师发展	230

12. 教学条件   240

12.1	教学设施	240
12.2	信息资源	241
12.3	实践教学	242
12.4	教学经费	243

13. 质量管理 — 245
13.1　教学与评价 — 245
13.2　质量保障体系 — 257

14. 国外高校一流外语类专业培养方案特色与启示 — 270
14.1　英国牛津大学法语专业课程设置 — 270
14.2　俄罗斯圣彼得堡国立大学英语专业课程设置 — 271
14.3　法国国立东方语言文化学院中国学专业课程设置 — 272
14.4　剑桥大学亚洲与中东研究学院中国学专业课程设置 — 275
14.5　哈佛大学东亚语言与文明系课程设置 — 275
14.6　国外高校一流外语类专业的多元能力培养 — 279
14.7　借鉴 — 281

15. 国内高校一流外语类专业培养方案分析与评价 — 285
15.1　人才培养目标与培养规格 — 285
15.2　外语类专业课程体系总体要求 — 286
15.3　《国标》要求落实情况检视 — 291
15.4　问题与借鉴 — 304

1. 概论

1.1 新时代高等教育的基本形势

2017年10月18日，中国共产党第十九次全国代表大会在北京开幕，标志着中国特色社会主义进入了新时代，意味着近代以来久经磨难的中华民族迎来了从站起来、富起来到强起来的伟大飞跃，迎来了实现中华民族伟大复兴的光明前景。党的二十大（2022年10月）提出"以中国式现代化全面推进中华民族伟大复兴"，强调"教育、科技、人才是全面建设社会主义现代化国家的基础性、战略性支撑"，要深入实施科教兴国战略、人才强国战略、创新驱动发展战略，开辟发展新领域新赛道，不断塑造发展新动能新优势。经过改革开放40余年的蓬勃发展，中国高等教育迎来了从教育大国迈向教育强国的新时代。要判断高等外语教育所处的历史方位，有必要首先厘清中国高等教育的整体方位。

1.1.1 中国高等教育规模跃居全球领先地位

改革开放以来，随着中国经济持续快速增长，高等教育蓬勃发展。根据教育部发布的数据，截至2022年，全国共有高等学校3013所。其中，普通本科学校1239所（含独立学院164所）；本科层次职业学校32所；高职（专科）学校1489所；成人高等学校253所。另有培养研究生的科研机构234所。各种形式的高等教育在学总规模4655万人。高等教育毛入学率已达到59.6%。按照国际高等教育界的评价标准，毛入学率达到50%意味着一国高等教育由大众化阶段进入普及化阶段。

吴岩（2017）对中国高等教育的当前形势做了三个基本判断：其一，中国高等教育发展整体上进入世界中上水平，开始进入世界高等教育发展第一方阵；其二，中国高等教育开始与国际高等教育最新发展的潮流包括发展理念和发展标准同频共振；其三，中国高等教育与世界高等教育从整体上来说是追赶与超越、借鉴与自主、跟跑与领跑交织交融，有落后的，有跟跑的，个别还有领跑的。

1.1.2 教育强国战略吹响进军号角

进入 21 世纪，中国已悄然崛起为世界第二大经济体；与此同时，中国已成为世界第一教育大国。在此关键历史节点上，中共十九大报告吹响了建设教育强国的进军号角："建设教育强国是中华民族伟大复兴的基础工程，必须把教育事业放在优先位置，深化教育改革，加快教育现代化，办好人民满意的教育。"报告对教育的功能做出了精辟概括："教育是提高人民综合素质、促进人的全面发展的重要途径，是民族振兴、社会进步的重要基石，是对中华民族伟大复兴具有决定性意义的事业。"

在 2018 年 9 月 10 日召开的全国教育大会上，习近平总书记进一步强调指出："我们要抓住机遇、超前布局，以更高远的历史站位、更宽广的国际视野、更深邃的战略眼光，对加快推进教育现代化、建设教育强国做出总体部署和战略设计，坚持把优先发展教育事业作为推动党和国家各项事业发展的重要先手棋，不断使教育同党和国家事业发展要求相适应、同人民群众期待相契合、同我国综合国力和国际地位相匹配。"

在新的历史发展阶段，中国高等教育迎来了前所未有的发展机遇。中国经济社会的大发展为高等教育的大发展创造了前所未有的良好条件，而高等教育的大发展必将极大地促进并引领中华民族的伟大复兴。

1.1.3 高等教育进入全面提高人才培养能力新阶段

面对新时代国家经济社会发展赋予高等教育的新使命，中国高校应如何写好"奋进之笔"？2018 年 10 月颁布的《教育部关于加快建设高水平本科教育全面提高人才培养能力的意见》做出了明确回答："当前，我国高等教育正处于内涵发展、质量提升、改革攻坚的关键时期和全面提高人才培养能力、建设高等教育强国的关键阶段。……高等学校必须主动适应国家战略发展新需求和世界高等教育发展新趋势，牢牢抓住全面提高人才培养能力这个核心点，把本科教育放在人才培养的核心地位、教育教学的基础地位、新时代教育发展的前沿地位，振兴本科教育，形成高水平人才培养体系，奋力开创高等教育新局面。"

简言之，振兴本科教育，全面提高人才培养能力，是下一阶段中国高等教育攻坚克难的主题。必须全面落实"四个回归"，即回归学生要刻苦读书的常识，回归教师要教书育人的本分，回归学校要培养中国特色社会主义事业建设者和接班人的初心，回归教育要报国强国的梦想；通过建成一批立德树人标杆学校和一批一流本科专业点，初步形成高水平的人才培养体系；进一步健全协同育人机制，促进现代信息技术与教育教学的深度融合，进一步完善质量督导评估制度，促进大学质量文化建设。

在促进高校普遍提高人才培养能力的同时，教育部等六部门还出台了《关于实施基础学科拔尖学生培养计划 2.0 的意见》，要求建设一批国家青年英才培养基地，强化使命驱动、注重大师引领、创新学习方式、促进科教融合、深化国际合作，选拔培养一批基础学科拔尖人才，为新时代自然科学和哲学社会科学发展播种火种，为把我国建设成为世界主要科学中心和思想高地奠定人才基础。

1.2 外语类专业取得的成就和面临的挑战

1.2.1 四十多年来外语类专业取得的成就

外语类专业的命运与国家政治经济发展的走向息息相关。从新中国成立后一边倒学习俄语，到 60 年代逐步恢复英语专业并建立欧亚非多语种专业，随后的"十年浩劫"让高校外语类专业陷入岌岌可危的境地（胡文仲 2011）。70 年代末中国走上改革开放的道路，外语类专业进入蓬勃发展的春天。伴随着 40 多年来整个高等教育的突飞猛进，外语类专业教育也取得了巨大成就。从外语类专业自身的发展来看，全国高校设置外语语种的专业数量稳步增加，从 1966 年的 41 个语种增加到 2021 年的 101 种；各语种专业点的数量和招生规模也迅速增加，原来的英语专业扩展为英语类专业，包括英语、商务英语和翻译等平行本科专业。外语类专业 2019 年招生总数已达到 236,360 人。无论从专业点的设置还是从招生规模来看，外语类专业均已成为全国高校最大的专业之一。与此同时，外语类专业的人才培养层次也逐步健全。自 1981 年国务院批准 5 个英语语言文学博士点和 23 个英语语言文学硕士点以来，本科、硕士、博士生人才培养的规模和质量都不断提升，2021 年外国语言文学一级学科博士点已经达到 53 个。

随着自身的发展壮大，外语类专业为国家经济社会发展培养了大批不同类型和不同层次的外语人才，包括：为改革开放保驾护航的外交外事人才；把中国介绍给世界的对外传播人才；连接国内外市场的商贸人才；提高整个高等教育各专业人才国际化能力的公共外语教师；中小学外语教师；各行各业的翻译人才；提高全民外语能力的各类培训机构的外语教师，等等。可以说，高校外语类专业培养的浩浩荡荡的语言服务人才和复合型外语人才，为中国顺利打开对外开放的大门，并在竞争如此激烈的全球化时代迅速崛起做出了历史性贡献。

1.2.2 外语类专业面临的挑战

必须承认，外语类专业也面临种种挑战。其一，外语类专业点规模过大。这主要表现为英语类专业的迅猛扩张。传统的英语专业近年来扩展为英语、翻译和商务英语三个专业。根据高教司提供的数据，截至2020年，英语本科专业布点数达到1,021个，翻译专业283个，商务英语专业407个；另外，高职类英语专业还有500多个专业点。英语类本科专业已发展成国内高校最大的本科专业之一，2020年招生数达到16万以上。英语类专业毕业生每年浩浩荡荡涌进容纳有限且随着经济形势波动的就业市场，必然会带来就业率下滑的问题，相应地也会对其生源带来不利影响。

应该看到，外语类专业的就业问题有其结构性特点。非英语类外语专业的就业状况总体比英语类专业更好，英语类专业的三个专业之间的就业率也有差异，一本生源的英语类专业就业率较之二本、三本生源的英语类专业的就业率也不一样，学校排名和所处地域不同也会对就业率产生影响。学界和社会在从就业率角度评价外语类专业人才培养质量时，所有这些结构性因素都应该考虑进去，同时还应该把外语类专业和高校其他类专业进行横向比较。总体来看，外语类专业的确应高度重视就业率下滑的问题，但其严重的程度往往被夸大（麦可思研究院2018）。

其二，专业同质化比较严重。外语类专业的同质化问题主要表现为：办学定位模糊不清，培养目标整齐划一，课程设置和培养模式趋同，应用型专业和学术型专业难分。英语类专业因为翻译专业和商务英语专业的派生使同质化程度有所缓解，但很多翻译专业和商务英语专业有名不副实之嫌，与英语专业的区别并不明显。同质化问题在外语类其他语种专业也普遍存在，如郑书九等（2011）、周媛（2014）和丁超（2018）调查发现，西班牙语、日语和非通用语专业也存在同质化现象。外语类专业的同质化培养，加剧了本专业毕业生的就业压力，也不利于本专业更好地满足国家和地方经济社会发展对外语类专业人才的多样化需求。

其三，培养能力不足。一个专业的人才培养能力是由诸多要素构成的，主要包括教育教学理念、培养模式、课程设置、教学质量、师资队伍、教学管理和办学条件。在所有这些方面，考虑到全国高校外语类专业点的实际状况，培养能力不足的问题是相当严重的。其中，师资队伍方面存在的问题可能最为突出，如大量的专业点生师比极不合理，学历结构和职称结构均达不到最基本的要求，许多教师的语言能力、教学能力、专业素养、科研能力等严重不足。这些问题在不同语种专业均不同程度地存在。刘宏和孙玉华（2018）于 2016 年 – 2017 年主持的全国俄语专业情况调查所发现的培养能力不足的问题在外语类各专业具有相当的普遍性；在近年来迅速增加的非通用语专业尤为突出（丁超 2017）。所有这些问题都制约着全国高校外语类专业人才培养质量的整体提升。

外语类专业的培养能力不足还突出表现为外语类专业毕业生"小才拥挤，大才难觅"的尴尬现象。改革开放以来，外语类专业培养了一批又一批掌握了听说读写译基本外语技能的"外语人才"，满足了国家对外开放较低层次的外语人才需求。但是随着中外政治经济交往和中外文化交流进入更高阶段，国家急需大批不仅具有扎实的外语基本功，而且真正理解对象国政治经济现状和历史文化传统，具有良好的人文素养、思辨能力、跨文化能力和研究能力的国际化高层次研究型和应用型外语类专业人才，而外语类专业却未能提供这样的"大才"。究其深层原因，是由于"学科观念模糊、专业意识淡漠、偏离专业本位，混淆了英语与英语专业、英语学习与英语专业学习的根本区别，致使英语专业受到严重误解，工具化和功利化观念严重"（查明建 2018）。英语专业的问题在整个外语类专业具有普遍性。

我们必须正视外语类专业所面临的挑战，但又不能妄自菲薄。困扰外语类专业的种种问题，是外语类专业过去 40 多年高歌猛进的必然结果，是发展中的问题，在很大程度上是中国高等教育当下的普遍性问题，也正是新时代中国高等教育进入人才培养能力提升阶段要着力解决的问题。

1.3 振兴外语类本科专业的基本路径

1.3.1 优化外语类专业点布局

伴随着过去 40 多年整个高等教育的发展，外语类本科专业也在数量上大幅增长。

数量的增长为质量的保障和提升带来巨大挑战，教学资源不足，培养质量下滑，就业率下降；而且往往越是教学资源薄弱的地方院校招生规模越大，造成恶性循环。可以说，困扰当前外语类专业特别是英语类专业的主要问题，既有"产品不合格"的问题，也有"产能过剩"的问题。随着高等教育从外延式扩张阶段转向内涵式发展阶段，外语类专业也面临"供给侧"改革问题。

外语类专业的"供给侧"改革将主要通过教育部即将推出的"三级专业认证"来实施。该项计划以《国标》为依据，对全国高校各专业类本科点进行三个等级的评估，即"保合格""上水平""追卓越"。"保合格"评估不用专家进校，完全基于数据做出分析，看基本办学条件是否达到；"上水平"评估也没有进校考察环节，是在数据基础上请相关专家作定性分析，看专业点是否符合国家战略和地方需求，专业建设内容如人才培养方案、课程体系、教学方法等是否合适；"追卓越"评估则要安排专家进校考察，做出高水平、国际等效的实质认定（范海林 2018）。

教育部有关部门正在研究制定"三级专业认证"的具体实施细则。我们建议，在"合格"或"兜底"层级的评估应非常严格地按标准执行，确保各专业点提供的数据真实可靠。如果数据分析显示某高校专业点达不到基本要求，为慎重起见，可安排专家进校核查。对于最终评估为不合格的专业点，要限期整改，或建议相关高校对该专业点进行校内关停并转。对于"卓越"或"一流专业"的认证也应非常审慎，确保为全国高校同类专业点树立学习的榜样，指明前进的方向。对于外语类专业来说，"三级专业认证"是优化专业点布局的有力抓手。

1.3.2 促进外语类专业多元发展

中国高等教育正进入普及化阶段。这一阶段的高等教育将以"多样化"为典型特征，意味着"不同类型的学校都可以成为国家队，在人才培养方面尤其如此"（吴岩 2017）。对于全国高校 1,000 多个外语类本科专业点而言，多元化是生存发展的必由之路。

时下，关于英语专业如何走出困境，外语界可谓百家争鸣。有主张人文取向的（蒋洪新 2018），有主张复合或"外语 +"取向的（姜锋 2018），有主张应用取向的（王立非、崔璨 2018），有主张学术取向的（曲卫国、陈流芳 2018）。其实，每一种主张都不无理由，但是没有任何一种主张适合全国高校每一个英语专业点。各专业点的办学传统和条件不同，其所在学校的办学定位也有差异，同样重要的是社会对英语专业人才的需求不仅是多样的而且是变化的。这就决定了英语专业的办学必须超越同质化模式，走多元化发展道路。

根据《国标》的定义，"外语类专业是我国高等学校人文与社会科学学科的重要组成部分，学科基础包括外国语言、外国文学和区域与国别研究，具有跨学科特点。"按照这一定位，所有外语类专业点必须健全语言、文学、区域与国别研究三个板块的核心课程，满足所属学科的基本要求。在此共同的学科基础上，不同高校的外语类专业点可以有不同的特色定位。有的专业点可以侧重语言研究，或文学研究，或文化研究，重视思辨能力和研究能力的培养，为学生进一步深造和长远发展奠定深厚的人文基础和学科知识体系；有的专业点可以定位为师范教育，为基础教育培养外语师资；有的专业点可采取"外语+"跨学科模式，培养外语精湛，具有人文素养和某一相关专业（如新闻学、传播学、外交学、国际政治、国际贸易、法学，等等）知识结构与能力的复合型人才；有的专业点可以将外语教育、人文教育和区域与国别研究融为一体，培养通晓国际规则、善于跨文化沟通、具有区域与国别研究知识体系与相关能力的拔尖创新人才，满足国家"一带一路"倡议和国际组织的人才急需。商务英语专业和翻译专业理应在应用型人才培养方面深耕细作。有些专业点不可以结合本校特色，加强专门用途外语教学，培育特定专业或行业领域的外语人才。

总之，新时代国家经济社会发展以及高等教育的普及化对外语类专业的人才需求更加多样化，我们唯有与时俱进，才能立于不败之地。

1.3.3 加强非通用语人才培养

进入新时代，中国已成为一个具有全球影响力的大国。作为联合国安理会常任理事国，作为最大的发展中国家，作为全球第二大经济体，作为多边主义和全球化的倡导者，中国已成为全球治理的最重要的领导者之一。随着中国的迅速崛起和中华民族伟大复兴事业的稳步推进，中国与超级大国美国的竞争和冲突更加激烈，中国与整个发达国家阵营的关系正经历结构性调整，中国与周边国家的关系更加活跃，中国与发展中国家的关系也面临着传承创新的挑战。一句话，进入大国外交时代的中国需要在全球范围内与世界各国进行全方位互动，需要在国际政治经济的各个领域进行更加复杂和艰巨的斗争，需要积极促进文明互鉴，构建人类命运共同体。这就需要高校外语类专业培养一代又一代掌握各国语言特别是非通用语言，并通晓各国政治、经济、历史、文化的外交外事的学术型和应用型人才。

在国际经贸领域，"一带一路"倡议得到了全球广泛响应。中国政府秉持和平合作、开放包容、互学互鉴、互利共赢的理念，全方位推进务实合作，打造政治互信、经济融合、文化包容的利益共同体、命运共同体和责任共同体。五年多来，130多个国家和国际组织同中国签署"一带一路"合作文件；联合国安理会通过的第2344号决议呼吁国际社会通过"一带一路"建设加强区域经济合作；中国成功举办首届"一带一路"国际合作高峰论坛。共建"一带一路"大幅提升了中国贸易投资自由化便利化水平，推动中国开放空间从沿海、沿江向内陆、沿边延伸，形成陆海内外联动、东西双向互济的开放新格局（国纪平 2018）。

"一带一路"倡议在全球范围的成功落地把中国的改革开放推进到新的历史阶段，也为外语类专业特别是非通用语专业的发展创造了第二个黄金时代。根据王铭玉（2017）的统计，"一带一路"沿线国家的官方语言近60个，如果把区域内的少数民族语言计算在内，总数多达200种左右。无论在非通用语种数量还是在人才培养质量上，我国的外语类专业都严重滞后于国家"一带一路"倡议对外语人才的需要。当务之急，应加强顶层规划，鼓励高校"合理有序、错位互补"，尽快开齐"一带一路"沿线国家官方语言以及关键少数民族语言，同时大力加强师资队伍建设，完善人才培养模式与课程设置，使高校非通用语专业教育迈上新台阶。

1.3.4 全面提高人才培养能力

全面提高人才培养能力是新时代中国高等教育改革攻坚、建设高等教育强国的关键点。《教育部关于加快建设高水平本科教育全面提高人才培养能力的意见》全面阐述了振兴本科教育的基本原则：1）坚持立德树人，德育为先；2）坚持学生中心，全面发展；3）坚持服务需求，成效导向；4）坚持完善机制，持续改进；5）坚持分类指导，特色发展。可见，提高人才培养能力是一个系统工程，需要我们运用系统思维，采取综合、协同、持续的措施推进教育教学改革。上述五项原则为诊断外语类专业存在的问题，全面提高人才培养能力提供了系统思考的坐标。

其一，坚持立德树人。当前外语类专业应着力加强课程思政建设，把立德树人贯穿人才培养的全过程。由于外语类专业所特有的教学内容大量涉及外国文化的信仰、价值观、社会制度和生活方式等层面，如何通过课程教学有效塑造学生的理想信念和道德品质，尤为重要和迫切。

其二，坚持学生中心。外语类专业应着力提高教学质量，实现从"教得好"向"学得好"转变。教学活动应围绕学生的积极学习展开；教学过程应成为师生合作探究和建构知识的过程；教学目标应超越纯粹的语言技能训练，致力于培养学生的学科思维、跨文化能力、思辨能力、研究能力和创新能力。坚持学生中心还意味着外语类专业应超越以就业为唯一目标的极端功利化办学导向，重视人文通识教育和个性化发展，培养自主学习能力和终身学习能力，促进德智体美劳全面发展。

其三，坚持服务需求。外语类专业应主动适应时代变化，定期研判国家和地方经济社会发展对本专业点人才培养提出的新需求，并根据自身特色和优势积极调整办学定位，不断完善培养模式与课程设置，适时更新教学内容，改进教学方式方法。当然，外语类专业作为人文学科，其服务经济社会需求的功能不应被狭义理解，最终使其降格为职业外语培训；应根据经济社会发展对外语类专业人才素质、知识和能力提出的多样化和多层次的需求，充分发掘本专业的学科资源和潜力，加强本专业的"学科性"（曲卫国、陈流芳 2018），培养经济社会发展所需要的、具有本专业独特竞争优势的合格外语类专业人才。

其四，坚持完善机制。人才培养质量的最终保障是人才培养质量的持续改进机制，主要包括招生、培养与就业联动机制、专业动态调整机制、质量评价保障机制等。外语类专业和高校许多其他专业一样，尚未建立系统的持续改进机制，如培养方案与教学内容不能根据经济社会需求和毕业生与用人单位反馈进行及时修订，教学评估的结果不能及时反馈以促进教学改进，课外答疑解惑机制普遍缺失，等等。外语类专业下一阶段的改革应致力于将建设"质量文化"内化为全体师生的共同价值追求和自觉行为，形成以提高人才培养能力为核心的质量文化。

其五，坚持分类指导。关于外语类专业的多元化特色发展，上文已经讨论，此不赘述。外语界需要继续探索的问题是：外语类专业相较于其他类专业应坚守的专业"本色"是什么？外语类专业如何彰显自己的"特色"？外语类专业如何平衡好"本色"

和"特色"的关系？我们认为，外语类专业"有必要也有可能在追求多元性的同时并不丧失统一性，而在追求统一性的同时也不牺牲多元性"（孙有中 2014）。

最后，教师始终是提高人才培养能力的关键要素。相较于高校其他类专业，外语类专业在师资队伍建设方面面临更大的挑战。按照《国标》对生师比的要求，外语类专业的教师数量还存在比较严重的短缺。同样迫切的问题是外语类专业教师的博士学位比例和高级职称比例相对不足，拥有专业知识和学科训练背景的教师比例相对不足，师资队伍在数量和素质两方面都需要进一步提高。

全面提高人才培养能力，最终必须依靠一大批教研相长、教研双优的学者型优秀教师。正如教育部高教司前司长张大良（2018）指出的，"要把高水平教学与科研作为青年教师专业素养考核的基本要求，增强教师的科研活力和教学定力，促进教师开展研究型教学，应用好新形态教材，改进教学方式方法，提高教学质量。"

为此，外语类专业广大教师队伍应超越"外语教师"的传统身份定位，成为真正意义上的"外语类专业教师"，全面提高教育教学本领，包括职业道德、教学能力、研究能力和学科知识。外语界应超越从国外移植的外语教师能力框架体系，探索外语类专业教师的研究能力构成与发展路径以及学科知识结构的搭建，在理论上构建适应我国高校外语类专业教师发展的能力框架。在实践层面，高校外语类专业应重新认识外语类专业教师的身份与发展定位，创新教师发展的内容与形式，重构教师学科知识，提升教师研究能力。在教学能力方面，外语类专业要引导教师更新教育教学理念，积极探索语言与学科知识融合教学、跨文化外语教学和思辨外语教学的新路径和新方法（孙有中、张虹、张莲 2018）。

新时代的中国正大踏步走向中华民族的伟大复兴，并以前所未有的深度、广度和高度参与和引领全球化时代的全球治理。国家经济社会发展从未像今天这样迫切需要和依靠数以千万计的国际化高端各语种专业外语人才，以及全体公民的国际素养。可以说，外语类专业迎来了繁荣发展的又一个黄金时代。我们有理由相信，在外语界同仁的不懈努力下，外语类专业必将拥有更加美好的明天。

参考文献

[1] 丁超. 对我国高校外语非通用语种类专业建设现状的观察分析 [J]. 中国外语教育, 2017（4）: 3-8.

[2] 丁超. 关于非通用语种人才培养机制变革与创新的若干思考 [J]. 中国外语教育, 2018（1）: 3-9.

[3] 范海林. 教育部高教司副司长：将推三级专业认证振兴本科 [N/O]. 光明网, 2018-12-01.https://baijiahao.baidu.com/s?id=1618603776653523027&wfr=spider&for=pc

[4] 国纪平. "一带一路"倡议5周年：构建人类命运共同体的伟大实践 [A]. 人民日报, 2018-10-6.

[5] 胡文仲. 我国外语教育规划的得与失 [A]. 胡文仲. 胡文仲选集 [C]. 北京：外语教学与研究出版社, 2011: 140-156.

[6] 胡咏梅、唐一鹏. "十四五"期间高等教育在校生规模和财政投资规模预测 [J]. 重庆高教研究, 2019（1）: 10-22.

[7] 姜锋. 外语类高校需创新人才培养模式 [N]. 人民日报, 2018-01-04.

[8] 蒋洪新. 关于新时代英语教育的几点思考 [J]. 外语教学, 2018（2）: 50-51.

[9] 刘宏、孙玉华. 新时代《国标》实施与俄语专业教育教学改革面临的新方向和新任务 [J]. 中国俄语教学, 2018（3）: 69-72.

[10] 曲卫国、陈流芳. 治疗英语本科专业"毛病"急需厘清的问题 [J]. 当代外语研究, 2018（6）: 16-18+24.

[11] 麦可思研究院. 2018年中国本科生就业报告. 北京：社会科学文献出版社, 2018.

[12] 孙有中. 英语教育十大关系——英语专业教学质量国家标准的基本原则初探 [J]. 中国外语教育, 2014（1）: 3-10.

[13] 孙有中、张虹、张莲.《国标》视野下外语类专业教师能力框架 [J]. 中国外语, 2018（2）: 4-11.

[14] 王立非、崔璨. 论外语专业人才培养向外语产业人才培养的转变 [J]. 语言教育, 2018（3）: 2-6.

[15] 王铭玉."一带一路"建设与语言战略构建[J].中国外语教育,2017(1):3-7.

[16] 吴岩.一流本科,一流专业,一流人才[J].中国大学教学,2017(11):4-12+17.

[17] 查明建.英语专业的困境与出路[J].当代外语研究,2018(6):10-15.

[18] 张大良.着力提高人才培养能力,全面振兴本科教育[N/O].人民网,2018-10-26. http://edu.people.com.cn/n1/2018/1026/c367001-30365545.html

[19] 郑书九、刘元祺、王萌萌.全国高等院校西班牙语专业本科课程研究:现状与改革[J].外语教学与研究,2011,43(4):574-582.

[20] 周媛.我国高校日语教育同质化的发展及存在的问题[J].课程教育研究,2014(12):上旬刊.

2. 专业定位

　　高等学校的专业定位包括两个维度，即专业内涵定位和人才培养定位，前者关系到专业的性质，后者关系到专业人才培养方向，事关专业点的生存与发展。就外语类专业而言，专业定位就是回答以下几个问题：1）外语类专业的性质是什么？2）外语类专业的学科基础是什么？有什么特点？3）外语类专业人才培养的基本规格是什么？有哪些培养取向？4）外语类专业点应该怎样确定自己的办学定位？以下我们将以《国标》为依据，在简要分析新时代外语类专业定位的必要性和存在问题的基础上，全面阐述外语类专业定位并回答以上问题。

2.1　新时代外语类专业定位的必要性

　　关于外语类专业定位的必要性有很多论述（张冲 2003；戴炜栋、张雪梅 2007；丁超 2017）。近些年，外语类专业饱受质疑，就与定位模糊不清有很大关系。在新的历史时期，外语类专业要健康发展，就需要重新审视自己，找准自己的定位。其必要性主要体现在以下两个方面：

　　第一，时代要求。新中国成立 70 多年来，外语类专业始终与时代同行，与中国的社会进步和经济发展同步。成立初期，为打破西方封锁，学习苏联在政治体制、科学技术和经济建设等方面的经验，外语类专业重点培养从事外事外交和科技翻译等工作的人才；改革开放初期，为促进对外开放，引进西方发达国家的科学技术和经济管理经验，外语类专业重点培养能用外语进行外事活动、文化交流、商贸洽谈、技术引进的技能型人才；21 世纪初，随着改革开放的深入、社会主义市场经济体系的确立以及成功加入世贸组织，中国与世界各国的经贸往来、科技合作、文化交流更加广泛和深入，外语类专业着重培养会外语、懂专业的复合型人才。在新的历史时期，在共建"一带一路"和构建人类命运共同体的大背景下，外语类专业需要为中国产品、中国技术和中国企业走出国门，为文明互鉴和中国参与全球治理提供人才支持。

　　第二，高等教育现状和外语类专业的实际需要。我国高等教育已步入普及化阶段，大学不仅要培养从事学术研究、科技创新或参与社会治理的人才，而且要满足社会多元化需求和学生个性化发展。面对高等教育现状，《国家中长期教育改革和发展规划纲要（2010 – 2020 年）》（中共中央国务院国家中长期教育改革和发展规划纲要工作小组办公室 2010）明确要求，高等教育要分类发展，高等学校要合理定位。外语类有一百多个专业，数量众多，规模庞大，学生的外语基础参差不齐，专业点分布高校众多，办学水平相去甚远。面对这一实际，外语类专业需要重新审视自己，找准自己的定位。

2.2　存在的问题

《国标》出台之前较长一段时间，外语类专业建设主要是在《关于外语专业面向 21 世纪本科教育改革的若干意见》（高等学校外语专业教学指导委员会 1998）指导下展开。在必须打破"纯语言、纯文学的人才培养模式"的目的驱使下，在"从根本上来讲，外语是一种技能，一种载体，只有当外语与某一被载体相结合，才能形成专业"的思想指导下，外语类专业在新世纪初正式走上"复合"之路，全面推行"外语技能 + 专业知识 + 相关专业知识"的模式。这种模式在很大程度上满足了当时我国经济社会发展对外语人才的需求，同时也存在一些问题。

第一，专业性质模糊。专业以人才培养为主要目标，但人才培养离不开学科内涵。根据《普通高等学校本科专业目录和专业介绍》（中华人民共和国教育部高等教育司 2012）和《学位授予和人才培养学科目录》（国务院学位委员会、教育部 2011），外语类专业的学科内涵是外国语言文学学科，属于文学门类。"外语技能 + 专业知识 + 相关专业知识"模式模糊了这一属性。具体表现在：1）将"外语类专业"中的"外语"理解为外语技能，让人从名称上将外语类专业判断为培养外语语言技能的专业，甚至认为它只有"专业"之名，无"专业"之实（蔡基刚 2012, 2019）；2）外语技能课程唱主角，专业学科内容被边缘化；3）外语技能训练贯穿整个培养过程，将外语类专业教育稀释为外语技能训练（孙有中 2014）；4）学生的专业能力测评以外语技能和外语知识考查为主。总之，外语类专业长期存在重语言技能轻专业学科内涵的倾向，未能严格按照专业教育要求和专业学科内涵来建设（查明建 2018）。不可否认，外语类专业涉及外语能力和专业知识两个核心要素，但外语类专业学习不等于外语学习，外语类专业教育不等于外语教学。外语技能培养只是外语类专业教育的基本任务之一，良好的人文素养、扎实的专业知识、突出的跨文化能力和思辨能力才应是外语类专业教育的着力点。对此，不少外语教育专家呼吁，外语类专业应确立外国文学、语言学和相关国家研究的学科主导地位，然后积极向人文社会学科的相关领域拓展（胡文仲、孙有中 2006）。

第二，学科内涵越位。"外语技能＋专业知识＋相关专业知识"模式强调外语与其他专业的复合，初衷是适应市场需求，拓宽毕业生就业渠道，增强就业竞争力。受此目标驱使，各专业点一方面不断创新复合模式，"主辅修""双专业"和"双学位"模式纷纷登场，另一方面在"与毕业后所从事的工作有关的专业基础知识"上做文章，"相关专业"不断拓展，"外语＋经贸""外语＋外交""外语＋管理""外语＋新闻""外语＋教育""外语＋科技""外语＋法律""外语＋金融""外语＋会计""外语＋工程""外语＋中医"和"外语＋体育"等等，层出不穷。这样的简单加载进一步强化了外语的工具性质和外语类专业就是"外语技能＋相关专业知识"的认识。课程设置上，语言技能课程唱主角，相关专业知识课程紧随其后，专业学科知识课程被边缘化，导致学生的知识架构出现"走样"和"变形"。从培养效果看，毕业生的专业学科知识不足，相关专业学科知识也只是皮毛，既没有实现复合型培养的初衷，也未能从根本上提升学生的就业竞争力（查明建 2017）。

第三，通识教育缺位。根据《教育大辞典（第3卷）》（教育大辞典编纂委员会 1991），本科教育是通识教育及某一学科专业领域的基本理论、基本知识以及实践创新能力教育。然而，"外语技能＋专业知识＋相关专业知识"模式突出外语技能的基础地位，强调相关学科的重要性，却让外语类专业缺少了本科人才培养的基本要素——通识教育。其实，外语类专业有良好的通识教育传统。京师同文馆建立之初就有社会科学和自然科学方面的课程，后来更是以造就通才为根本宗旨（球鑫奎、唐良炎 2007）。后来，外文系学生要修读国文、中西通史、逻辑学、哲学概论、伦理学，并选修自然科学课程。一段时间以来，受实用主义和技能优先思想影响，看似"无用"的通识教育课程在外语类专业的课程体系中慢慢失去了踪影。近年来外语类专业的通识教育受到广泛关注（如蒋洪新 2004；孙有中 2008；王鲁男 2013），一些高校已开始探索，并根据不同的培养方向开设了一定数量的通识课程，通识教育出现回归迹象。

第四，人才培养同质化。近些年人们对外语类专业人才培养的批评很多，比如毕业生的人文素养不高、专业知识深度不够、思辨和创新能力不足等等，最为集中的是人才的同质化问题。人才同质化是由培养模式的单一性造成的。首先，在"复合型"定位指导下，各外语语种专业都以培养具有扎实的外语基础和能熟练运用外语在外事、教育、经贸、文化、科技、军事等部门从事翻译、教学、管理、研究等工作的复合型外语人才为目标，忽视各语种在使用范围、社会需求以及学生外语基础等方面的差异。其次，各专业点办学定位模糊，办学目标整齐划一：或依据同一份大纲组织教学，按照统一模式培养人才（胡文仲 2014；孙有中 2019）；或随波逐流，跟着"好学校"走，导致课程设置、教学内容、教学方法和教材选择趋同。最后，由英语专业发展而来的商务英语专业和翻译专业与英语专业之间在培养目标、课程设置、培养方式等各个方面交叉重叠，有名不副实之嫌（孙有中 2019）。同质化在一定程度上导致普通人才过剩，高层次人才短缺。

2.3 新时代外语类专业定位

为了满足新时代国家全球发展战略和经济社会发展需要，针对外语类专业现状和存在的问题，《国标》对外语类专业的内涵和人才培养提出了新要求。

2.3.1 专业内涵定位

专业内涵定位明确专业属性和学科基础。根据《教育大辞典（第3卷）》，学科指一定科学领域或一门科学的分支，与知识相联系。那么，外语类专业的性质和学科基础是什么，有什么特点？

> 外语类专业是全国高等学校人文社会科学学科的重要组成部分，学科基础包括外国语言学、外国文学、翻译学、国别与区域研究、比较文学与跨文化研究，具有跨学科特点。外语类专业可与其他相关专业结合，形成复合型专业。

这是《国标》对外语类专业的学科内涵定位，它是人文社会科学的一部分，学科基础是外国语言文学，人文性质突出，跨学科特点明显；外语类专业可以与其他相关专业结合形成复合型专业，开放性很强。

在我国高等教育体系中，外语类专业从未缺席，但是对其性质的关注和讨论却主要出现在新世纪之后，集中体现为"人文性"与"工具性"的争论。人文论者认为，外语类专业是以某一门外语为媒介，以文、史、哲为基本学习和研究内容的典型人文性专业，应该以人文教育为主脉，朝着人文学科的方向去建设（王守仁 2001；张冲 2003；封一函 2019；顾悦 2019）。人文性质决定外语类专业要致力于培养掌握专业知识（主要是语言、文学、文化知识）的通识、通用型人才。工具论者认为，语言就是人类传递信息、表达思想与情感、传承文化的工具，外语类专业的根本目标就是掌握一门（或多门）外语，并利用它（们）来进行跨语言的信息沟通和思想、情感、文化交流，外语类专业应该培养掌握这一工具并能用它来进行（或协助他人进行）信息沟通、情感传递和思想交流的人才（蔡基刚 2019）。人文性与工具性之争的原因很多，其中最直接的原因是：与很多专业不同，外语类专业涉及语言和专业知识两个要素。人们对外国语言文学学科的性质和内涵认识比较统一，但对"外语类专业"中"外语"的解读存在差异，导致对外语类专业的理解莫衷一是。毋庸置疑，语言是获取和传递信息、思想和情感的媒介，是各类知识的载体，媒介和载体都是工具性的体现。但是，"外语类专业"中的"外语"就是指作为媒介和载体的某一外国语言吗？

"外语类专业"的全称是"外国语言文学类专业"，"外语"是"外国语言文学"的简称。换句话说，外语类专业以"外语"为名，以外国语言文学为实，"外"是国别概念，使其区别于中国语言文学类专业。"语言"指某一门外语的语音、结构、意义和语用知识以及它们在词汇、句子、语篇等各层面上的表现，"文学"指某一语言群体创造的文学作品和文学理论知识。"语言"和"文学"虽各有所指，但相互交织，难以分割：语言是文学的载体，文学是语言的艺术。外国语言和外国文学是外语类专业的核心学科内涵，离开这两个内涵，外语类专业便是无源之水和无本之木。但是外语类专业的学科基础并不局限于外国语言和外国文学，而是自然延伸到"外国语言文学"一级学科下的翻译学、国别与区域研究、比较文学与跨文化研究。之所以是自然延伸，是因为虽然这些学科的内容与外国语言学和外国文学存在差异，交叉性和跨学科特点明显，但它们都具有鲜明的"涉外"特点：翻译学是关于语言转换的学问，探究不同语言（尤其是母语与外语）之间相互转换的规律；国别与区域研究是"睁眼看世界"的学问，致力于认识和探究国（域）外世界的历史、地理、文化、社会、政治、经济状况；比较文学与跨文化研究关注有关国家或地区的文学、文化与中国文学和中华文化之间的关系。学习和研究这些学问都离不开外语这一基础，翻译学如此，国别与区域研究和比较文学与跨文化研究亦然，因为通过译文去审视外面的世界、理解和欣赏他国的文学有很大的局限性。可见，外语类专业姓"外"，但对姓"中"的相关内容（如中国语言、中国文学、中华文化、中国社会、中国思想）不但毫不拒斥，而是要"揽入怀中"，让它们与外国语言、外国文学、外国文化和外国思想形成关照。明确了外语类专业的内涵，在实际培养过程中，无论是重文学、轻语言，还是重语言、轻文学，只要不是语言技能培养唱主角或相关专业知识喧宾夺主，专业性质就不会改变，"人文性"与"工具性"的争论就成了伪命题，外语与外语类专业、外语教学与外语专业教育、外语课程与外语类专业课程之间的界限也就清晰起来了。

无论是关于语言的知识还是关于文学的学问都是典型的人文学科，这便决定了外语类专业的人文底色。但是，由于专业学科基础已经从外国语言和外国文学延伸到翻译学、国别与区域研究、比较文学与跨文化研究等社会科学领域，《国标》将外语类专业界定为"人文社会科学学科的重要组成部分"，既体现外语类专业以外国语言和外国文学为核心学科内涵的传统，也体现外语类专业积极与其他专业融合的现实。传统上，从清末的京师大学堂到民国的国立大学，外语类专业都归属文学门类；新中国成立至今，尽管在培养目标、培养模式、课程设置等方面不断调整，外语类专业在招生、培养和学位授予等主要环节始终属于文学类别。从现实来看，外语类专业在经过与其他一些专业的融合实践后，已形成商务英语等独立的复合型专业。《国标》明确指出，"外语类专业可与其他相关专业结合，形成复合型专业"，这既是对历史的继承和现实的尊重，也有利于专业的可持续发展。复合本身没有问题，但是对"复合"的理解直接关系到专业性质。"复合"不是一门外语与某一专业的简单加载，而是某一外语语种专业（如英语专业、阿拉伯语专业）与另一个专业的合理融合。

"复合"的主体是外语类专业，"复合"的前提是夯实外语类专业的根基。学生必须首先在外国语言文学领域接受扎扎实实的专业教育，具备本专业规定的素质、知识和能力，然后在此基础上进行"复合"，才能根深叶茂，行稳致远。

正确把握"复合"这个概念是理解外语类专业的开放性，进而回答外语类专业能与哪些专业复合的前提。具体回答这个问题，需以"新文科"思想为指导，以人才培养和学术研究为导向。"新文科"的"新"主要体现在战略性、创新性和融合性三个方面（王铭玉、张涛 2019）。因此，在考虑外语类专业应向哪些专业开放时，要有战略眼光，把国家战略对外语人才的需求放在首位，以创新融合为驱动，突破人文社会科学疆界，尝试与理工科的交叉融合，实现培养模式和学术研究创新。从人才需要看，当前外语类专业可以与国际经济与贸易、经济与金融、知识产权、国际商务、电子商务、旅游管理等专业复合，培养适应外向型经济发展和满足涉外行业需求的人才；与国际政治、外交学、国际法、国际事务与国际关系、新闻与传播等专业复合，培养参与国际对话与协商、促进文化交流与文明互鉴、增进多元文化理解和跨文化沟通的人才。从学术研究需要看，外语类专业除了进一步加强与哲学、社会学、人类学、文化学、心理学、教育学等的融通，寻求理论突破以外，还要加强与国际政治和国际关系等专业的融合，开展政治话语研究，促进中国特色话语体系建设；与脑（认知）科学和生态科学等自然科学融合，探索语言与人脑、语言与环境之间的关系；与信息科学、计算机科学、人工智能等工程类专业融合，探索语言研究、文学和翻译研究的新视域、新范式和新方法。

2.3.2 人才培养定位

根据《国家中长期人才发展规划纲要（2010 – 2020 年）》（2010），人才是具有一定的专业知识或专门技能，能进行创造性劳动并对社会做出贡献的人。素质、知识和能力是构成人才的三个基本要素。

> 外语类专业旨在培养具有良好的综合素质、扎实的外语基本功和专业知识与能力，掌握相关专业知识，适应我国对外交流、国家与地方经济社会发展、各类涉外行业、外语教育与学术研究需要的各外语语种专业人才和复合型外语人才。

这是《国标》对外语类专业人才培养的总体定位，涉及素质、知识和能力三方面的要求和人才培养取向。人才培养取向是多元的，体现在培养类型和培养面向两个方面。具体来讲，外语类专业面向国家或地方培养对外交流、各类涉外行业、外语教育和学术研究等领域所需的各外语语种专业人才和复合型外语人才。换句话说，外语类专业人才包括各外语语种专业人才（以下简称"外语专业人才"）和复合型外语人才两种类型。多元取向既符合新时代国家战略和经济社会发展对外语人才的需求和外语类专业规模庞大的现状，也是社会和高校对外语类专业的共同期待。那么，《国标》对外语人才在素质、知识和能力三个方面的基本要求是什么呢？

> 外语类专业学生应具有正确的世界观、人生观和价值观，良好的道德品质，中国情怀和国际视野，社会责任感，人文与科学素养，合作精神，创新精神以及学科基本素养。

这是《国标》对外语类专业人才的基本素质要求，分为普遍性要求和区别性要求两个层面。正确的世界观、人生观和价值观以及良好道德品质是对每一个大学毕业生的普遍性要求，中国情怀和国际视野是对外语类专业毕业生的区别性要求，分别体现高等教育人才培养的普遍性和外语类专业人才培养的特殊性。

> 外语类专业学生应掌握外国语言知识、外国文学知识、区域与国别知识，熟悉中国语言文化知识，了解相关专业知识以及人文社会科学与自然科学基础知识，形成跨学科知识结构，体现专业特色。

这是《国标》对外语类专业人才的基本知识要求，包括知识结构和掌握程度两个方面。知识结构符合外语类专业的学科内涵，掌握要求体现所涉知识在培养过程中的不同地位。外国语言知识、外国文学知识、区域与国别知识属于外语类专业的核心内涵，必须"掌握"；中国语言文化知识与专业核心内涵相互关照，应该"熟悉"；人文社会科学和自然科学基础知识及相关专业知识与通识教育和跨学科知识结构搭建有关，需要"了解"。

> 外语类专业学生应具备外语运用能力、文学赏析能力、跨文化能力、思辨能力，以及一定的研究能力、创新能力、信息技术应用能力、自主学习能力和实践能力。

这是《国标》对外语类专业人才的基本能力要求。外语运用能力、文学赏析能力、跨文化能力、思辨能力是外语类专业人才的本色与核心竞争力，一定的研究能力、创新能力、信息技术应用能力、自主学习能力和实践能力是外语类专业人才可持续发展的需要。需要指出的是，外语运用能力不能狭隘理解为外语语言技能，而主要指信息、观点、情感的表达、理解与传递能力以及运用语言知识和基本研究方法对语言现象进行有效分析和解释的能力。

以上素质、知识和能力要求构成外语类专业人才的基本品质。它表明：1）素质要求、知识要求和能力要求缺一不可；2）仅仅拥有外语语言技能，无论外语讲得多么标准，口头表达多么流利，文字表达多么优美，外语基础知识多么丰富，如果素养不高，文学赏析能力欠缺，思辨能力和跨文化能力不足，创新能力、自主学习和实践能力缺失，都不是合格的外语类专业人才。

外语专业人才与复合型外语人才之间既有共性也有差异。良好的素质、突出的外语应用能力、跨文化能力、思辨能力和丰富的外国语言文学知识是他们的共性，差异主要体现在知识结构以及通过培养形成的能力两个方面：外语专业人才专注于外国语言文学学科知识和对象国文化知识，在翻译、外语教育和语言服务相关领域有专攻，有良好的人文社会科学学科思维与能力；复合型外语人才除了相应的外国语言文学学科知识以外，还应具备足够的相关专业知识、合理的跨学科知识结构和良好的跨学科思维与能力。

2.3.3　办学定位

办学定位就是确定人才培养类型、人才培养面向和人才培养层次。

> 各高校应根据自身办学实际和人才培养定位，参照上述要求，制定合理的培养目标。培养目标应保持相对稳定，但同时应根据社会、经济和文化的发展需要，适时进行调整和完善。

这是《国标》给办学定位提出的基本原则。根据这一原则，办学定位要立足学校实际，结合社会、经济和文化发展需要。学校实际主要指专业点所在学校的办学层次、办学传统、办学资源、生源质量和办学地域等，其中办学层次往往与办学资源（教师队伍、教学条件和办学经费）和生源质量有关。办学层次，主要有按照管理归口划分的"国家队"和"地方队"高校，以及按照建设目标划分的"双一流"大学和普通本科院校。办学传统主要分为综合性大学和专业特色院校。这些实际情况会对人才培养类型、人才培养面向和人才培养层次的选择产生影响。或者是面向国家战略需求，致力于培养有使命担当的高层次人才；或者以满足地方或区域经济和文化教育事业发展为主导，以培养各类普通外语类专业人才为主要任务，同时为部分素质优良的学生将来成为高层次人才铺设通道。专业特色高校（如师范类、理工类、政法类、财经类、外语类）要依据学校办学层次、办学传统和招生人数确定人才培养类型和层次。比如，师范类院校要着重培养不同层次的外语教育人才；理工、政法和财经类院校要结合学校学科优势，培养体现学校特色的复合型外语人才；外语类院校招生人数较多，要根据学校实际，培养多类型、多层次的外语类专业人才。

本章以《国标》为依据，深入阐释了外语类专业的内涵定位和人才培养定位。专业内涵关系到专业的性质，不能人云亦云，也不能固步自封。外语类专业属于文科专业，以外国语言文学知识为基本内涵，相关学科知识为外延，人文性质突出，跨学科特点明显，开放性强。外语类专业培养外语专业人才和复合型外语人才，良好的人文素养、中国情怀和国际视野是他们的共同特点，突出的外语运用能力以及良好的文学赏析能力、跨文化能力、思辨能力是他们的核心竞争力。

办学定位关系到专业点的生存与发展，不能随心所欲，也不能盲目跟风，要立足学校实际，适应国家和地方经济社会发展。办学定位是专业点的行动指南，一旦确定就不必羡慕他人的位置，只需在自己的定位上争创一流。

参考文献

[1] 蔡基刚. 大学英语教学转型时期的我国英语专业课程设置改革 [J]. 中国外语，2012（1）：10-15.

[2] 蔡基刚. 外语教育政策的冲突：复合型人才还是英语专业人才培养 [J]. 东北师大学报（哲学社会科学版），2019（4）：1-6.

[3] 戴炜栋、张雪梅. 对我国英语专业本科教学的反思 [J]. 外语界，2007（4）：2-11.

[4] 丁超. 对我国高校外语非通用语种类专业建设现状的观察分析 [J]. 中国外语教育，2017（4）：3-8.

[5] 封一函. 新时代英语专业的人文学科内涵 [J]. 中国外语，2019（4）：16-21.

[6] 高等学校外语专业教学指导委员会. 关于外语专业面向 21 世纪本科教育改革的

若干意见 [Z]. 教育部高教司，1998.

[7] 顾悦. 回归人文学科：英语专业的学科定位与发展路径 [J]. 外语教学理论与实践，2019（1）：16-21.

[8] 国家中长期人才发展规划纲要（2010－2020年）[M]. 北京：人民出版社，2010.

[9] 国务院学位委员会、教育部. 学位授予和人才培养学科目录 [M]. 北京：高等教育出版社，2011.

[10] 胡文仲. 试论我国英语专业人才的培养：回顾与展望 [J]. 外语教学与研究，2014（1）：111-117.

[11] 胡文仲、孙有中. 突出学科特点，加强人文教育——试论当前英语专业教学改革 [J]. 外语教学与研究，2006，38（5）：243-247.

[12] 蒋洪新. 大学的"通识教育"与英语专业复合型人才的培养 [J]. 四川外语学院学报，2004（6）：144-148.

[13] 教育大辞典编纂委员会. 教育大辞典（第3卷）[Z]. 上海：上海教育出版社，1991.

[14] 球鑫奎、唐良炎. 中国近代教育史资料汇编·学制演变 [M]. 上海：上海教育出版社，2007.

[15] 孙有中. 英语教育与人文通识教育 [M]. 北京：外文出版社，2008.

[16] 孙有中. 英语教育十大关系 英语专业教学质量国家标准的基本原则初探 [J]. 中国外语教育，2014（1）：3-10.

[17] 孙有中. 落实《国标》要求，大力提高外国语言文学类专业人才培养能力 [J]. 中国外语，2019（5）：36-42.

[18] 王鲁男. 外语专业通识教育:历史、现状与展望 [J]. 外语教学与研究，2013（6）：922-932.

[19] 王铭玉、张涛. 高校"新文科"建设：概念与行动 [N]. 中国社会科学报，2019-03-21.

[20] 王守仁. 加强本科英语专业"学科"的建设——兼评《北大英语精读》[J]. 外语与外语教学，2001（2）：42-43.

[21] 查明建. 英语专业的人文学科属性与人文课程的意义——以《国标》人文课程为

中心 [J]. 外国语言与文化，2017（1）：18-25.

[22] 查明建. 英语专业的困境与出路 [J]. 当代外语研究，2018（6）：10-15.

[23] 张冲. 关于英语专业定位的思考 [J]. 外语界，2003（4）：7-13.

[24] 中共中央国务院国家中长期教育改革和发展规划纲要工作小组办公室. 国家中长期教育改革和发展规划纲要（2010 – 2020 年）[M]. 北京：人民出版社，2010.

[25] 中华人民共和国教育部高等教育司. 普通高等学校本科专业目录和专业介绍 [C]. 北京：高等教育出版社，2012.

3. 复合型外语人才

3.1 复合型外语人才的定义

复合型人才（cross-disciplinary talent）指掌握和综合应用跨学科知识和技能的专业人才，具有宽广的知识面和深厚的文化素养，具备良好的职场适应能力和发展潜能。当今社会的显著特征是学科交叉、知识融合、技术集成，因此需要知识复合、能力复合、素质复合的"一专多能"的人才。

根据复合型外语人才的内涵和特点，我们将复合型外语人才定义为具有家国情怀、全球视野、人文素养和扎实的外语基本功，掌握外国语言文学和其他相关学科理论知识，具备良好的跨文化能力与思辨创新能力，能胜任相关领域工作的外语人才。

在对复合型外语人才定义时，我们首先要区分"复合型外语人才"和"外语复合型人才"两个不同的概念，前者特指"外语+专业"的复合型，即，外语专业加上其他专业或专业知识学习的外语类人才；后者专指"专业+外语"的复合型，即，非外语专业（如经济学类专业、法学类专业、新闻传播学类专业）同时再修读一个外语专业（如英语专业、法语专业、日语专业等）的专业类人才。目前，这两类复合型人才在我国的高等教育中都存在。《国标》对复合型外语人才的定义只局限于外语类人才，不讨论"专业+外语"的复合型人才培养。

我国现行的复合型外语人才培养大致包括"复专型"和"复语型"两类（蒋洪新2019），"复专型"外语人才是"外语+专业"复合，如，"英语专业+商务"（商务英语专业/方向）、"英语专业+法律"（法律英语专业/方向）等；"复语型"外语人才是"外语专业1+外语专业2"复合，如"英德复语专业""英法复语专业""英西复语专业"等。各高校在具体实施复合型外语人才培养时，采用了几种不同的复合型培养模式，具体可以概括为以下三类：

（1）"外语专业+专业知识"复合型：在外语专业课程体系中加入了经管、法律、新闻、外交、医学等专业知识的选修课，形成不同的专业特色方向，如英语专业（法律方向）、日语专业（国际贸易方向）等。

（2）"外语专业+第二专业"复合型：主修一个外语专业（如英语专业、日语专业）的同时，辅修一门其他专业，如国际贸易、会计、新闻传播、法律等专业的核心课程，取得辅修或第二学位证书，或直接攻读双学位，如，同时取得英语专业和会计专业两个学位。

（3）"复合型外语专业"：独立设置的复合型人才培养专业，如商务英语专业，该专业具有独立的专业代码（050262），独立招生和培养，是一种复合型、应用型外语人才培养模式。

3.2　复合型外语人才的培养目标

我国的复合型外语人才培养并不是《国标》首次提出来的。早在20世纪末，外语界就开始探索复合型外语人才培养。进入21世纪，经济全球化和社会信息化加速发展，交叉学科不断涌现，社会对外语人才的需求已呈多元态势，"纯外语人才"已无法完全满足社会的需求。社会需要更多宽口径、适应性强、有相当应用能力的复合型英语人才（黄源深 2001）。

2000年，《高等学校英语专业英语教学大纲》（以下简称《大纲》）颁布，对原有的教学大纲作了较大的修订，明确提出了复合型人才的培养，阐明了复合型人才的规格，精心设计了复合型人才培养的课程体系（黄源深 2001）。《大纲》规定："高等学校英语专业培养具有扎实的英语语言基础和广博的文化知识并能熟练地运用英语在外事、教育、经贸、文化、科技、军事等部门从事翻译、教学、管理、研究等工作的复合型英语人才"。也就是说，高等学校英语专业的培养目标，是造就一大批复合型英语人才（黄源深 2001）。复合型外语人才培养打破了传统外语人才培养的旧观念，是一种全新的人才培养目标和模式。复合型外语人才培养的目标要求外语人才必须成为外语基本功扎实、知识面宽、创新思辨能力和应用能力强的新型外语人才。

《国标》提出复合型外语人才培养是对《大纲》的继承和发展。《国标》关于复合型外语人才的培养目标描述如下："外语类专业旨在培养具有良好的综合素质，扎实的外语基本功和专业知识与能力，掌握相关专业知识，适应我国对外交流、国家与地方社会经济发展、各类涉外行业、外语教育与学术研究需要的各外语语种专业人才和复合型外语人才。"

《国标》兼顾了不同类型外语人才的培养，将外语人才培养目标分为两大类：一类是外语教育与学术研究类外语专业人才培养；另一类是复合型外语人才培养。在外语专业类人才培养中，突出强调三种人才的培养，一是外语教育类人才培养，即培养外语师资；二是学术研究类人才培养，即从事语言文学研究的专业人才；三是多语种人才培养，即培养国家经济社会发展和"一带一路"建设需要的日、德、法、西、俄和非通用语种的专门人才。

《国标》没有具体和明确规定培养哪类复合型人才，这就为各层次、各地区、各院校的复合型人才培养预留了足够的空间。各高校可以根据国家和区域经济社会发展的需要，本校的办学层次、办学定位、办学目标，培养各行各业需要的复合型外语人才，办出特色，避免千校一面。

3.3 复合型外语人才培养目标的实现

复合型外语人才培养目标定位要求从培养规格、培养模式、课程体系、教学内容等方面全面贯彻复合型人才培养的理念。

3.3.1 培养规格复合

复合型人才培养规格需要对素质复合、知识复合和能力复合三方面提出明确的标准和要求。

3.3.1.1 素质复合

素质复合就是培养跨学科意识和跨学科思维，培养问题意识，学会以现实问题为导向，养成从不同学科视角发现问题、分析问题和解决问题的意识，而不仅仅从外语专业的语言文学视角看问题。跨学科思维就是要培养跨学科思考、跨学科学习和跨学科研究的习惯和技能，对待同一个问题能从不同学科视角出发进行深入思考，采用不同学科的思维模式，摆脱外语文本依赖的思维定式；跨学科学习能力培养要求善于涉猎不同学科的知识和方法，并交叉和融合，拓宽知识面。在现实中，许多问题往往过于庞大和复杂，涉及多个学科知识，仅仅靠单一学科或专业无法解释或解决，需要构建多学科视角，借鉴其他学科视角，整合其他学科见解，借助其他学科方法。跨学科思维不仅要具备语言文学学科的思辨能力，更要建立交叉学科和多学科的思辨能力，如社会科学的指数思维，要求摆脱对文字或文本的依赖，构建指数模型和指标体系，进行量化对比分析和评价。统计思维要求描写、推断、测量、调查和实验、抽样和概括等量化思维模式。大数据思维通过跨语言大数据挖掘，基于人工智能、机器学习等方法，通过融合多学科和领域的数据，突破变量之间的因果关系，发掘研究对象之间的相关关系，从中挖掘出潜在的模式预测未来趋势（刘知远、崔安顾等 2016）。

3.3.1.2 知识复合

知识复合首先要满足本专业的知识要求。《国标》要求外语类专业学生应掌握外国语言知识、外国文学知识、区域与国别知识，熟悉中国语言文化知识，了解相关专业知识以及人文社会科学与自然科学基础知识，形成跨学科知识结构，体现专业特色。

语言知识是复合型外语人才应具备的普通语言学知识，包括语音知识、词汇知识、语法知识、语义知识、语篇知识、语用知识、文体知识、语言史知识等。

文学知识是复合型外语人才应具备的中外文学知识，包括文学文艺基本理论知识；作家与作品知识；文学史知识；诗歌、戏剧、小说、散文知识；影视文学知识等。

区域与国别知识是复合型外语人才应具备的外国社会与文化知识，如国际组织研究、欧盟研究、美国研究、英国研究、加拿大研究、澳大利亚研究、俄罗斯研究、拉美研究、中东研究、非洲研究等。

中文知识指复合型外语人才应具备的中国语言文学与文化知识，包括中国历史知识、古汉语知识、现代汉语知识、古代文学知识、现代文学知识、汉语写作知识等。

人文社科知识是复合型外语人才应具备的相关人文和社科科学知识，可根据复合型外语人才培养的目标和规格，选择不同学科基础知识，包括哲学、历史学、教育学、经济学、法学、社会学、政治学、新闻传播学等专业知识，确保复合型外语专业人才得到宽口径人文通识培养。

自然科学知识是复合型外语人才应具备的相关自然科学知识，包括数理知识、统计知识、计算机科学知识、大数据与互联网知识、理工知识、农学和医学知识等。

以上知识构成复合型外语人才的主专业知识结构。在此基础上，复合型外语人才还应在所选择的另一专业领域完成该专业核心课程的学习，具备所复合的专业领域的核心知识。

3.3.1.3 能力复合

能力复合指既具备外语专业能力，同时具备所复合专业的专业能力。《国标》要求外语类专业学生具备外语运用能力、文学赏析能力、跨文化能力、思辨能力、研究能力、创新能力、信息技术应用能力、自主学习能力和实践能力共九种能力。英语专业《普通高等学校本科外国语言文学类专业教学指南》（以下简称《指南》）对九种能力进一步阐释和细化，补充增加了英汉口笔译能力、第二外语运用能力、汉语表达能力。以上 12 种能力也是复合型外语人才所必备的能力。除此之外，复合型外语人才还应具备所选另一专业的专业能力，基本满足该专业的能力要求。如选择新闻学为辅修专业的学生应具备与新闻传播学类工作相适应的理论学习能力，并掌握持续学习的方法；具备与新闻传播实践的发展变化相适应的业务动手能力和实践创新能力；具备良好的语言文字表达能力与沟通能力；具备计算机和现代新媒体技术的应用能力；掌握社会科学研究的基本方法，具备初步的社会科学调查与研究能力。

3.3.2 培养模式复合

培养模式复合包含跨课程复合、跨专业复合、跨语种复合、跨文化复合等复合形态。跨课程复合模式指学生通过有选择地修读个人感兴趣的其他专业课程，达到复合型人才培养的目的，该模式为浅度复合模式。跨方向复合模式指外语类专业在本专业课程体系中设置跨专业/学科方向，如英语专业设置"国际贸易方向""国际法律方向"等。跨专业复合模式指通过主辅修、修读第二学位或双学位所要求的课程和学分，达到复合型培养的目标，这种模式是深度复合模式。跨语种复合指修读第二/三外语专业，实现不同外语语种之间的复合。该模式要求按外语专业要求，学习第二/三外语专业的多门基础课程和核心课程，为复语深度复合模式，不同于英语专业学习一门第二外语课程。跨文化复合指在不同国家和不同文化环境中学习，实现中外文化复合，如学生参加海外联合培养，在外国文化中浸润和学习一学期、一学年或两学年不等。

3.4 商务英语专业人才培养目标

《普通高等学校本科商务英语专业教学指南》规定，商务英语专业旨在培养具有扎实的英语语言基本功和相关商务专业知识，拥有良好的人文素养、中国情怀与国际视野，熟悉文学、经济学、管理学和法学等相关理论知识，掌握国际商务的基础理论与实务，具备较强的跨文化能力、商务沟通能力与创新创业能力，能适应国家与地方经济社会发展、对外交流与合作需要，能熟练使用英语从事国际商务、国际贸易、国际会计、国际金融、跨境电子商务等涉外领域工作的国际化复合型人才（教育部高等学校英语专业教学指导分委员会 2020）。

《国标》的培养规格提出了所有外语类专业学生应具备七种知识、八种素质和九种能力，包括语言、文学、文化类知识、相关专业知识以及人文社会科学与自然科学基础知识，形成跨学科知识结构，体现专业特色。依据《国标》要求的素质、知识和能力，商务英语专业人才应具备六种素质、三类知识和三种能力：

在素质要求方面，遵照《国标》有关立德树人的总体要求外，商务英语专业应着重培养六种专业密切相关的素质，即，合作精神、创新精神、创业意识、良好的职业精神、商业伦理意识和社会责任感。

在知识要求方面，商务英语人才强调语言、文学、文化、翻译等外语专业的共核知识，同时应具备三类知识：学科知识、商务知识和实务知识。1）学科知识，如经济学、管理、法学等；2）商务知识，如组织管理知识、战略规划知识、运营管理知识等；3）实务知识，如商务工作内容与机制、中外经贸政策法规、国际商务规则和惯例等。三类知识理论与实践相结合，其中，学科知识是学习商务英语的理论基础，商务知识是拓宽应用知识面，实务知识是实际商务工作的操作性知识，三者相互联系，形成完整的商务知识体系。

在能力要求方面，商务英语人才应具备三种能力：1）语言能力，如商务英语运用能力、第二外语运用能力、汉语表达能力等；2）学习能力，如思辨能力、数字化信息能力、终身学习能力等；3）商务能力，如跨文化商务沟通能力、量化思维能力、商务分析、决策与实践能力、团队合作能力、领导力、管理协调与沟通能力等。三种能力中，语言能力是核心，商务能力是重点，学习能力是目标，不断夯实语言能力，着力培养商务能力，努力提升学习能力。

此外，根据未来行业发展趋势，商务英语人才还应具备数字化信息能力和量化思维能力。前者指能安全、负责、恰当地使用数字工具、技术和设备，明确信息需求，有效获取、分析、整合、评估、管理和传递信息和数字资源，支撑数字化时代的学习、工作和沟通；后者指能对国际商务环境中的主要因素进行评价和判断，在商务分析和决策中能有效运用图形、表格和数据量化、呈现、说明商务信息，并能运用文字对图形、表格和数据所表达的信息进行描述、分析、整合和评价。

3.5 法律英语方向人才培养目标

本方向旨在培养德智体美劳全面发展，既具有扎实的英语基本功、又熟悉法律的复合型高素质英语人才。通过本专业方向学习，学生不仅应掌握英语语言文学知识，具备较为深厚的人文学科素养，还应掌握英美法基本知识及英美法律文化知识，能够胜任教育、翻译、管理、涉外法律事务等领域的相关工作，成为符合社会发展需求的"英语+法律"复合型法律英语专业人才，为最终成为合格的涉外法律人才奠定坚实基础。

3.6 医学英语方向人才培养目标

本方向旨在培养英语基本功扎实，具有国际视野和人文素养，掌握语言学相关基础理论和知识，并通晓医学相关学科的基础理论和知识，熟悉医学相关领域的国际规则和惯例，具备医学英语应用能力、跨文化交流能力、思辨与创新能力、自主学习能力，能从事医学相关领域的语言服务工作或医学英语教学的复合型、应用型人才。

医学英语方向主要应培养以下两类人才：第一类是医学相关领域的语言服务人才，他们将运用医学英语这一工具为相关领域的国际交流服务；第二类是各级医学教育机构所需的医学英语老师，他们将通过教学活动培养国际化医学人才。这两类人才未来工作环境（即目标情景）不同，所需的知识和能力素质会各有侧重：第一类人才侧重于与其服务领域相关的某一（几）方面的语言能力。例如，除了要具备相关领域的医学知识，英文医学杂志的编辑需要有较强的医学英语写作能力；而医学国际会议、国际医院的译员则需要擅长医学英语听说与翻译。第二类人才将更侧重医学英语的通识和语言的综合运用能力。

参考文献

[1] 黄源深. 21 世纪的复合型英语人才 [J]. 外语界，2001（1）：9-13.

[2] 蒋洪新. 新时代外语专业复合型人才培养的思考 [J]. 中国外语，2019，16（1）：1+11-14.

[3] 刘知远、崔安顾等. 大数据智能 [M]. 北京：电子工业出版社，2016.

4. 素质要求

《国标》在"培养规格"部分明确提出"素质要求":"外语类专业学生应具有正确的世界观、人生观和价值观,良好的道德品质,中国情怀和国际视野,社会责任感,人文与科学素养,合作精神,创新精神以及学科基本素养。"这是国家对外语类专业学生在素质方面的总体要求。与其他专业类学生相比,外语类专业学生相对特殊,学习生活中接触最多的是文化意义上的他者,思想行为容易受到干扰和影响,在"三观"等素质的形成发展方面须正确引导。

4.1 人生哲学

从某种意义上说,《国标》"素质要求"中的"世界观""人生观""价值观"以及"道德品质"重在思想考量,与信仰及实践密切相关,属于人生哲学范畴,是对新时代外语类专业学生的总体的、宏观的、系统的人生"定义"。因此,本章将其归为一个整体进行探讨。作为年轻人,更作为新时代中国特色社会主义事业的建设者和接班人,外语类专业学生首先应具备正确的"三观"及良好的道德品质,这是其成为合格人才的必要条件。

世界观是人们对于世界的根本看法和观点,其基本点是物质和意识、存在和思维的关系问题。世界观可分为唯物主义世界观和唯心主义世界观两大类,双方处于对立状态,前者看重物质和存在,认为物质决定意识,存在决定思维,后者反之。世界观不是一成不变的,具有不断更新、不断完善和不断优化的特点。对于现实生活中的个体来说,随着其视野的不断拓宽和见识的不断增长,其对周围环境、社会民族乃至整个世界都会有新的发现和认识,这有助于其世界观的不断改进和完善。无疑,大学生在小学、中学阶段已经有了世界观方面的熏陶,即辩证唯物主义世界观教育,但大学阶段却是其全面形成科学世界观的重要阶段。大学不同于小学和中学,学生自我思考、自我成长、自我完善的时空大大增加,对世界的看法也更具个性。不过,合格的世界观首先不能偏离唯物主义,不能在唯物主义和唯心主义之间摇摆,更不能走向唯心主义，这是我国高等教育对大学生世界观的基本要求。

　　大学阶段是个人知识增长的关键时期，也是个人自由成长的重要阶段。作为外语类专业学生，日常"涉外"频繁，在确证巩固自身唯物主义世界观的同时，在知识和认识层面，不能拒绝唯心主义世界观的存在。从某种角度看，就全球人口而言，持唯心主义世界观者或有神论者不在少数。这就要求学生们具有某种平衡世界观的实践能力，即在自身为唯物论者的同时，承认唯心论者的存在，进而学会与唯心论者相处，甚至成为朋友。只有具备了这样的素质，当外语类专业学生毕业后进入真实的跨文化交流场合，才能与具有不同宗教信仰背景的外国人士进行沟通和合作。

　　就个体而言，世界观与其理想、信念有着极为密切的联系，对其理想和信念起着支配和导向作用，是个体行为的调节器。可以说，世界观决定着一个人的人生观和价值观，有什么样的世界观，就有什么样的人生观和价值观。

　　人生观是人们在世界观的引领下于生活实践中形成的，是人们对于人生目的和人生意义的根本看法，决定着人的实践活动的目标、人生道路的方向以及对待生活的态度。在新时代中国，大学生的人生观应超越低级趣味，把追求个人幸福与追求国家富强和人民利益有机结合起来。

　　现实生活中，人们的人生观多种多样，可分为享乐主义人生观、厌世主义人生观、禁欲主义人生观、幸福主义人生观和乐观主义人生观等。简言之，享乐主义人生观重视感官快乐，把最大限度地满足物质生活享受视为人生的唯一目的；厌世主义人生观认为人生是苦难的深渊，把脱俗灭欲视为人生的唯一目的；禁欲主义人生观主张灭绝人欲，把苦行主义作为人生的究竟之道；幸福主义人生观抑或强调个人幸福，把追求自我幸福作为人生的最高目的，抑或兼顾他人幸福和社会幸福，认为追求全社会乃至全人类之幸福是人生的最高目的；乐观主义人生观认为，人类社会前途光明，未来可期，追求真理、追求社会的文明和进步是人生的目的所在。细审之，此种种人生观，或左或右，都有一定偏差，与新时代外语类专业学生的素质要求均有差距。

　　新时代外语类专业学生的人生观应吸取中外文明之精华，展现中华民族之风貌，担当起"以青春之我、奋斗之我，为民族复兴铺路架桥，为祖国建设添砖加瓦"之重任。该人生观把为人类命运共同体谋福祉视为人生的崇高理想，坚信人生的价值和意义在于对社会所尽的责任和所做的贡献，在于为人民服务，在于振兴中华和民族复兴。

与人生观一样，价值观也是在世界观的引领下形成并发生作用的，它是人们评价事物、辨别是非的标准，直接影响人们的行为方式。价值观具有稳定性和持久性、历时性和选择性以及主观性等特点。在一定的时空条件下，价值观是可以转变的。人们在小学阶段的价值观和中学阶段的不一定相同，大学阶段的和中学阶段的也肯定会有不同之处。也就是说，从孩童到少年到青年到中年及至老年，价值观总体处于动态变化之中，社会大环境、学校中环境以及家庭小环境等都是价值观形成和发展的重要因素。新时代的外语类专业学生如何看待自己的价值观，如何培养自己的价值观，在价值观的变化过程中如何发挥自己的主观能动性极为重要。从根本上讲，新时代外语类专业大学生应坚守社会主义核心价值观，在国家层面追求富强、民主、文明、和谐；在社会层面尊崇自由、平等、公正、法治；在个人层面践行爱国、敬业、诚信、友善。

道德品质是个人在实际生活中所表现出来的比较稳定的特点和倾向，大到对待大自然和世界的观点，中到对待国家和社会的态度，小到对待乱扔垃圾和随地吐痰的看法。也就是说，道德品质是一定的道德原则和规范在个人思想和行为中的具体体现，涉及个人对于他者的具体态度和具体行为，这里的他者粗大到宇宙星系、细小至沙粒微尘。我们平时的生活习惯、言谈举止、待人接物等都是个人道德品质的有效表达。个人道德品质的形成同样受到各类环境的影响和制约，其世界观、人生观和价值观更是其道德品质形成的关键因素。道德品质包括道德意识和道德行为，前者属于意识范畴，如道德认识、道德情感、道德意志和道德信念等，后者属于行为范畴，如道德言语、道德行动和道德习惯等；道德意识决定并调节道德行为，道德行为的实现是在道德意识的指导下完成的。习近平总书记指出，

> 新时代中国青年要自觉树立和践行社会主义核心价值观，善于从中华民族传统美德中汲取道德滋养，从英雄人物和时代楷模的身上感受道德风范，从自身内省中提升道德修为，明大德、守公德、严私德，自觉抵制拜金主义、享乐主义、极端个人主义、历史虚无主义等错误思想，追求更有高度、更有境界、更有品位的人生，让清风正气、蓬勃朝气遍布全社会！（《习近平谈治国理政》第三卷 2021：337）

世界观、人生观、价值观和道德品质实为一体，它们相互关联，相互作用，构成人们的人生哲学。对新时代外语类专业学生而言，正确的人生哲学是立人之本、为学

之本。2014年5月4日，习近平总书记与北京大学师生代表座谈时对广大青年提出了具有执着的信念、优良的品德、丰富的知识、过硬的本领四点要求。2018年5月2日，他在北京大学又对广大青年提出了爱国、励志、求真、力行四点希望。他号召广大青年树立和培养社会主义核心价值观要在勤学、修德、明辨和笃实方面下功夫，要下得苦功夫，求得真学问；要加强道德修养，注重道德实践；要善于明辨是非，善于决断选择；要扎扎实实干事，踏踏实实做人。习近平总书记的谆谆教诲，为当代大学生树立正确的"三观"、锻造理想人格指明了方向，也为外语类专业落实立德树人根本教育方针规划了蓝图。

4.2　中国情怀和国际视野

"中国情怀"和"国际视野"是相辅相成的关系。一个不了解外界的人谈不上国际视野，因为他不知道国际为何物。在他的认知里，外国不存在，世界不实有，他只生活在他自己的狭小区域里，抑或一村一地，抑或一城一镇。对于没有域外知识、不知道国际存在的人来说，讨论中国情怀也没有多大意义。对于他，情怀完全在于那狭小一隅。也就是说，在不知他者的情况下，是可以知自己的；但这种知较为浅显，因为在人类进入近现代以后，影响其发展的因素就不仅在自身了，比如异族入侵、他国干涉，等等。在新时代的今天，这种外来可能性大，影响也更为深远。我们决不能闭关自守，而应兼顾国内国际两个大局。

地球正演变为一个村庄，世界已然成为某种意义上的命运共同体。在此情况下，外语类专业学生必须具备"知己知彼"的能力，既了解他者、通世情，又知道自己、晓国情。了解他者就是要有国际视野，对世界大事、国际局势有相对准确的认知；知道自己，就是要明了中国自己的发展方位，准确地把握新时代中国所面临的机遇和挑战，深刻地理解国家大政方针，把爱国落到实处，忠于祖国，忠于人民。唯如此，才能做到兼备中国情怀和国际视野。

中国之所以有今天的大好局面，中华文明之所以有绵延不断的传承，均得益于中华赤子的中国情怀和国际视野。这方面的例子不胜枚举，远的如唐代高僧玄奘，他知大局识大体，对当时中华文化亟需完善、中国社会亟需新思想助益的状况非常了解，并立志在这方面做出自己的贡献。同时，他对佛教的起源、发展以及佛理乃至佛教对丰富和发展中华文化的作用等也十分了然，于是怀揣拳拳爱国之心，毅然踏上西行求法之路，渡游沙过大漠，跋山涉水，历经重重艰险到达印度，遍游五天竺，研习语言，钻研佛法，在当地赢得至高荣誉。但他始终心系祖国，学成之后便踏上归程，在国内成就了一番伟业，为中国文化的繁荣发展以及中印两大文明的交流互动做出了不可磨灭的贡献。

近的例子如钱学森，他于动乱年代赴美国求学深造，成为美国麻省理工学院和加州理工学院的教授。他了解世界、国际视域广博，是世界科学界的学术新星。而且，他虽身处异国，却时刻关注着近代以来多灾多难的祖国。在国家步入相对稳定的发展轨道之后，他几经周折，放弃了美国的优厚待遇，决然回归贫瘠的中华大地。由于他的回国，中国导弹、原子弹的发射向前推进了至少20年。"中国航天之父""中国导弹之父""中国自动化控制之父"和"中国火箭之王"等称号对于钱学森绝非过誉，而是实至名归。

一千多年前的玄奘是佛教高僧、翻译大师、文化大家，搞人文，偏精神文化；当代的钱学森是世界级科学家、中国科学院和中国工程院院士，中国"两弹一星功勋奖章"获得者，做科研，偏物质文化。两位都是中国巨人，在中国历史上都写下了辉煌篇章。他们是中国的自豪，是中国人的楷模。若无国际视野，他们不会有如虹气魄，不会远赴异国苦读深究；若无中国情怀，他们不会拒绝异国的优渥条件，一人徒步，一人乘船，归程都充满了艰难险阻，却义都义无反顾，不惧风险，回到了祖国的怀抱。

一代人有一代人的梦想和使命，民族的兴盛和国家的富强需要一代一代人接续奋斗。新时代外语类专业学生应立志高远，积极涵养中国情怀和国际视野，成为德智体美劳全面发展的社会主义建设者和接班人。

4.3 社会责任感

社会责任指一个人和社会的依存关系，起于生活，源于实践。个人和社会相互依存，相互实现；离开了社会的个人将失去生存环境和生存价值，离开了个人的社会也不会有人类意义。这种"生死"关系要求个人对社会负有一定的义务，要求个人在实践中对社会承担一定的责任。中华文明在一代又一代人的努力下生生不息，中国在一代又一代人的奋斗下巍然屹立。没有祖祖辈辈的社会责任感和家国情怀，我们就不会有今天这样的美好生活。中华文明的伟大复兴，并为人类文明做出更大贡献，要求新时代的大学生承担起自己的历史使命。

中国历来不乏有社会责任感的仁人志士。遥想古代的教育家和思想家孔子，在家境窘迫、社会动乱的情况下，担负起服务社会的崇高责任。孔子不仅开办私学，教化门生，还周游列国，游说当政者以礼立国，期盼华夏复兴。他提出并实践了诸多有益于当时社会并泽被后世的教育理念和思想观念，主张"有教无类"，开创了尊师重教的优良传统；他倡导"为政以德"，以"德治"和"礼治"立国，塑造了礼仪之邦的中国形象。中华文明愈挫愈坚，历久弥新，均得益于两千多年前孔子的社会责任感。

2020年，新冠肺炎疫情席卷全国。在生死关头，各行各业涌现出无数具有社会责任感的人士。特别是医务领域，如钟南山、李兰娟，他们在自己的岗位上不顾危险，与病患者一起，与病毒顽强斗争，为夺取抗疫胜利做出了巨大的贡献。他们中不少人还关注世界疫情，为世界的抗疫事业建言献策，奔赴疫情最严重的国家救死扶伤。他们的社会责任感源于中国，服务中国，泽被世界。再如，2015年诺贝尔生理学或医学奖得主屠呦呦，几十年如一日，勤勤恳恳、默默无闻地潜心钻研，在疟疾药物研究领域取得了举世瞩目的成就，不仅给中国人民，也给世界人民带来健康。可以说，屠呦呦的社会责任感不仅针对国人，而且针对全人类，她是一个具备人类社会责任感的中国人。

新时代的外语类专业学生应见贤思齐，从我做起，在读书期间积极参与各类志愿者活动和公益事业，在服务社会的过程中磨练意志，锤炼品格，成为一代有高度社会责任感的高尚公民。

4.4 人文与科学素养

人文与科学是一个有彩的词组，历来分分合合，"智者见山，山如画；仁者见水，水无涯"。总体看，两者既有联系又有区别，前者重人事，以感性为基础，以人为本，关注人性，体认感知，通于心境；后者重技理，以理性为基础，讲究科学，研究理论，看重技术。人文如风，拂面不闻，润物无声；科学如雨，肉眼可见，技术改变世界。拥有人文与科学素养实际上指的是既要有人文气质，又要有科学见识，看似虚幻，实则有物。具体到大学生，人文社科类学生应具备一定的理工医知识，掌握相关的理工动手技能；理工医类学生应具备相应的人文、艺术品位，具有一定的文学、艺术欣赏能力。不唯如此，人文与科学素养并非单纯的关于人文学科与理工学科的知识、理论和实践，而是综合型和综合性的，乃多元素养；简言之，指一个人的总体学识气质和实践（学习、生活和工作）能力。

就外语类专业学生来说，学的是人文学科，而且是与国外相关的学科，其人文和科学素养更需培养。一般而言，外语类专业学生在本科阶段，特别是一二年级阶段，主要以学习外语为主，除英语专业外，大多数专业学生都从字母开始，且不论科学，人文方面的学识积累也很少。再者，由于高中阶段的高考趋向，不论是学校、家庭还是个人，学生们很少关注自身的综合素养。这样一来，大学几年就成了外语类专业学生最为重要的综合素养培育发展阶段。

在这方面，诸多高校已有措施，开设了不少通识类课程，含人文社科理工医各类，方便学生修习。以北京大学为例，人文类的有印度宗教、民俗研究、老庄导读、西方美术史、二十世纪中外关系史等；社科类的有社会心理学、管理学导论、西方社会学理论导读、经济学原理等；理工类的有普通统计学、环境生态学、大气概论、现代天文学、化学与社会等。诚然，上课只是一方面，个人修学更为重要，泡图书馆和假期体验是很好的培育途径。大学图书馆大多是综合性的，各类书籍都有，可以提供全科类的相关理论知识；而假期体验则可以理论联系实际，旅游、走访、调研、公益等活动，都是提升自身综合素养的方式。由于教育国际化和中国经济的提升，大学生们境外游学的机会和可能大大增加，这也是拓展综合素养的好途径。

我们身边不缺人文和科学素养兼优者，理工类学生文学造诣很高，歌好人好品行好；人文社科类学生计算机、机器人大赛获奖，理工知识扎实，动手能力强。稍远一点的例子更有说服力，苏步青有"左手研究着微分几何，右手书写着诗词歌赋"之美誉。他是造诣极深的数学家，被誉为"东方第一几何学家"；他的文学成就也很高，从事诗歌创作70余年，留下诗词500余首，出版了多部诗集；其书法作品也具有很高的艺术价值。还有顾毓琇，他是国际公认的电机权威和自动控制理论的先驱，同时在诗词、音乐、戏剧等方面也都取得了令人瞩目的成绩。这些人身上的人文和科学素养，当是新时代外语类专业学生的榜样。

4.5 合作精神

合作精神是社会发展、国家富强的关键因素。没有合作精神，民族将失去生命力，国家将失去发展力。合作精神体现在合作意识和合作实践两方面，指个体对某一共同规划、共同行动乃至共同事业的认知、情感及其在实际工作中的具体实践。对于个人而言，当今社会处在竞争十分激烈的时代，知识的竞争，人才的竞争，能源的竞争到处可见；但这个时代又是要求广泛合作的时代，绝大部分工作都必须通过合作才能完成。"鸡犬之声相闻，老死不相往来"的时代早已过去，个人英雄时代也已一去不复返。我们一方面追求自身发展，提升与他人竞争的能力，另一方面又要与他人合作，共同完成相关任务。实际上，这两者并不矛盾，而是相辅相成的，个人提升有利于合作，合作也有利于个人提升。善于合作本身就是个人能力的体现，合作不仅能获得成就，也能获得快乐和幸福，更是社会进步的标志和前提。

在"中国处于近代以来最好的发展时期"的新时代，大学生拥有合作精神实际上是成为社会主义建设者和接班人的前提。中国的发展以及中华民族伟大复兴之中国梦的实现绝不是一人一时可以完成的，而是需要全中国人民团结一致、接续奋斗才能实现。在这一过程中，外语类专业学生进入社会将承担跨文化沟通的特殊使命，立足国内，放眼世界，不仅要与国人合作，还要与外国人合作，如此才能成就个人的事业，并为中国走向世界做出自己应有的贡献。

5. 知识要求

5.1 外国语言知识

外国语言知识是一个复杂的概念，其难首先源自"知识"二字，其次是"语言知识"。"知识"在《现代汉语词典》中被定义为"人们在社会实践中所获得的认识和经验的综合"（2008：1746）。据此，张三的"外国语言知识"应指张三在外国语言实践中所获得的认识和经验的综合，其中，"实践"可理解为"使用和学习语言"的活动和过程。从哲学层面来看，实践具有客观性、能动性和社会性。虽然这一逻辑为我们理解语言的本质和内涵提供了重要的哲学基础，但就语言知识这一概念所涉及的具体活动和过程（如语言教育教学活动）而言，抽象的哲学认识仍需要从个体认知角度进行具体化，即仍需要解释语言学习者或使用者到底获得或使用了什么样的语言认识和经验。这样的解释对于语言课程，尤其是外语课程和教学设计具有重要意义。

《国标》在第 4 部分"培养规格"的"4.3 知识要求"中提出，"外语类专业学生应掌握外国语言知识、外国文学知识、区域与国别知识，熟悉中国语言文化知识，了解相关专业知识以及人文社会科学与自然科学基础知识，形成跨学科知识结构，体现专业特色"。其中，"外国语言知识"位列其首。在外语教学实践中，设计有效课程、运用有效方法帮助学生学习外语知识的前提是有效界定其内涵和范围。国内外相关文献纵览提示，过去几十年的探讨始终聚焦三个基本问题：什么是外国语言知识（以下简称"外语知识"）？外语知识和能力之间的关系如何？如何有效学习和建构外语知识？相关研究及成果因视角不一，异同并存，本节通过梳理、分析，从中找到基本共识并在此基础上提出相关课程和教学建议。

5.1.1 什么是外语知识？

《欧洲语言共同参考框架：学习、教学、评估》（*Common European Framework of Reference for Languages: Learning, Teaching, Assessment*, CEFR，以下简称《欧框》）认为，语言学习能力是在学习经验中得以发展，并帮助学习者独立、有效地应对新的学习困难。而这种学习能力包括语言和交际意识（language and communication awareness）、一般语音技巧（general phonetic skills）、学习技巧（studying skills）和启发技巧（heuristic skills）。所谓"语言和交际意识"指语言学习者或使用者"对语言和语言用法的一种敏感，包括对语言组构和使用规则的认识和理解，即关于语言的知识（knowledge about language, KAL）。这种意识使得新的学习经验可以同化、融入已经秩序化的语言系统，丰富已有语言知识和经验。例如，成年外语学习者通常会发现自己所掌握的语音规则知识可以促进、提升学习语音的能力。

上述分析可以看出，虽然《欧框》是从学习者个体认知视角解释语言知识，但其解释体现了语言知识的哲学基础，即语言实践的客观性、能动性和社会性。换言之，语言组织和规则是一种客观存在，如特定语言之语音、语调的规律性，词法、句法或篇章结构的规律性以及语言交际的社会文化规范等；学习者或使用者能"感觉敏锐"地察觉、判断这些规则、规律性和规范，体现人作为语言实践主体的主观能动性，而对语言交际的社会文化规范或规律性的敏感则体现了语言实践的社会性。

《中国英语能力等级量表》（China Standards of English，以下简称《量表》）是首个面向中国学习者的英语能力标准，于2018年4月由教育部、国家语言文字工作委员会正式发布，并已作为国家语委语言文字规范正式实施。《量表》将语言知识分为组构知识和语用知识（如下表5.1）。其中，组构知识包括语法和篇章组构知识。语法组构知识又包括语音系统和书写形式知识、词汇知识和句法知识；篇章组构知识则包括修辞或会话知识、衔接知识。语用知识包括功能知识和社会语言知识。其中，功能知识又包括概念、操控、探究、想象功能知识；社会语言知识包括语体知识、方言/变体知识、语域知识、自然表达或惯用表达知识、文化参照与修辞知识。

表5.1 《中国英语能力等级量表》中的语言知识体系

语言知识	组构知识	语法知识	语音系统和书写形式知识
			词汇知识
			句法知识
		篇章知识	修辞或会话知识
			衔接知识

（续表）

语言知识	语用知识	功能知识	概念功能知识
			操控功能知识
			探究功能知识
			想象功能知识
		社会语言知识	语体知识
			方言／变体知识
			语域知识
			自然表达或惯用表达知识
			文化参照与修辞知识

除了上述两个具有广泛影响力的涉及语言知识的体系之外，国内也有其他重量级官方文件涉及外语知识的定义和阐释，如2018年颁布的《普通高中英语课程标准（2017版）》（以下简称《课标》）。《课标》认为，语言知识包括语音、词汇、语法、语篇和语用知识四个部分[1]。在高中阶段，这四部分的必修知识内容要求如下表5.2所示：

表5.2　普通高中英语课程语言知识内容和要求

语言知识类别	必修、选择性必修
语音知识内容要求	1. 根据重音、语调、节奏等的变化感知说话人的意图和态度； 2. 借助重音、语调、节奏等的变化表达意义、意图和态度等； 3. 在查阅词典时，运用音标知识学习多音节单词的发音。
词汇知识内容要求	1. 借助词典等各种资源，理解语篇中关键词的词义和功能以及所传递的意图和态度等；了解词汇的词根、词缀，掌握词性变化规律，并用于理解和表达； 2. 有关主题的信息和观点； 3. 在语境中，根据不同主题，运用词汇命名相关事物，进行指称、描述行为、过程和特征，说明概念等；

1　梅德明（2019）在解读《课标》中关于语言知识的定义时指出，《课标》提出了语言运用视角下的语言知识框架，而该框架参照Bachman和Palmer（1996）对语言知识的分类。

（续表）

语言知识类别	必修、选择性必修
词汇知识 内容要求	4. 在义务教育阶段学习 1500 – 1600 个单词的基础上，学会使用 500 个左右的新单词和一定数量的短语，累计掌握 2000 – 2100 个单词。
语法知识 内容要求	1. 意识到语言使用中的语法知识是"形式—意义—使用"的统一体，学习语法的最终目的是在语境中有效地运用语法知识来理解和表达意义； 2. 运用所学的语法知识，理解口头和书面语篇的基本意义，描述真实和想象世界中的人和物、情景和事件，简单地表达观点、意图和情感态度，在生活中进行一般性的人际交流； 3. 在语篇中理解和使用过去将来时态； 4. 在语篇中理解和使用现在进行和现在完成时态的被动语态； 5. 在语篇中理解和使用动词不定式作句子中的定语和结果状语； 6. 在语篇中理解和使用动词 -ing 形式作句子中的定语、状语和补语； 7. 在语篇中理解和使用动词 -ed 形式作句子中的定语、状语和补语； 8. 在语篇中理解和使用由关系代词 that, which, who, whom, whose 和关系副词 when, where, why 引导的限制性定语从句； 9. 在语篇中理解和使用简单的省略句。
语篇知识 内容要求	1. 记叙文和说明文语篇的主要写作目的（如再现经历、传递信息、说明事实、想象创作）以及这类语篇的主要语篇结构特征（如：该类语篇的必要组成部分和可选组成部分、各组成部分的顺序等）； 2. 日常生活中常见应用文的基本格式、结构及语言特点； 3. 新闻报道的常见语篇结构、标题特征和语言特点； 4. 语篇中的显性衔接和连贯手段，如通过使用代词、连接词、省略句、替代等手段来实现的指代、连接、省略、替代等衔接关系； 5. 语篇中段首句、主题句、过渡句的作用、位置及行文特征； 6. 语境在语篇理解和语篇产出过程中的作用；语境与语篇结构、语篇内容的关系，比如，通过语境预测语篇内容，通过语篇的内容推测语篇发生的语境。

（续表）

语言知识类别	必修、选择性必修
语用知识内容要求	1. 选择符合交际场合和交际对象身份的语言形式，如正式与非正式语言，表达问候、介绍、告别、感谢等，保持良好的人际关系； 2. 运用得体的语言形式回应对方观点或所表达的意义，进行插话、打断或结束交谈，并在口语交际中有效运用非语言形式，如目光、表情、手势、姿势、动作等身势语； 3. 根据交际具体情境，正确理解他人的态度、情感和观点，运用得体的语言形式，如礼貌、直接或委婉等方式，表达自己的态度、情感和观点。

《课标》在语言知识列表下均列出"教学提示"。因篇幅所限，本节仅以语音知识"教学提示"为例，

  高中阶段的语音知识学习应在巩固义务教育所获得的语音知识的基础上，侧重通过实践增强学生的语感，体会语音知识的表意功能，帮助学生建构语音意识和语音能力。教师可以通过设计多种形式的语音实践活动，引导学生进一步体验、感知、模仿英语的发音，注意停顿、连读、爆破、节奏等，帮助学生形成良好的英语发音和一定的语感，并通过学习相关的语音知识，形成一定的语音意识。同时，教师还应提供大量的语音实践活动，使学生学会逐步借助语音知识有效地理解说话人的态度、意图和情感，同时表达自己所希望传递的意义、意图、观点和态度。语音知识的学习和语音能力的培养都应该在语境中进行，教师应根据高中学生的特点，组织丰富多样、切合学生实际的语音实践活动。在高一阶段必修课的学习中，教师应重视通过听力练习、口头模仿和朗读训练，帮助学生形成一定的语感、提高表达的自信心和流畅性。在选择性必修和选修阶段，教师可以通过英文诗歌朗诵、戏剧表演、影视配音等活动提高学生发音的准确性和表达的流畅性。

综合上述定义和教学提示可以看出，虽然所用语言和相关具体表述不一样，但《课标》关于语言知识的阐释和《欧框》多有相似之处。其中关键相似点是一定程度上体现了语言知识的实践观，即语言知识的客观存在，语言实践主体的主观能动性以

及语言实践的社会性。

此外,《课标》明确提出,学习语言知识的目的是发展语言运用能力,因此在学习语言知识的过程中要关注语言知识的表意功能,如在上述语音知识的"教学提示"中明确提出"语音和语义密不可分,语言依靠语音实现其社会交际功能","说话者通过语音的变化表达意义和观点,反映其态度、意图、情感等","高中阶段的语音知识学习应侧重在有意义的语境中,通过学习和运用语言,感知语音的表意功能,逐步学会恰当地运用语音知识达到有效交际的目的"。这些教学提示又进一步凸显了语言实践过程中客观性、能动性和社会性融为一体的基本特征。

除了上述两份重要的官方文件中的定义和阐释外,部分国内外学者的定义和阐释也有广泛的影响力,其中尤以 Bachman & Palmer（1996, pp. 67-70）为甚。他们从语言测试的角度提出了语言能力（language ability）的框架,明晰了语言知识和语言能力的关系。他们认为语言能力包括两个部分:语言知识（language knowledge）和策略能力（strategic competence）。其中,语言知识和元认知策略的综合为语言使用者提供了建构和阐释话语的能力（如图 5.1 所示）:

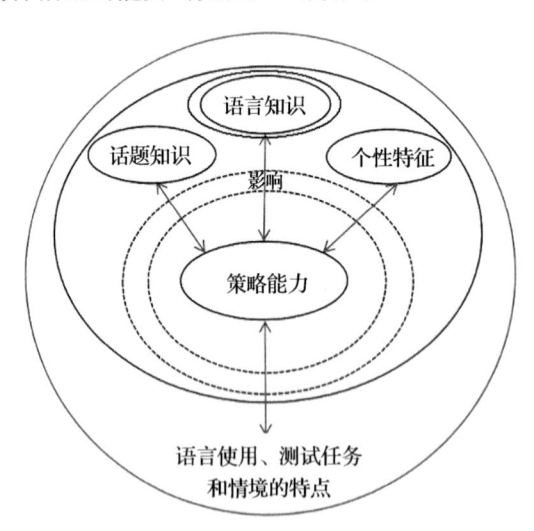

语言使用及语言测试行为的要素

图 5.1 语言使用和测试行为表现构成

图示可见,在 Bachman & Palmer（1996）看来,语言知识是语言能力的一部分,学习语言知识的目的是发展语言运用能力。在这一框架下,他们也进一步描述了语言知识范围,如下表 5.3 所示:

表 5.3 语言知识范围（Areas of language knowledge）

语言知识	组构知识	语法知识 • 词汇知识 • 句法知识 • 音调/字体知识
		语篇知识 • 衔接知识 • 修辞或对话结构知识
	语用知识	功能知识 • 概念功能知识 • 操控功能知识 • 启发功能知识 • 想象功能知识
		社会语言学知识 • 方言/变体知识 • 语域知识 • 习语表达知识 • 文化所指和修辞格知识

从图、表中可以看出，Bachman & Palmer（1996）认为语言知识包括两大类：组构知识和语用知识。其中，组构知识负责控制口、笔语法句子结构的产出和理解，包括语法知识（如词汇、句法、音调和字体知识）和语篇知识（衔接知识、修辞或对话结构知识）。语用知识则包括两个部分：功能知识和社会语言学知识。前者包括概念功能知识、操控功能知识、启发功能知识和想象功能知识，后者指社会习俗或惯例知识，涉及方言、语言变体、语域、习语表达、文化所指等知识。

对照来看，前文介绍的《量表》所使用的语言知识工作框架与 Bachman & Palmer（1996）的语言知识范围体现了关于语言知识定义的高度共识。总体来看，这一体系或框架以结构化方式阐释了语言系统和语言使用所涉各种信息和知识的存在及彼此之间的关联，其主要特征是对语言知识进行形式化的描述和组织，实现了语言知识范畴化、概念体系化。与《欧框》和《课标》相比，虽然这一体系并未从个体认知角度明示语言知识学习和建构的过程，展现其认识论立场，但清晰的结构化标签为理解语言知识本身的确提供了便利，也在一定程度上为语言信息处理相关基础研究和应用开发提供了支持。

　　另一个有较大影响力的定义或阐释来自英国语言学家 David Crystal。他认为，"选择（choice）"是解析语言知识的关键概念：我们为什么选择某个词而不是其他的词？我们为什么选择某种发音、腔调、句子或篇章结构？究竟是什么影响了我们的选择？从这一思路出发，他在《剑桥英语语言百科全书》（第三版 2019）（*The Cambridge Encyclopedia of the English Language*, 3rd edition, 2019）中提出，所谓语言知识可以被看作"当儿童说话和写作时，使他们意识到的可供其做出选择的东西，以及当他们听或读时，理解他人做出的选择的理由"（2019: 304）。换言之，在英国教育语言学中，语言知识就是伴随学校课程学习，儿童不断增强的关于口笔语结构和功能的意识。与之相关的两个概念是所谓语言艺术（language arts）和语言意识（language awareness）。前者指"学校课程中涉及语言技能如听、说、读、写以及诸如视觉或非语言交流相关概念领域"（2019: 516），后者指"语言使用者自己或他人对语言使用所作出的合理、敏锐且必要的反应或回应"（2019: 516）。国内学者戴曼纯（2002）则提出，外语语言知识体系由语音知识、语法知识、语篇知识、语用知识、交际策略知识等构成，缺少任何一部分都不能进行恰当的交际。

　　上述有一定代表性的文献梳理和分析提示：1）不同立场、视角的界定、阐释使"外国语言知识"具有一定复杂性；2）语言知识的界定不只是对语言规则的客观、静态描述，也应包括对语言知识认知过程的动态理解，即语言知识的运用和相关意义表达；3）相似的概念或术语相伴、聚集出没于不同的文献中，语言能力、语言意识、元语言意识等概念之间既有联系又有区别，仍需要进行语义逻辑的系统爬梳、归类和分析。

　　综上，"外国语言知识"是指外语使用者在社会文化情境中有效理解、表达和构建意义所依仗的语言规则、功能及语言运用社会文化规约知识体系，在语言实践过程中体现为对该知识体系显性或隐性的意识和调用；语言知识影响语言理解、表达和意义构建的质量，即语言知识和语言运用能力密不可分，相辅相成。

5.1.2 语言知识、语言意识和语言能力之间的关系

如上所言，语言知识和语言运用能力密不可分，在外语语境下，就此形成的基本共识是，外语知识是外语运用能力发展的基础（Wang, 2007；教育部考试中心 2018；梅德明 2019）。Davies（1989: 157-170）认为，语言知识的概念一直存在两分法的难题，即知识和能力（knowledge and ability）、知什么和知怎样的知识（knowledge what and knowledge how）、知识和技能（knowledge and skill）以及语言能力和语言行为（competence and performance）。事实上，《量表》《课标》和 Bachman & Palmer（1996）关于语言知识的定义都是遵循两分法进行的描述和阐释。两分的难题在于永无止境。Widdowson（1996）认为，抽象的语言知识需要通过投入交际使用成为具体的现实。的确，语言使用者不会只是展示他们的语言知识，他们需要用语言来行动、做事，而行动和做事的过程必须通过各种社会文化习俗进行调节。所以，能力（competence）不只是抽象的知识，而是根据社会文化规约把知识投入使用的能力。他认为，技能是能力的执行部分，换言之，技能帮助语言使用者把语言知识投入使用，实现语言意义的理解、表达和构建。为此，他说：

> 如果我们没有这样一种能力，那么抽象的知识结构（即纯粹的语言知识体系）就会以内化状态存留在大脑中，永不见天日。我们也将因认知的瘫痪，耗费一生沉浸在思索中。

语言意识学会（Association for Language Awareness）将语言意识定义为"关于语言的显性知识，以及语言教学和使用中的有意识感知和敏感"。这一定义把语言意识和语言知识融为一体。Hornberger（2012）在《语言与教育百科全书》（第二版）（*Encyclopedia of Language and Education*, 2nd edition）中提到，语言知识及其相关术语如语言意识、元语言意识等的确存在术语模糊不清的问题。他援引 James（1999）的观点，认为学者中间普遍存在的共识是，语言知识、语言意识，甚至元语言意识三个概念可以互换使用，当然元语言意识通常指关于语言形式方面更具体的有意识知识，所指范围略小。在语言实践中，多数研究者会选择两者都用或换用。

5.1.3　外国语言知识课程设置和教学基本原则

课程是学生成长的"跑道"（Eisner, 1994, 2002）。课堂是学生展开并参与语言实践，建立语言知识体系的主要场所。课堂学习能否帮助学生建立基本的语言知识体系，助力语言运用能力的发展与课程设置、内容选择和教学活动设计息息相关。结合上述关于语言知识的讨论，本文提出如下外语知识课程设置基本原则。

（1）以学生学习为中心，践行语言知识学习实践观，在语言知识课程的内容选择、活动设计和测评中体现客观性、自主性和社会性。学生是语言知识发展和建构的主体，没有主体参与就没有真实、积极学习的发生。如何将语言知识自身的体系化学习目标通过巧妙设计，转化为情境互动，以语言使用促学语言知识是首要原则。

（2）以问题为驱动，激发学习者语言知识学习主观能动性，积极探索，开展语言知识的探究性学习，让学生成为语言规则、功能和语用社会文化规约知识体系的观察者、分析者和自主学习者。大学生群体具备成年人外语学习者特点（Thornbury, 2018），如认知能力已获得发展，有较强的自我管控能力，课程和教学设计应充分利用这些特征设立语言知识探究性学习模块。

（3）坚持语言知识、语言运用能力和语言综合素质协调发展。高校外语专业教育的核心是为国家和社会发展培养一大批有家国情怀和全球视野，面对各种复杂的跨语言、跨文化交流语境，能熟练运用外语、创造性开展工作的人才。作为语言运用能力和综合素质协调发展的重要基础，语言知识课程教学应与人文素养和跨文化思辨能力培养以及课程思政育人有机融合。

5.2　外国文学知识

根据教育部印发的《学位授予和人才培养学科目录》（2018），外国语言文学为文学门类中一级学科，主要研究对象为外国文学、外国语言学与应用语言学、翻译学、国别与区域研究、比较文学与跨文化研究等研究方向，下设英语语言文学、俄语语言文学、法语语言文学、德语语言文学、日语语言文学、印度语言文学、西班牙语语言文学、阿拉伯语语言文学、欧洲语言文学、亚非语言文学、外国语言学及应用语言学、翻译学、比较文学与跨文化研究、国别与区域研究等二级学科。

外国文学是外国语言文学学科的五大方向之一，可以指除中国文学以外的世界各国文学，涉及不同国家的文学思潮、文学理论与流派、文学体裁、作家作品等，往往与语言学、文化学、历史学、哲学、美学、心理学、社会学等其他学科联系密切，且相互交叉影响。就学科设置而言，我国有中国语言文学下的外国文学方向（限定在比较文学与世界文学）和外国语言文学下的两个方向：外国文学以及比较文学与跨文化研究。中文系的外国文学专业可上溯到晚清《钦定京师大学堂章程》，张之洞在设计中国文学门类时，给西方文学留下一席之地。民国期间，辜鸿铭在北大教授英国文学课程（1914年），周作人则开设"欧洲文学史"（1917年）。20世纪90年代，在乐黛云等学者的呼吁下，中文系开始开设比较文学和世界文学专业，1997年国务院与国家教育委员会颁布《授予博士、硕士学位和培养研究生的学科、专业目录》，确立比较文学与世界文学为中文一级学科下的二级学科，以代替之前中文系的外国文学。这些课程和专业的设置立足于本国文学发展需要，学习他国文学的目的是发展本土文学。

外国语言文学下的外国文学专业则始于1926年清华大学成立的西洋文学系，当时要求学生学习文学史和全部西方国家文学。外文系的外国文学专业不以服务母语文学为第一要义，而是希望透过文学作品窥视对象国的文化心理、精神内核、民族品格或情感结构等，从而全面掌握对象国的知识（王炎 2015）。习惯上，外国文学课程大多采用作家作品分析与文学史相结合的教学模式，致力于人文精神的熏陶和培养。"这种通识与专题相结合的课程设置模式，即使是在战时体制下的国立西南联合大学外文系，其课程设置仍然偏重于文学，既开设有国别文学史、文学理论、断代文学史，也开设了众多的作品选读、作家作品研究课程，包括英国散文及作文、英国诗、欧洲文学史、西洋小说、西洋戏剧、欧洲文学名著选、莎士比亚等"（李伟民 2020）。

近年来，中文系和外文系的外国文学学科出现交叉融合态势，在教学内容、研究方法和研究内容方面多有重合，但总体而言，外国语言文学学科下的外国文学仍多以区域文学教学与研究为主，大致可分为英语文学研究和非英语文学研究，也可以从地缘关系上划分为欧洲文学、美洲文学、非洲文学、亚洲文学和大洋洲文学几大区域文学研究。

作为一个国家文化的重要组成部分，文学对于各国之间增进相互理解，促进跨文化沟通，具有重要作用。外语专业学生阅读对象国文学，有助于了解异国风土人情、文化习俗，乃至他们的思维方式和价值观念。根据《国标》对外语类专业人才培养中关于外国文学知识的要求，各语种可以根据自身特点和学科发展需求开设外国文学知识及其方向课程。教育部门针对高校外国语言文学专业的教学做出了要求，将专业课程分为三类：相关专业知识类、外语专业技能类、外语专业知识类（孙有中 2019）。显然，外国文学课程可以纳入外语专业知识类。

就英语专业而言，英语文学课程可以包括英语国家诗歌、散文、戏剧、小说和文学批评等选读，在核心课程英语文学的基础上开设不同专业方向课和选修课，具体可以国别文学为题开设，如英国文学、美国文学等；也可根据各国文学发展具体情况开设断代史文学课程，如英国伊丽莎白时代文学、英国维多利亚时期文学、美国文艺复兴时期文学、美国迷惘一代文学、21 世纪美国小说等；也可根据国别文学特点开设重要经典作家研究专题课程，如莎士比亚、狄更斯、海明威等。尽管每个学校都可以根据自己的具体情况开设相关课程，侧重点也可因校而异，但应在教学中充分发挥文学在人才培养中的作用。课程设置既不能因人而设，也不可随意组合，而应体现学科专业内涵和文学育人功能。

5.3 国别与区域知识

中国外语教育的发展始终与国家战略的需求同频共振。改革开放以来，外语教育的使命就是把世界介绍给中国，让中国了解世界，引进西方先进理念和技术，助力中国实现四个现代化。随着我国对外开放进入新时代，参与全球治理、构建人类命运共同体、共建"一带一路"倡议，对我国外语人才培养提出了新要求。在此背景下，《国标》在我国外语教育史上首次把"国别与区域研究"纳入外国语言文学类专业的学科基础的组成部分，并把"国别与区域知识"确定为培养规格的知识要求内容。

5.3.1 国别与区域研究的界定

国别与区域研究虽然是源于近代西方的学科概念，其实践在我国却古已有之，先秦时期的《国语》和西汉司马迁所著《史记》中的部分内容，通常被视作国别与区域研究在中国的滥觞。顾名思义，国别与区域研究就是针对本国以外的某一国家或区域进行的全面、综合、深入的研究，其研究对象通常包括特定国家和区域的历史、地理、政治、经济、社会、文化、宗教以及对外关系等方方面面。国别与区域研究的开展往往源于一国了解外部世界的现实需要，如近代以来林则徐主持编译《四洲志》、魏源编《海国图志》、徐继畬撰《瀛寰志略》以及梁启超作《新大陆游记》，均源自国人救亡图存、"开眼看世界"的迫切需要。因此，国别与区域研究首先是针对本国以外的国家或区域进行的探索，获取特定"对象国"或"对象区域"的国情知识是其首要目的。

获取相关国别与区域知识的目的在于形成对特定国家或区域的准确认知，以便本国在特定历史条件下把握该国或该区域的现实情况，在此基础上制定相关政策和开展对外工作，最终服务于本国的国家利益和对外战略需要。例如，欧洲早期的国别与区域研究是源自英法等国了解和统治海外殖民地的需要，而二战后国别与区域研究在美国的蓬勃发展则是出于其全球扩张、谋求世界霸权的需要。必须指出的是，中国在新时代大力发展国别与区域研究，其目的与西方大国有着本质的区别。我国的国别与区域研究虽然服务于有中国特色的大国外交和参与全球治理，"但并不是要称霸全球或与美国争夺势力范围，而是致力于推动中外文明交流互鉴、构建新型国际关系和人类命运共同体"（李晨阳 2019）。

根据国务院学位委员会第六届学科评议组编撰的 2013 年版《学位授予和人才培养一级学科简介》的定义，"国别和区域研究借助历史学、哲学、人类学、社会学、政治学、法学、经济学等学科的理论和方法，探讨语言对象国家和区域的历史文化、政治经济社会制度和中外关系，注重全球与区域发展进程的理论和实践，提倡与国际政治、国际经济、国际法等相关学科的交叉渗透。"

也就是说，外语学科框架下的国别与区域研究和政治学、历史学等学科下的国别与区域研究相比，既有共通性，又有独特性。两者的共通性在于均具有鲜明的跨学科特征，均强调不同学科界别之间的交叉融合，其理论与研究方法均需要学科间的相互支撑。外语学科国别与区域研究的独特性在于它更强调外语的基础地位，更注重外语运用能力与专业知识的复合发展。

5.3.2　国别与区域知识的构成

国别与区域知识不仅包括对象国或对象区域的历史、社会、政治、经济、文化、科技、外交等方方面面的基本情况，还涉及与这些情况紧密相连的国际关系、国际政治、世界经济、中外关系等宏观背景知识。国别与区域知识可依据具体的国别来分类，如美国、俄罗斯、日本等；也可依据特定的区域来分类，如欧洲研究、拉美研究、东南亚研究等；并在此基础上根据具体的研究领域进一步细分，如美国政治、中日关系、当代德国社会等。此外，国别与区域知识还应当体现跨学科性质，国际政治、国际经济、国际法、历史学、社会学等学科的基础知识和理论方法也是其重要组成部分。

  国别与区域知识还可依据知识性质的差异划分为三类互相关联、互为支撑的知识。一是基础性的国别类知识，主要包括对象国或对象区域的基本国情和区情，目的在于帮助外语类专业学生了解相关国家或区域的基本情况，从而形成基本的知识储备。二是跨学科知识，主要包括开展国别与区域研究所必需的相关学科的专题知识，例如政治学导论、社会学概论、史学概论等，目的在于帮助学生了解和掌握人文社会科学学科的基础知识，初步形成跨学科知识结构。三是拓展性的方法类知识，主要包括相关学科领域基本研究方法的介绍和训练，目的在于帮助学生形成初步的学术研究意识和能力，为实现本科阶段与研究生阶段的有效对接奠定基础。

  在结合内容和性质进行分类的基础上，国别与区域知识的构成可归纳如下：

表 5.4 外语类专业国别与区域知识的构成

知识类别	主要内容	培养目的
国别类知识	针对某一对象国的国情知识	帮助学生形成基本的国别与区域知识储备
	针对某一对象区域的区情知识	
跨学科知识	针对某一学科的基础知识	帮助学生形成初步的跨学科知识结构
方法类知识	针对某一学科的研究方法	帮助学生形成初步的学术研究意识和能力

  由于国别与区域知识的跨学科性质，各外语类专业点在规划该培养方向的知识目标时，应综合考虑本专业定位、课时限制、学生的语言程度、师资配备等条件，合理确定与语种对象国相关的国别与区域知识的广度和深度目标，做到既满足学科训练的基本要求，又切实可行。

5.4 中国语言文化知识

  《国标》在"培养规格"的"知识要求"中，把"熟悉中国语言文化知识"作为外语类学生应具备的知识之一,与其他知识一起,共同形成"跨学科的知识结构",并把它看作是外语类专业"专业特色"的体现。这一论述非常重要,对新时代外语类专业建设有重要的指导意义。

5.4.1 "熟悉中国语言文化知识"的意义

在外语教学中重视中国语言和文化本来就是我国外语教育的优良传统和特色。说"传统"是因为由来已久,可以说从外语教学之始就是这么认为、这么实践的。说"特色"是除中国外,其他国家的外语教学,特别是殖民地半殖民地的外语教学,几乎没有像中国那样强调本土语言和文化的学习的,这是中国文化本身的强大使然,也是文化自信的一种表现。

我国从外语教学开设之初就有中文与外文并重的传统。光绪二十九年(1903年)颁布的《奏定大学堂章程》里,英文系课程中"中国文学"的周课时数仅次于语言技能课"英语英文",而且连续三年均有开设,第三年更增至每周5学时。民国初(1913年)教育部颁布的《高等师范学校规程》本科"英文部"下设主课六门,为"英语及英国文学、国文及国文学、历史、哲学、美学、言语学",课程主体竟是文史哲(姚小平 2003)。其后,燕京大学、清华大学、圣约翰大学及后来的西南联大等国立、私立、教会大学无不重视外文系学生之中文能力,例如燕京大学英文系某年入学考试题目竟然是《试把陶渊明的〈桃花源记〉译成英文》,而且不提供中文原文(陈雪芬 2013)。

而早在此之前,最早倡议"采西学"的冯桂芬(1861)因不满当时"通事"的翻译"词气轻重缓急,转辗传述,失其本指",就曾建议过,"今欲采西学,宜于广东、上海设一翻译公所,选近郡十五岁以下颖悟文童,倍其廪饩,住院肄业,聘西人课以诸国语言文字,又聘内地名师课以经史等学"。后来李鸿章办方言馆、翻译馆等实际就是采用了他的建议。30年之后,马建忠又提出了这一问题,在《拟设翻译书院议》中,同样批评当时那些译品质量低劣的翻译者:"盖通洋文者,不达汉文;通汉文者,又不达洋文,亦何怪乎所译之书,皆驳杂迂讹,为天下识者鄙夷而讪笑也。"因此提出了培养翻译人才的两种模式:

> 诸生之入院者,拟选分两班,一选已晓英文或法文,年近二十而资质在

中人以上者十余名入院，校其所造英、法文之浅深，酌量补读，而日译新事数篇以为工课。加读汉文，如唐、宋诸家之文，而上及周、秦、汉诸子。日课论说，务求其辞之达而理之举。如是者一年，即可从事翻译，而行文可免壅滞艰涩之弊。一选长于汉文，年近二十而天资绝人者亦十余名，每日限时课读英、法文字，上及拉丁、希腊语言。果能工课不辍，用志不纷，而又得循循善诱者为之指示，不过二年，洋文即可通晓，然而肆力于翻译，收效必速。盖先通汉文，后读洋文，事半功倍，为其文理无间中外，所异者事物之称名耳。（马建忠 1894: 3）

他说的虽是翻译人才培养，但推广来看，外语人才培养也是如此。特别是他提出的"先通汉文，后读洋文，事半功倍"，是他学习并精通多种外语的心得所在，今日听来，尤其振聋发聩。一百多年后，潘文国（2013）提出"母语能力是外语学习的天花板"论："一个人外语水平的上限就是他母语水平的下限。低下的母语能力就是学外语者头上的一块难以突破的天花板。"为不少人所赞同，其实正是他的观点的引申。

由于中外文兼治，20世纪前半叶出现了许多学贯中西的大师，治国学的如王国维、陈寅恪、胡适等多数也是外语的高手，治外语的如伍光建父子、吴宓、杨宪益等也在国学上有深厚的根基，文学家大多兼翻译家，如鲁迅、郭沫若、林语堂、茅盾、巴金、冰心等，而翻译家也往往从事创作和研究，如季羡林、朱光潜、卞之琳、曹靖华、杨绛等，钱锺书以治西学而成国学之泰斗，朱生豪以学中文而奏莎译之绝响，出身外语而成专治汉语之巨匠者有王力、吕叔湘、高名凯、张志公等。这些成就卓著的大师使我们今天回想起来犹向往不已。1948 年一批著名学者如闻一多、朱自清、朱维之、徐中玉等甚至在《国文月刊》上积极地讨论中文系和外文系要不要合并的问题（见《国文月刊》1948 年 63、64、65 等期），可见当时对中外文必须兼治的共识。

1949 年以后学苏联，走"专业"化的学院路子，外语教学越来越"纯"，自我封闭，主动断了中文的根，中文被越来越彻底地请出了外语教育的殿堂。但直到"文化大革命"以前，还有些地方的外语教育在坚持重视中国语言文化的传统。当时我国的外语教育有两类，一类是"外文系"，一类是"外语系"，前者学制五年，后者多数学制四年。外文系的数量很少，只有北京大学、复旦大学、南京大学、武汉大学、厦门大学等几所。在"外文系"里，中文和文学的课程相当丰富。以复旦大学外文系为例，一年级开设文学概论和中国现代文学史，二年级开设中国古代文学史，两年里都有中文写作课。这些课有的甚至与中文系同学一起上，任课的都是中文系当时的骨干、后来的名师。"文革"以后五年制取消，外文系都改成了外语系（有的未改名字，但性质也变了）。在西方语言理论和语言教学法理论的影响下，工具说大行其道。而中外文分家的结果是造成了"两张皮"现象。《国标》对中国语言文化知识重要性的重新认定，为我们彻底解决外语教育"两张皮"问题提供了政策保障。

进入21世纪，伴随着全球化的进一步发展，中国积极参与全球治理，世界人民渴望了解中国，与中国开展更广泛的交流。在这个大背景下，中国的外语教学正在进一步充实目标，变单一的以输入为主的路线，为双向的输入输出并重的路线。也就是既要学习外语、学习外国语言文化，又要运用学会的外语，利用各种场合，向世界宣传中国、传播中华文化。而后者的任务会越来越重。《国标》提出外语类专业学生要"熟悉中国语言文化"，正是对这一新形势的有力回应。

5.4.2 中国语言文化的内容

5.4.2.1 中国语言

"中国语言"（下面简称"中文"）指什么呢？有两点要注意。

第一，中文不是外语。中文是我们的母语，学母语与学外语不是一回事。学外语要求"听说读写"四会，而母语的"听说"是自然习得的，只有"读写"两会需要学习，而且同外语一样，不花大气力难以学好。许多人以为母语不学就会，外语类学生用不着学中文，其实是以"说话"代替了作文。说话可能没有高下之分，但作文绝对有高下之分。这些年来不断有人感慨中国人的语文水平在下降，指的就是读写能力，而不是说话能力。外语类学生普遍中文水平堪忧，也是指读写（包括"译"）能力。

第二，知识不仅是理论。"中国语言文化知识"，这个"知识"指的不仅仅是理论知识，而且是实践知识和能力。首先是读写能力，有能力读，才能更好地熟悉文化；有能力写，才能促进和提高中文及外文表达能力。前些年有些外语院系意识到中文的重要性，也开了一些课。但有的地方把"现代汉语"课作为中文课程的代表，恐怕不妥。因为一则"现代汉语"是中文系的一门理论课（相应的实践课是文学作品选和写作），其中的语音、词汇、语法、修辞等知识大多有西方渊源，对外语类学生而言，远不如在学习"语言学概论",特别是"对比语言学"等课程中去学习。在中文相关课程中应该把重点放在实践能力上。

因此,"中国语言知识"指的是以书面语为主的读写知识及实践。具体还可以分为四个层次:文字、文学、文章、文体。文字指文字、词汇、语义、语法等相关的语言知识,包括中国传统的文字训诂知识;文学是用语言文字创造的美的作品,体现了该语言及其使用者对语言美的追求;文章是文学范围的扩大,因为现代的文学概念源自西方,指诗歌、小说、戏剧、散文四种体裁,而中国古代的"文章"比其要大,包括一切用文字写成的作品,对中国人来说,一切"文章"都要求有语言美的呈现;文体指文章的体裁和风格。中国历来有"尊体"的传统,并且创造了人类语言最丰富的文体数量,如明代徐师曾的《文体明辨》分文体为127体。许多古代的文体在今天还有生命力,也是"读写"的重要内容。

5.4.2.2 中国文化

中国传统文化是中国可以提供给世界的无价之宝。中国文化是全世界唯一有三千年文字记载而没有中断过的文化,积聚了极其丰富的治理经验和理论,是应对当前全球治理,建设人类命运共同体的宝贵财富。中国自汉代起就有搜集、保存文献的传统,经过历代毁增,到清代《四库全书》集其大成。乾隆当时的初衷是禁毁于清朝不利的旧籍,但实际所成还是多于所毁,借此保存了一批完整的古籍。

通过对从汉代到清代目录学的研究,我们发现,如果用最简单的话概括,可以说,中国文化就是一部从"六经"开始,到"四库"完成的"治道文化",它的核心精神就是一个"治"字,贯穿了三千年的中国文化史。几千年来,中国人所孜孜探求并时时实践的就是一个目标:"天下大治"。全部典籍,各家学说都体现了这一点。我们曾把它总结为四句话:"以'六经'为源,以'四部'为流,以《四库》为结,以'治道'为本"(潘文国 2021b)。其中的"四部"指开始于汉代、成熟于唐代的"经史子集"四大学部体系,它的形成、发展、演化、成熟过程,就是中华主体文化形成、发展、演化的过程。"治道"记载在四库里,但其真正的源头在"六经"。

中国文化之源也是治道之源的"六经",本身是一个体系,潘文国(2021a)也曾用四句话来概括:"以《易》为魂,以《礼》《乐》为本,以《书》《春秋》为证,以《诗》为鉴。"《易》是治道的核心精神,它的宗旨是"开物成务,冒天下之道",也就是修身理政，并推广到所有方面。而"易道"的根本精神就是"变"和"不变"，这也是治理的根本方法。《礼》《乐》是治国的基本途径。孔子说："安上治民，莫善于礼；移风易俗，莫善于乐"，可见这两"经"体现了治理国家的两个方面，一个是制度上的，一个是精神上的。《书》《春秋》都是史书，一记言，一记事。中国一直有经史互补的传统，以史证经，以经论史。中国人重史，但不是为历史而历史，而是为了从历史上吸取经验，作为治理国家的重要参照。《诗》作为"六经"之一，实际上也是为国家治理服务的，国家通过"采诗"了解民情，在某种程度上也即是了解治政的反馈，在当时它的政治意义要大于后人所认为的文学价值。

　　四部中的"子"是"经"的补充。所不同的是，作"经"的是在位者，作"子"的是在野者；作"经"的是从国家治理的通盘考虑，作"子"的是从不同的侧面，官吏从自己负责的领域、知识分子从自己的观察，共同建言建策，为"治道"作出自己的贡献。以前从西方文化角度看，认为战国"诸子"都是哲学家，其实不是，他们都是"治道"的建言者，"百家争鸣"的核心主题是"治道"。"集"是古人的诗文集，其中"文"相当于"子""诗"及其他文学作品则起了古代《诗经》的功能。

　　中国的"治道文化"历时三千年，积累了丰富的理论和实践经验，在世界上可说独一无二，是世界文明的宝贵财富。在当前建设人类命运共同体，探讨和加强全球治理的今天，具有不可替代的作用。学习外语的人有必要熟悉这部分知识。

5.4.3　如何"熟悉中国语言文化知识"？

　　《国标》明确把"熟悉中国语言文化知识"作为学生知识结构的组成部分，这对外语类专业的教学大纲制订和课程设置都提出了新的要求。从以往的情况看，由于认识不统一，中文相关课程的开设有随意性，表现为无序和缺少整体规划。《国标》的制定为我们确定了大方向，下一步就是如何落实。

　　理想的途径应该是"通过语言学习文化"，这个"语言"指体现中国文化的原文。也就是通过文选阅读学习中国语言文化，而不采用概论性的教材（如《现代汉语》《中国文化概论》等）。文选阅读就是读原原本本的原文，应该包括现当代文学作品、文言作品和诗词歌赋作品。其次是"中文知识"，就是"中国语言文化知识"的理论部分，包括了语言知识、文化知识和文学知识三大块。最后是"语言实践"，就是用中文写作。

　　在课程设置上，可以作为一门课程独立开设，也可拆成几门课程开设。如拆为"中国现当代文学作品选读""中国古代散文选读""中国辞赋韵文选读""中国传统文化常识""中文写作"以及"文言文阅读与写作"等几门课。但不管怎么拆，要满足"熟悉中国语言文化"的最低要求，最起码要有三门课：中国文学作品选、中国文化知识和中文写作。外语学院可以根据自己的需要自主设置中国语言文化方面的课程，也可以要求学生从学校开设的通识课程中选择相关课程。

　　对于中国人来说，"中国语言文化"是基本素养，素养体现在知识上，但又不完全是知识。教学只是促进这一素养形成的助力，但不是全部。《国标》强调要培养学生具有"良好的综合素质"，具有"中国情怀"等等，这都不是单单通过上课就能解决的。中国语言文化素养也是如此，最好能有不占用课时，又有可持续性的办法让学生自己坚持、长期涵养。例如，定期组织中文书法展，或者对对子比赛。在课时有限的情况下，"寓教于乐"的课外活动形式也是提高学生中国语言文化素养的有效途径。

5.5　相关专业知识

　　外语类专业的相关专业知识指与未来所从事的涉外行业和涉外工作相关的涉外知识，包含以下六类知识：国际政治与国际关系知识、世界历史知识、外交外事知识、国际传播知识、国际商务知识、涉外法律知识等。外语类专业学生主要可通过学校的通识教育课程平台或辅修、双学位方式获取相关专业知识。有条件的外语类专业还可以用外语开设一些与本专业直接相关的课程供学生选修。

　　国际政治与国际关系知识：主要包括国际组织知识、国际法、中国对外关系史、国际政治经济、国际安全、国际发展、区域与全球治理、比较政治学等领域的知识。

　　世界历史知识：主要包括世界古代史、世界近代史、世界现代史。

　　外交外事知识：主要包括公共外交、国际谈判、外交外事礼仪等方面的知识。

　　国际传播知识：主要包括传播学理论、国际新闻传播史、国际新闻采写、跨文化传播等领域的知识。

　　国际商务知识：主要包括经济学、管理学、市场营销、财务会计、统计学、国际贸易、电子商务、企业管理、商务谈判等领域的知识。

涉外法律知识： 主要包括涉外法律、国际公法、国际私法、国际经济法、涉外知识产权、国际商法等领域的知识。

5.6 跨学科知识结构

外国语言文学类专业本身具有跨学科性。语言学和文学实际上分属不同的学科；国别与区域研究是典型的跨学科领域，涉及历史学、人类学、哲学、社会学、政治学、传播学等多学科知识；跨文化研究同样也是对世界多元文化现象的跨学科研究。外语类专业学生通过本专业的课程学习，在很大程度上已经建立了跨学科知识结构。这是外语类专业相较于其他类专业的特色和优势。

不仅如此，《国标》倡导"外语+"的复合型人才培养模式，鼓励学生在完成外语类专业教育的基础上跨越本专业的边界，通过辅修或双学位机制学习其他专业特别是所谓"涉外"专业的核心课程，如国际贸易学、国际法学、国际关系、国际传播、世界史等等。经过多年的实践，外语类专业已探索出通过复合型人才培养机制为学生搭建跨学科知识结构的可行路径。面向未来，外语类专业应总结经验，深化改革，强化本专业核心课程建设，真正在跨学科意义上构建复合型人才培养模式，培养高质量跨学科外语人才。

参考文献

[1] Bachman, L. F. & Palmer, A. S. *Language Testing in Practice*. Oxford: Oxford University Press, 1996.

[2] Council of Europe. *Common European Framework of Reference for Languages: Learning, Teaching, Assessment*. (CEFR)[Z]. Cambridge: Cambridge University Press, 2001.

[3] Crystal, D. *The Cambridge Encyclopedia of the English Language* (3rd ed.). Cambridge: Cambridge University Press, 2019.

[4] Davis, A. Communicative competence as language use. *Applied Linguistics*, 1989, 10 (2): 157-170.

[5] Eisner, E. W. Curriculum ideologies. *The Educational Imagination: On the Design and Evaluation of School Programs* (3rd ed., pp. 47-86). Upper Saddle River, New Jersey: Merrill Prentice Hall, 1994.

[6] Eisner, E. W. Dimensions of curriculum planning. *The Educational Imagination: On the Design and Evaluation of School Programs* (3rd ed., pp. 125-153). Upper Saddle River, New Jersey: Merrill Prentice Hall, 2002.

[7] Wang, Q. *The National Curriculum Changes and Their Effects on English Language Teaching in the People's Republic of China (Springer International Handbooks of Education No. 11)*, 2007.

[8] Widdowson, H. G. *Linguistics*. Oxford: Oxford University Press, 1996.

[9] 陈雪芬. 民国时期燕京大学英文系的优良传统探析 [J]. 现代大学教育, 2013,（6）: 61-66.

[10] 陈寅恪, 1932, 与刘叔雅论国文试题书 [A],《金明馆丛稿二编》. 北京: 三联书店, 2001: 249-257.

[11] 戴曼纯. 外语能力的界定及其应用 [J]. 外语教学与研究, 2002（6）: 412-413.

[12] 冯桂芬, 1861, 采西学议 [A], 冯桂芬《校邠庐抗议》[M]. 郑州: 中州古籍出版社, 1998: 209-213.

[13] 国务院学位委员会第六届学科评议组. 学位授予和人才培养一级学科简介 [Z]. 北京: 高等教育出版社, 2013.

[14] 李晨阳. 关于新时代中国特色国别与区域研究范式的思考 [J]. 世界经济与政治, 2019（10）: 143-155.

[15] 李伟民. 现代中国大学外国文学课程的设置与制度安排 [J]. 河南大学学报: 社会科学版, 2020（1）: 116-122.

[16] 吕叔湘. 把我国语言科学推向前进 [A]. 中国语言学会编《把我国语言科学推向前进》[C], 武汉: 湖北人民出版社, 1981: 6-20.

[17] 马建忠, 1894, 拟设翻译书院议 [A]. 中国翻译工作者协会《翻译通讯》编辑部编《翻译研究论文集: 1894-1948》(C). 北京: 外语教学与研究出版社, 1984: 1-5.

[18] 梅德明. 普通高中课程标准（2017 版）教师指导（英语）[M]. 上海: 上海教育

出版社，2019.

[19] 潘文国. 母语能力是外语学习的天花板 [J]. 语言教育，2013（3）：2-8.

[20] 潘文国. 中国传统文化话语体系的再认识 [J]. 当代外语研究，2021a（1）：16-28.

[21] 潘文国. 中籍英译通论 [M]. 上海：华东师范大学出版社，2021b.

[22] 孙有中. 落实《国标》要求，大力提高外国语言文学类专业人才培养能力 [J]. 中国外语，2019（5）：36-42.

[23] 王炎. 外国文学是什么？[J]. 外国文学，2015（5）：28-37+157.

[24] 魏源. 海国图志 [M]. 郑州：中州古籍出版社，1999.

[25] 姚小平. 外语教育和中文教育 [J]. 外语教学与研究，2003（6）：458-461.

[26] 中华人民共和国教育部. 义务教育英语课程标准（2011年版）[M]. 北京：人民教育出版社，2011.

[27] 中华人民共和国教育部. 普通高中课程方案 [M]. 北京：人民教育出版社，2017.

[28] 中华人民共和国教育部，国家语言文字工作委员会. 中国英语能力等级量表 [M]. 北京：高等教育出版社，2018.

[29] 中华人民共和国教育部考试中心. 中国高考评价体系. 北京：人民教育出版社，2019.

[30] 中国社会科学院语言所词典编写组. 现代汉语词典 [M]. 北京：商务印书馆，2008.

6. 能力要求

6.1 外语运用能力

6.1.1 什么是外语运用能力？

《欧框》认为，语言教学的核心是培养学习者运用语言进行交际的能力（communicative language competence）或语言运用能力。该能力包括三个部分：语言能力（linguistic competences）、社会语言能力（sociolinguistic competences）和语用能力（pragmatic competences）。每个部分又由"知识（knowledge）、技能（skills）和专门技巧（know-how）构成"（Council of Europe, p. 13）。其中，语言能力指用于组构合法且有意义的信息时涉及语言形式资源的知识和能力，包括词汇能力（lexical competence）、语法能力（grammatical competence）、语义能力（semantic competence）、语音能力（phonological competence）、拼写能力（orthographic competence）和正音能力（orthoepic competence）（pp. 108-118）。社会语言能力指语言使用时涉及的社会层面的知识和技能，包括社会关系的语言标记、礼貌准则、习语表达、语域（语体）差异、方言与口音（pp. 118-121）。语用能力则分为语篇（话语）能力（discourse competence，如衔接与连贯、文体和语体等）、功能性能力（functional competence，宏观功能如叙事、说明、论说等，微观功能如询问、建议、警告等）、设计能力（design competence）（pp. 123-130），如下图所示：

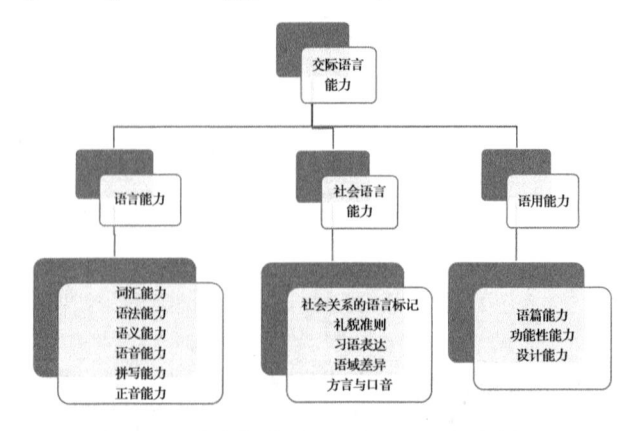

图 6.1 《欧框》的交际语言能力模型

从上述定义及阐释可以看出，在《欧框》中，交际语言能力的三个组成部分既相互联系又相互独立。其中，语言能力涵盖语言使用者在使用语言时对语言系统资源的把握，社会语言能力是使用者在使用语言时对社会文化环境和规约的感知和调试，体现了语言使用者社会文化能力的语言层面，而语用能力则指语言使用者借由互动交流场景或"脚本"对语言资源的功能性使用。需要特别指出的是，正如《欧框》中所言，上述"交际语言能力"是狭义的语言能力定义（linguistic competence more narrowly defined, p. 101）。事实上，影响人类语言交际或运用表现的还有语言使用者所具备的一般能力（general competence），包括语言使用者所掌握的陈述性知识（declarative knowledge，如世界知识、社会文化知识、跨文化意识）、技能和专门技巧（skills and know-how，如各种实践技能与策略、跨文化技能和策略）、生存能力（existential competence，如态度、动机、价值观、信念、认知风格及个性因素）以及学习能力（ability to learn，如语言和交际意识、语音意识和技能、学习技能和领悟技能）。《欧框》认为，人类所具备的所有能力都会以不同方式、不同程度地影响语言使用者的交际表现，所以，即使有些能力看似和语言的关系不那么紧密，但也可能成为语言交际能力的维度。

《量表》将语言能力定义为"语言学习者和使用者运用自己的语言知识、非语言知识以及各种策略，参与特定情境下某一话题的语言活动时表现出来的语言理解能力和语言表达能力"，分三段九级。所谓"三段"指将学习者的英语能力从低到高划分为"基础、提高和熟练"三个阶段，然后再细分为九个等级。《量表》对各等级的能力特征进行了描述（见下表 6.1），为英语能力评测提供指标体系和标尺。

表 6.1　语言能力总表

九级	能准确、透彻地理解和把握各种语言材料。 能自如地运用各种表达方式就各种话题进行深入沟通和交流，表达精确、自然、纯正，并体现一定的语言风格。
八级	能理解不同体裁和话题的语言材料，领悟其内涵和话语特征，包括语言风格。 能在多种场合熟练使用各种表达方式和策略进行有效的学术交流或与专业有关的交流，就不同的相关话题进行充分、准确、恰当的阐述、论证和评析，表达准确、流畅、连贯、得当。

（续表）

级别	描述
七级	能理解多种话题的语言材料，包括自己所学专业领域的学术性材料，准确把握主旨和要义，客观审视、评析材料的内容，理解深层含义。 能就多种相关学术和社会话题进行深入交流和讨论，有效地进行描述、说明、解释、论证和评析，表达规范、清晰、得体、顺畅。
六级	能理解多种话题（包括一般性专业话题）的语言材料，把握要点及其逻辑关系，分析、判断、评价材料中的观点、态度和隐含的意义。 能在熟悉的学术或工作交流中参与多种话题的讨论，有效传递信息，比较和评析不同意见，发表见解，表达连贯、得体、顺畅，符合相关文体规范和语体要求。
五级	能理解不同场合中一般性话题的语言材料，把握主旨，抓住重点，明晰事实、观点与细节，领悟他人的意图和态度。 能在较为熟悉的场合就学习、工作等话题进行交流、讨论、协商，表明观点和态度，就一般性话题进行较有效的描述、说明或阐述，表达准确、连贯、得体。
四级	能理解一般社交场合中常见话题的语言材料，抓住主题和主要内容，把握主要事实与观点，清楚他人的意图和态度。 能在熟悉的场合就熟悉的话题进行交流，叙述事件发展，描绘事物状况，介绍相关活动，说明事物要点，简单论述个人观点等，表达较为准确、清晰、连贯。
三级	能理解日常生活中的简单语言材料，获取特定或关键信息，抓住要点，推断他人的意图。 能在日常生活或一般社交场合中用简单的语言与他人交流，描述个人经历、志向等，并能说明理由、表达观点等，表达基本准确、连贯、顺畅。
二级	能理解日常生活中常见的简单语言材料，获取基本的事实性信息，把握主要内容。 能就熟悉的话题或身边的事物用简单的语言进行交流，陈述信息，叙述事件，描述情况，表达基本的交际意图，实现基本的交际目的。
一级	能理解日常生活中十分熟悉的简单语言材料，识别相关活动或身边事物的基本信息，理解基本词语的含义。 能用基本的、简短的话语与他人交流，互致问候，相互介绍或描述、陈述身边事物的基本信息，以及表明态度等，有时借助重复或手势、表情等非言语手段。

从上述各等级能力特征描述中可以看出，语言能力主要体现在"理解"和"表达"两个能力维度上。九级能力特征阐释聚焦这两种能力的具体表现，如九级和一级能力特征对比主要体现在"理解"和"表达"两个维度的综合水平上。当然，深究此处"理解"和"表达"的"水平"或"质量"会引出其他复杂的议题，如我们如何理解"理解"[1]？如何理解"表达"？九级之别又如何进行量/性维度的确立？目前从上表文本中可以看到三点：1）话题或内容、语境和语域是影响理解和表达的关键要素；2）九级之别主要通过文字表述的量或性度的差异来表达，比如九级水平中的"准确、透彻地理解和把握""各种语言材料""精确、自然、纯正"对照一级水平中的"理解""识别""日常生活中十分熟悉的简单语言材料""基本信息""基本词语""借助重复或手势、表情等非言语手段"等。显然，词语"准确、透彻"提供了质性的视角以区分"理解"的水平和质量。模糊、不确定似乎依然存在，但直观、可理解、可接受；3）除语言知识之外，非语言知识和策略也会影响语言理解和表达。

对比《欧框》和《量表》可以看出：1）两个框架关于语言运用能力的定义均以交际语言能力框架为基础、以语言使用或语言行动为导向，强调语言使用，关注语言在交流中的实际作用（刘建达、韩宝成 2018）；2）广义和狭义定义取向并存。《欧框》阐述了两者间的关联和区别，更注重能力维度的拆解分析，而《量表》似乎更倾向在狭义定义中纳入广义的意涵；3）《量表》编制了语用能力及口译、笔译能力量表，体现了本土英语能力等级量表的特殊性、科学性、实用性和可操作性，一定程度上填补了国内外语言能力量表尚未包含翻译能力的空白，为国际应用语言学界贡献了中国智慧。

除了上述两个具有广泛影响力的大型语言能力标准体系之外，国内也有其他重量级官方文件涉及外语运用能力的定义和阐释，如《国标》和《课标》。其中，《国标》对外语运用能力的定义如下：

> 能理解外语口语和书面语传递的信息、观点、情感；能使用外语口语和

---

[1] 何晔、盛群力（2006）在《理解的六种维度观：知识理解的新视角》一文中认为促进学生的理解是教育的终极目标，并进一步阐释了 Wiggins & McTighe（2004）提出的"理解"的六个维度（pp. 27-30），即解释（explanation）、释义（interpretation）、应用（application）、洞察（perspective）、移情（empathy）和自知（self-knowledge）。

书面语有效传递信息，表达思想、情感，再现生活经验，并能注意语言表达的得体性和准确性；能借助语言工具书和相关资源进行笔译工作，并能完成一般的口译任务；能有效使用策略提高交际效果；能运用语言知识和基本研究方法对语言现象进行分析和解释。

概括来看，外语运用能力应该包括外语理解能力、表达能力、口笔译能力和语言分析能力。

《课标》指出，普通高中英语课程的主要目的是发展学生的英语学科核心素养，包括语言能力、文化意识、思维品质和学习能力。其中，语言能力被定义为"在社会情境中，以听、说、读、看、写等方式理解和表达意义的能力，以及在学习和使用语言的过程中形成的语言意识和语感"（2018：4）。从定义中可以看出，这里的语言能力是语言运用能力，所谓"语言运用"指的是"语言使用者在社会情境中，通过听、说、读、看、写等行为方式，理解和表达意义的活动"（梅德明 2019）。英语语言运用能力是英语学科核心素养的基础要素，英语语言运用能力的提高意味着学生文化意识、思维品质和学习能力的协同提升，有助于学生拓展国际视野和思维方式，开展文化交流。

除了上述官方文件中的定义外，部分国内外学者的定义和阐释也有广泛的影响力。Bachman & Palmer（1996）从语言测试的角度，认为语言能力（language ability）包括两个部分：语言知识（language knowledge）和策略能力（strategic competence）。这种策略能力可以被描述为一套元认知策略（metacognitive strategies）。语言知识和元认知策略的综合为语言使用者提供了理解、表达和构建话语的能力。国内学者戴曼纯（2002）认为，外语语言能力包含三个方面：抽象的陈述性知识体系、运用语用知识的技能（自动化的程序性知识体系）和语言的实际运用（即听/读、说/写的语句、语篇）。

上述有一定代表性的文献梳理和分析提示，1）有效界定、阐释"外语运用能力"并非易事，不同视角、环境和时代都会对界定产生影响，具有复杂动态性；2）相似的概念、语汇或术语出没于不同的文献中，语言能力、交际能力、外语能力、外语运用能力等概念之间既有联系又有区别，对这些概念进行语义逻辑的系统爬梳、归类和分析是必要的；3）外语运用能力的界定除了"能力"作为核心关键词，语言"知识""技能（策略）""意识""态度""情感"等与外语运用能力的定义关系密切。

综上，本文认为，"外语运用能力"是指外语使用者在真实的社会文化情境中理解、表达和构建意义的能力，理解、表达和构建的过程会受到使用者已有的、与语言相关的各种认知、（跨）文化和情感资源的影响，使用者的知识面、思维能力、学习能力等则会影响理解、表达和构建的品质。

6.1.2 如何培养外语运用能力？

外语教学的一个重要目标是教会学习者运用语言。"如何培养外语运用能力"这一问题的复杂性和难度并不亚于如何定义和阐释外语运用能力。历时来看，国内外学界为此展开的探索已经积累丰富的成果，其核心是如何帮助外语学习者有效发展语言运用能力。

6.1.2.1 范式和方法视角

国际学界普遍认为，科学、系统的外语教学模式和方法探究始于 20 世纪 40 年代，特别是二战时期美国的特殊外语教学项目。其中有关联的标志性事件是，1948 年创刊于密歇根大学的 *Language Learning* 用 *Journal of Applied Linguistics* 做副标题，这是世界上首次用术语"应用语言学"做副标题的学术期刊，确立了外／二语教学模式和方法研究的学科归属（Davis & Elder, 2004, Li, 2011; Hall, Smith & Wicaksono, 2011）。

自二战时期到 20 世纪 60 年代，外语教学的主要方法是通过描写、分析和对比学习者母语与目标语之间的语言结构的异同，找到学习中存在的问题（Corder, 1973; Hall et al., 2011）；基于结构主义语言学的对比分析、错误分析被视作有效的教学方法。这种方法横跨 20 世纪上半叶直到 60 年代末、70 年代早期。

50 年代，乔姆斯基所引导的认知科学革命对语言教学理论和方法提出了新问题，如什么是语言知识，语言知识如何习得，如何运用这样的知识。新问题的提出开启了外语教学模式变革的新阶段。在这一阶段，二语习得（SLA）获得了发展的重要机遇，逐渐成为相对独立的研究领域，其研究成果也不断反哺外语教学实践。此外，新阶段也促成了外语教学的两个重要转向，即交际转向（communicative turn）和学习者转向（learner turn）。所谓交际转向，是指语言教学从语言结构的学习转变为帮助学习者学习在不同的语言环境下恰当使用目标语即功能的学习（Hymes, 1976），直接促成了交际教学法（communicative language teaching, CLT）的快速发展和国际性传播。学习者转向则指语言教学从以语言交际/功能为核心的学习，转向以学习者为中心，为任务型教学（task-based language teaching, TBLT）的兴起和发展奠定了基础（Ellis, 2003; Skehan, 1998; 龚亚夫、罗少茜 2003）。学习者转向提出了关于语言学习者的一系列问题，而这些问题无法从语言学理论中找到答案，由此外语教学模式和方法研究逐渐跳出结构主义语言学和功能语言学范畴，转向更加广阔的理论范畴，如社会学、心理学、教育学、批判语言学等，标志着外语教学模式已发生本质的变化，即从语言结构和功能聚焦逐渐转向问题聚焦（Li, 2011; Ellis, 2016）。

20 世纪 90 年代中期在欧洲，为了有效应对大规模移民涌入和移民语言文化教育，作为双（多）语教育模式，内容—语言融合式教学（content and language integrated learning, CLIL）逐渐兴起，其目的一是"增强多语言、多元文化公民身份意识"，二是"改进外语教学法"（Morton & Llinares, 2017）。近几年，CLIL 则用于指任何融合了内容和二/外语的教学模式。相关研究认为，因在语言学习中引入学科内容，CLIL 教学模式为学习者语言和认知能力（特别是高阶思维能力）的深度融合创造了条件，有利于二者的协同发展（Dalton-Puffer, 2011; Lorenzo & Rodriguez, 2014; Ruiz de Zarobe, 2015）。此外，始于 20 世纪 90 年代末国际上对交际教学法的反思也引导学界内外将视线转向内容—语言融合式教学。近几年，在国内，如何有效提升语言能力发展，同时促成语言学习、思辨能力培养和学科能力发展有机融合，实现三者协同发展也是教学模式热议话题（Chang & Xia, 2011; 常俊跃 2015; 孙有中、李莉文 2011; 吴晶、常俊跃 2011; 张莲、孙有中 2014; 赵秀艳等 2014; 张莲、李东莹 2019; Li & Zhang, 2020）。这是国内外语界对过去几十年语言和学科内容分离、整体偏重语言技能训练的外语教学传统反思的结果。

总体来看，外语能力培养模式经历了语言结构聚焦到功能聚焦的转向，然后再到问题聚焦的转向；在方法上则经历了以语言结构分析为主到语言功能学习为主，再到通过以解决问题为主学习、发展语言能力为主要思路的阶段。解决问题意味着复杂语言、高阶思维能力的协同发展。20 多年相关研究表明，CLIL 模式将二/外语学习和学科内容学习融合起来，并因此为语言和思维（特别是高阶思维）的协同发展创造了更有利的条件，具有相对优势。其理据是，引入学科内容能够：1）有效扩大语言接触量,为(学术)语言内化创造基础条件(Guk& Kellogg, 2007; Paltridge, 2002);2)创设了学科语境,为复杂意义协商、高级思维活动提供语境,有利于高阶思维能力的发展(Nuthall, 2002)。《国标》在"教学要求"中也明确提出建议,外语教学应"融合语言学习与知识学习,以能力培养为导向,重视语言运用能力、跨文化能力、思辨能力和自主学习能力的培养"。

6.1.2.2 课程设置视角

课程设置(curriculum)即"一系列意图取得特定教育效果的计划性事件(planned events)"(Eisner, 2002)。该词源于拉丁文 *currere*,意思是"跑道(the course to run)",喻指儿童成长为成熟的成年人须经过的活动、学习和经验历程。课程的设计和提供是为了给学习者创设特定的符合发展目标的学习活动和经验。那么,为外语学习者创设何种学习活动和经验与外语能力发展目标的定义和阐释有关。

基于前文"外语运用能力"的定义和阐释,笔者认为,从课程设置角度,培养外语运用能力需要三部分的课程融合:1)聚焦理解和表达能力发展的语言知识、技能、策略类课程,如围绕语音语调、词汇语法、语篇知识、语用知识学习,听说读写译技能发展的课程,这是外语运用能力发展的基础核心课程。2)聚焦提升理解和表达品质,实现基于一定价值导向的得体、有效交流的课程,如围绕跨文化知识学习,跨文化意识和能力、情感态度发展的课程。3)促成复杂语言能力(如学术语言能力)和高阶思维能力(如理解和表达基于学科内容的复杂思维活动)融合发展的课程,如内容—语言融合式学习的课程思路。这类课程创设的语言学习活动和经验有两个基本特点,一是语言资源丰富(linguistically resourceful),二是充满心智挑战(intellectually challenging),事实上为语言能力发展提供了更大可能性(详见 8.1 培养方向课程设置原则)。

6.2 文学赏析能力

《国标》对外语类专业人才培养有清晰的定位,明确提出,"外语类专业旨在培养具有良好的综合素质、扎实的外语基本功和专业知识与能力,掌握相关专业知识,适应我国对外交流、国家与地方社会经济发展、各类涉外行业、外语教育与学术研究需要的各外语语种专业人才和复合型外语人才。"可见,外语类专业不仅需要培养掌握专业对象国语言基础的人才，更加需要培养具有其他专业知识的复合型人才。

根据《国标》精神，外语专业知识中的文学内涵既包括语言对象国文学，也涉及涵盖中国文学的世界文学与批评理论知识，具体指不同时期国别文学史涉及的主要作家作品，以及文学观念、运动、流派和艺术成就等，并应在共时层面与世界文学勾连起来，以拓宽学生的外国文学视野。这是外语类专业人才培养知识结构的重要组成部分，但光有文学知识还远远不够，需要从提高学生的文学认知出发培养其文学鉴赏能力，即"能理解外语文学作品的主要内容和主题思想；能欣赏不同体裁文学作品的特点、风格和语言艺术；能对文学作品进行评论"。

因此，外国文学教学不能仅限于知识传递，而应重视其本身的教育作用与价值培育功能，从培养学生的思辨能力和审美能力出发，建构一套完善的课程体系，且有其自身的教学目标和教学内容。与之相应的，还应当配备别具一格的教学模式和教学方法。需要说明的是，文学教育的核心应当是着重培养学生的文学鉴赏能力，提高其文学鉴赏水平，加强其文学修养。当然，这种鉴赏能力也是多元多维的，体现在对具体文学现象、观念和作家作品的审视和把握上，譬如，能将琳琅满目的西方文学理论流派、批评概念以及理论发展过程中的各种断裂、停滞与自我否定通过中外比较的观照方式与我国文学发展过程中面临的各种困惑联系起来，既能思考不同文化在精神本质上的相似性、互通性，又能摒弃对西方文化的盲目崇拜和迷信，表现出独立的价值判断力，一方面树立起自身的文化自信，另一方面秉持辩证态度看待一切外来文化。

外语类专业人才培养过程中对象国文学知识与文学鉴赏能力是融为一体的，两者兼顾不仅可以提高学生的人文素质，而且能培养和扩大其国际视野。具备外国文学知识及其鉴赏能力还能有效促进国际交流，推动文明交流互鉴。习近平总书记（2014）在联合国教科文组织总部的演讲中指出："文明因交流而多彩，文明因互鉴而丰富。文明交流互鉴，是推动人类文明进步和世界和平发展的重要动力。"

外语类专业人才理应承担起文化交流、文明互鉴的历史使命。然而，纵观我国现阶段外语类专业人才培养，重语言技能轻人文素养、重知识轻能力、重国外轻国内等现象仍没有得以完全改善，需要进一步深化教学改革，沿着《国标》指引的方向扎实推进新时代中国外语教育人才培养方式变革，从提高学生语言表达能力入手，兼顾中外，在外语教育中强调学科交叉、复合融通，将外国文学教学与中国思想文化及当代中国发展理论和实践知识的传授结合起来，协同培养学生的问题意识、综合素质和国际传播能力，真正为其用外语"讲好中国故事"创造更多学习机会和途径。

6.3 跨文化能力

6.3.1 跨文化能力定义

"跨文化能力"是外语类专业具有专业特色的核心能力之一，对于培养学生的国际视野和中国情怀尤为重要。《国标》对"跨文化能力"定义如下：

> 尊重世界文化多样性，具有跨文化同理心和批判性文化意识；掌握基本的跨文化研究理论知识和分析方法，理解中外文化的基本特点和异同；能对不同文化现象、文本和制品进行阐释与评价；能有效和恰当地进行跨文化沟通；能帮助不同文化背景的人士进行有效的跨文化沟通。

第一，尊重世界文化多样性，具有跨文化同理心和批判性文化意识。由于地理和历史的原因，世界不同国家和区域的文化呈现出丰富的多样性。但是自人类历史进入由西方国家主导的"现代化"和"全球化"进程以来，世界文化固有的多样性正面临前所未有的"西化"和同质化威胁。由此，尊重和保护世界文化的多样性成为一个十分紧迫的全球议题。2001年，联合国教科文组织（UNESCO）发布了《文化多样性全球宣言》，该宣言的第一条开宗明义地指出，文化跨越时空，呈现出多种多样的形式。这种多样性体现为构成人类整体的不同群体和社会之身份的独特性与丰富性。作为交流、革新和创造的资源，文化多样性为人类所必需，恰如生物多样性为自然所必需。在此意义上，它是人类的共同遗产，应该得到认可和捍卫，以惠及子孙后代。一个具有跨文化能力的人应该在此意义上尊重世界文化多样性。不仅如此，他/她还应该能够进入不同文化的心灵，感同身受地理解不同文化的关切和逻辑。与此同时，一个具有跨文化能力的人还应该具有深刻的反思能力，能够对本土文化和外国文化进行客观公允的评价和鉴别，既不妄自尊大，也不妄自菲薄，既不崇洋媚外，也不盲目排外。

第二，掌握基本的跨文化研究理论知识和分析方法。20世纪80年代开始，中国外语界事实上就引入了跨文化交际这个概念，并尝试在外语教学中培养跨文化交际能力。这种与语言能力融为一体的跨文化交际能力一般被理解为掌握与日常交际相关的跨文化知识，并能够在跨文化日常交际行为中得体地运用外语实现交际目的。今天探讨外语专业的跨文化能力培养，我们的视野无疑应该超越外语教学而进入外语教育层次，这就意味着我们应该引导学生不仅关注跨文化人际交际行为，而且关注跨文化大众传播与新媒体传播，关注文化与文化之间从宏观到中观到微观的互动关系，而且对这些不同层面的跨文化现象进行一定的理论思考和初步研究。通过跨文化教学，教师应引导学生探究一系列跨文化研究基本理论问题，例如：什么是文化？如何理解个人与文化的关系？如何理解语言与文化的关系？如何区别高语境文化和低语境文化？什么是跨文化交际/传播？什么是非语言交际？什么是文化身份？什么是种族中心主义？什么是跨文化适应？跨文化冲突是如何产生的？什么是跨文化能力？如何培养跨文化能力？如何测量跨文化能力？什么是全球化？全球化对国别文化会产生什么影响？等等。对上述跨文化问题的理论思考有利于培养学生理解和分析跨文化现象的能力，提高文化反思能力和文化自觉，同时促进思辨能力和学术研究能力的发展。

第三，熟悉所学语言对象国的历史与现状，理解中外文化的基本特点和异同。反思传统的交际法外语教学，一个明显的缺点就是把跨文化能力等同于一些零星的跨文化交际技巧。而事实上，如果没有对语言对象国历史与现状的比较全面和深入的了解，就不可能真正理解语言对象国人们的信仰、价值观念、生活方式与行为习惯，也就不可能进行深层的跨文化交流。不仅如此，学生还必须了解本土的中国文化，在比较学习中发现和理解中外文化的表层和深层异同（同中之异和异中之同）。这种跨文化比较学习对于今天的外语类专业学生来说尤为重要，因为只有通过深入的跨文化比较研究，才能真正培养学生的跨文化批判意识，即理解中外文化的特点及其形成原因，并能够超越中外文化的局限而建构更加宽广的文化观和世界观。在中国作为一个世界大国在全球范围日益发挥重要作用的今天，我们迫切需要一大批新型外语高端人才，他们精通外语，通晓国际规则，能够向世界生动地阐释历史中国和当代中国，最终赢得世界对中国的理解和支持。这是经济全球化时代赋予外语类专业的光荣、艰巨且十分紧迫的使命。

第四，能对不同文化现象、文本和制品进行阐释与评价。阐释和评价是更高层次的思维活动，需要学生学会灵活运用跨文化理论和知识。外语类专业学生所进行的大量的听说读写训练以及专业知识课程均可以提升为对跨文化现象、文本和制品进行的阐释和评价，其目的不仅是要求学生掌握语言"基本功"或语言、文学与文化知识，而且应要求他们对外国文化现象、文本和制品以及本国文化现象、文本和制品从中外比较的视角进行深入阐释，探索其背后隐藏的文化原因，并进行批判性审视，进而提高跨文化思辨能力。一篇课文、一部文学作品、一部电影或一件艺术品，在特定的文化中产生，承载着丰富的文化内涵，从不同角度在不同层面讲述着自己所属文化的生动的故事。当它们进入新的文化背景里被具有不同文化身份的人阅读、观赏和分析时，便构成了文化与文化对话、交流（有时表现为冲突）和互鉴的美妙契机。在此意义上，外语类专业的课堂教学本质上就是跨文化教学，外语教育本质上就是跨文化教育。

第五，能有效和恰当地进行跨文化沟通。跨文化沟通是跨文化能力在跨文化交际行为中的表现。这种交际行为可以口头展开，如具有不同文化背景的企业代表之间的跨文化商务谈判，出国旅行时与当地人的交流；也可以笔头展开，如学生在出国留学申请时所撰写的个人自述、企业的海外媒体广告。网络时代的到来，使得跨文化交际的空间从线下延伸到线上，从博客到微信，从大众传播到全媒体传播，跨文化交际/传播的渠道和形式无限拓展，无穷无尽。学术界提出了评价跨文化沟通的两个标准，其一为得体性，即跨文化沟通的过程中能够尊重对方的价值观念和行为规范，保持融洽的人际关系；其二为有效性，即通过沟通达成跨文化交际的目的，或实现合作，或增进理解，或加强友谊。在外语教育的背景下，评价外语能力的指标体系长期局限于听说读写译等语言技能，似乎它们是完全中性的工具，学生一旦加以掌握，便可以在跨文化的环境下自然实现沟通的目的。大量的研究表明，任何一种语言符号体系都是特定文化的产物，同时又成为这一文化的载体。在此意义上，掌握一种语言就是理解一种文化，语言学习的最终目的乃是要实现有效和恰当的跨文化沟通，因此外语能力与跨文化能力密不可分。这意味着，现行的外语能力评价体系必须加以改革，将跨文化能力纳入其中。

第六，能帮助不同文化背景的人士进行有效的跨文化沟通。一个拥有跨文化能力的人不仅自己能够胜任得体有效的跨文化沟通，而且能够帮助他人实现跨文化沟通。在此意义上，翻译能力可以理解为跨文化能力的一项子技能，其目的是在不同语言文化背景的人士之间架设沟通的桥梁。大量的翻译研究已经证明，翻译不仅促进了人类不同文化的理解和交流，而且翻译本身就是对两种不同文化（不仅是语言）的深度理解和准确表达；翻译能力与跨文化能力互为表里，互相促进。此外，一个拥有跨文化能力的人还应该能够调解跨文化冲突，因为他／她理解冲突双方的文化背景，并能从跨文化的视角帮助双方澄清误解，恢复交往关系。

6.3.2 跨文化外语教学原则

总体而言，为了有效提升外语类专业学生的跨文化能力，外语类专业必须建设高质量的跨文化交际课程，同时把跨文化教育贯穿整个课程体系和每一个教学环节。这就意味着外语类专业必须进一步加强人文通识教育，重视加强学生的国学修养以及对当代中国国情的了解，重视建设国别与区域研究相关课程，把跨文化文本解读、跨文化人际沟通和跨文化批判性反思的能力培养，渗透到语言技能课程与专业知识课程的全过程之中。不仅如此，跨文化能力培养还必须渗透到整个人才培养模式之中。与外语类专业相关的跨文化国际化人才大体可以分为两类，一类是跨文化国际化外语人才，即掌握一门到多门外语的语言服务型外语人才；另一类是跨文化国际化外语复合型人才，即掌握至少一门外语并熟悉某一知识领域的专业型外语人才。与此相应，外语类专业的人才培养模式包括外语单一专业和外语复合专业两种类型。在巩固和加强语言服务型外语人才培养阵地的同时，外语类专业应积极拓展"外语+"人才培养模式（如商务英语、双学位或辅修），这不仅是外语类专业搭建有利于学生终身发展的知识结构的需要，而且是外语类专业服务于国家对跨文化国际化"专业型人才"培养的急需。此外，跨国短期留学、跨国联合培养以及国际暑期课程（本地或国外）也是促进学生跨文化能力发展的有效举措，应基于跨文化能力发展（intercultural competence development）研究的最新成果并着眼于跨文化能力培养的目标，精心规划和组织实施。总之，跨文化能力培养应理解为一项系统工程，只有全方位融入跨文化教育理念，外语类专业才有可能成功培养具有中国文化情怀、多元文化观和全球视野的国际化人才。当然，外语类专业跨文化能力培养的根本途径还是外语类专业的语言技能课程和专业知识课程的课堂教学。在此笔者试提出跨文化教学的5项基本原则，即思辨（Critiquing）、反省（Reflecting）、探究（Exploring）、共情（Empathizing）和体验（Doing），这5个概念的英文首字母正好构成英文单词CREED，我们不妨理解为跨文化教学的5大信条。下面逐一阐述。

原则一　思辨

　　跨文化教学应该训练学生运用认知技能解决跨文化问题。关于思辨的定义不计其数，这里不妨引用 Scriven & Paul（1987）提出的一个定义："思辨是一个经过专业训练的思维过程，在这一过程中，思辨者对通过观察、经历、反思、推理或交流所获取的信息，积极进行熟练的概念化（conceptualizing）、运用（applying）、分析（analyzing）、综合（synthesizing）和/或评价（evaluating），以此作为信念和行动的指南。思辨的典型形式建立在一系列超越具体研究对象的普遍的知识价值之上，包括：清晰、准确、精确、一致、相关、证据、理性、深度、广度、公正。"在此意义上，我们认为，跨文化教学必须引导学生运用思辨的方法对跨文化知识、信息与案例反复进行概念化、运用、分析、综合和/或评价，由此同步提升跨文化能力和思辨能力。依据此原则，跨文化教学不应该被知识灌输和讲授所占据，而应该引导学生进行积极的思辨，这意味着要让学生首先掌握思辨的方法，并精心设计要求学生运用思辨去完成的多样化跨文化任务。当思辨行为发生时，跨文化能力——而且是高层次的跨文化能力——自然得到提升。

原则二　反省

　　跨文化教学应该鼓励学生通过跨文化反省培养批判性文化自觉。在跨文化教学的情形下，反省通常在两个层面展开，一是学生把所学的跨文化理论用于理解和指导自己的跨文化实践，以检验跨文化理论的适用性；二是学生对自己的跨文化实践进行总结和分析，以获得经验或教训。这两种跨文化反省均旨在实现理论学习与实践应用的有机结合，从而不断改进跨文化实践，提高跨文化能力。大量的教育学和心理学研究表明，反省（或反思）是一种"深层学习"（deep learning），可以促进个人在认知上、道德上、人格上、心理上和情感上的全面成长（Branch & Paranjape, 2002）。具体而言，反省有助于学生更好地理解自身的优点和缺点，发现并质疑自己潜在的价值观和信念，挑战自己的观念、感觉和行为背后的假设，找到隐藏的偏见，承认自己的恐惧，发现不足和有待改进的方面（Monash University, 2016）。依据反省原则，跨文化教学可以设计讨论、访谈、提问、日记等多种课堂活动，促进有深度的跨文化反省，培养批判性文化自觉（Costa & Kallick, 2009；该书第 12 章探讨了反思性学习的要领和具体方法，可资借鉴）。此外，在中国文化与世界各国文化加速互动的经济全球化时代，跨文化反省不仅应该在学生的个人生活层面展开，而且应该在中外文化之间展开，积极引导学生从全球多元文化视角审视中国文化传统，增强文化自信和批判性文化自觉，推进中国传统文化的创造性现代转型和民族文化复兴。

原则三　探究

跨文化教学应该成为一个开放的跨文化探究过程。跨文化教学的根本目的是培养学生的跨文化能力，而不是给学生输入大量的跨文化知识或标准答案。事实上，跨文化交际/传播的情形千变万化，教师也不可能提供一劳永逸的灵丹妙药。因此，跨文化教学应重视通过跨文化探究活动培养学生的探究能力，也就是独立学习能力和终身学习能力，使他们在面对真实的跨文化场景时能够积极获取信息，寻求资源，独立思考，创造性地解决具体问题。遵循探究的原则，跨文化教学应重视对跨文化问题的探究过程，使学习活动由问题牵引，成为寻求新的知识与新的理解的过程，在此过程中教师是学习活动的促进者，学生积极自主地探究，对学习活动和能力发展承担越来越多的责任（Spronken-Smith, 2016；关于探究性学习，学术界已有不少研究，新西兰学者的这篇在线综述文章可以提供一些有价值的参考信息）。最终，遵循探究原则的跨文化教学致力于培养学生对世界多元文化的好奇心、开放态度和宽容精神。

原则四　共情

跨文化教学应该基于共情伦理并促进共情人格的发展。在跨文化交际语境下，美国学者 Calloway-Thomas（2015）把共情（同感、同理心）定义为"通过想象在认知、情感和行为等层面进入和参与文化他者的世界的能力"。也就是说，跨文化实践者应能够进入跨文化沟通对象的物质世界和精神世界，设身处地地用文化他者的"眼睛"观察事物，用文化他者的"心灵"感受事物，并用文化他者的"大脑"理解对方的行为逻辑。在此意义上，共情既可以构成跨文化沟通的伦理规范，也可以理解为跨文化能力的核心要素——形成"跨文化人格"（intercultural personhood）。作为跨文化伦理规范，共情伦理应该成为跨文化教学中师生双方共同遵守的价值准则。这就意味着，在面对不同的、新奇的甚至是不可思议的外国文化现象时，教师应引导学生尊重、宽容甚至欣赏文化差异，避免急于进行价值判断，乐于换位感受和思考，对自身的偏见和思维定式保持敏感，把文化差异视为丰富自我、开阔视野和创造新文化的宝贵资源。一个具有跨文化同感的人最终能够超越自我文化的边界，不断吸收和整合世界多元文化的丰富资源，最终建构包容个人与人类、民族文化与世界文化的"跨文化人格"。另一方面，作为跨文化能力的核心要素，同感应该纳入重要的跨文化子技能，在教学中反复训练。这意味着，跨文化教学不能止步于比较不同文化之间的差异，而应引导学生跨越文化边界，进入对方的意义和情感世界，通过视角转换或角色扮演，去理解和感受文化差异，做出审慎的同情的评价。

原则五　体验

跨文化教学应该创造跨文化体验的机会以促成跨文化能力的内化。做中学（learning by doing），又称为体验式学习（experiential learning），已成为教育界各学科普遍认可的一种行之有效的教学理念。根据 Kolb（1984）提出的理论模型，体验式学习是一个线性关联的四阶段循环过程，包括体验、观察、概念化和试验等四个步骤。学习者首先承担并完成一项任务，然后反思执行任务的具体过程，接着把具体经验上升为概念和理论，最后把获得的新知投入进一步试验。这一理论模型及其学习原则可以引入跨文化教学，促进跨文化能力的有效内化。体验式跨文化教学可以在课堂内展开，如要求学生通过扮演跨文化角色、观赏跨文化电影或阅读跨文化案例，间接地体验跨文化沟通情形，然后通过讨论或头脑风暴进行反思，接着进行概念化理论归纳，最后把分析的结论投入实践检验。更有效的体验式跨文化教学应该是在传统课堂之外展开的，如组织学生参加国际夏令营、短期留学或从事海外志愿服务。事实上，国内越来越多的高校都在积极为学生争取形式多样的国际化教育或游学机会，遗憾的是这些安排往往停留在课程学习或浏览观光的层面。为了使这些留学或游学活动真正促进学生的跨文化能力发展，学校应根据体验式学习理念，对海外跨文化实践活动的各阶段进行全过程精心设计，并安排经验丰富的教师全程跟踪和指导，使学生的海外经历成为真正的体验式跨文化学习，最终实现跨文化能力的有效内化。

6.4　思辨能力

6.4.1　思辨能力的构成

西方学术界对思辨能力的研究具有悠久的传统。20 世纪 50 年代，美国著名教育心理学家 Benjamin Bloom 提出了影响深远的教育目标分类学。他把教育目标划分为三大领域，即情感目标、动作技能目标和认知目标。大学教育的主要目标应该是第三层级的认知能力培养。Lorin Anderson（1990）对前者的认知能力分类进行了改进，提出了一个六级模型（见图 6.2）：

```
        创造
       评价
      分析
     应用
    理解
   识记
```

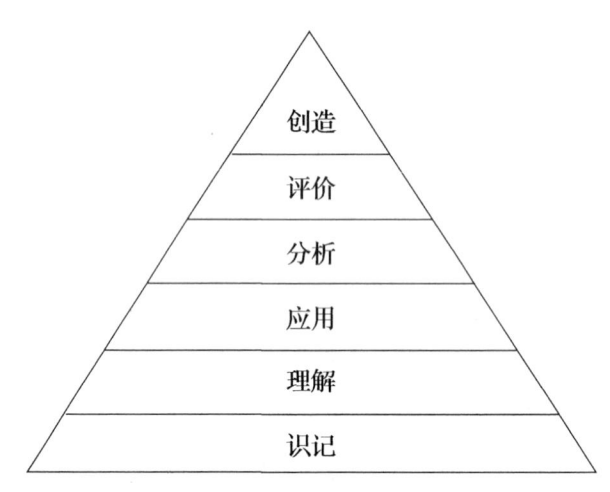

图 6.2　布鲁姆—安德森认知能力模型分类图

反思外语类专业的教学现状，我们不难发现本专业大量的听、说、读、写、译等技能课训练都是在"识记"和"理解"层面展开。少有的几门专业知识课程往往也不能脱离对"知识点"的"识记"和"理解"，而思辨能力集中体现在认知能力阶梯的应用、分析和评价等高层级；创造能力可以视为思辨能力的最高表现，也可以视为建立在思辨能力之上的最高级别的认知能力。20 世纪 80 年代末，美国学者 P. A. Facione 受美国哲学联合会（American Philosophical Association）的委托，组织 45 位在各自领域里有重要影响的哲学家、科学家与教育家组成德尔菲项目组（The Delphi Project），对思辨能力的构成要素进行了历时两年的系统研究。德尔菲项目组（1990）所发布的《德尔菲报告》对思辨能力下了一个颇具权威性的定义：

> 我们把思辨能力理解为有目的的、自我调节的判断，它导致对证据类、概念类、方法类、标准类或背景类考虑因素的阐释、分析、评价、推理与解释，而上述判断正是建立在此基础之上。思辨能力是至关重要的探究工具。因此，思辨能力在教育中是一种解放力量，在个人和公民生活中是一种强大的资源。尽管它并不能作为完善思维（good thinking）的同义词，思辨能力是一种普遍的自我矫正的人类现象。一个具有思辨能力的理想的思考者习惯于勤学好问、博闻多识、相信理性、心胸开阔、灵活应变、在做出评价时保持公正、在面对个人偏见时保持诚实、在做出判断时保持谨慎、愿意重新考虑、面对问题头脑清晰、处理复杂事务井井有条、勤于搜寻相关信息、选择

标准时理由充分、探究问题时专注目标、持之以恒地追求所探究的问题与条件许可的尽可能精确的结果。因此，培养具有思辨能力的思考者就意味着为此理想而奋斗。它把思辨能力的开发与上述品质的培养结合起来，由此不断产出有用的真知灼见，这也正是一个理性和民主社会的基础。

根据上述定义，思辨能力不仅包括一系列典型的"认知能力"（cognitive skills），而且包括一系列"情感特质"（affective dispositions）。用表格归纳如下：

表 6.2　Critical Thinking Cognitive Skills and Affective Dispositions

COGNITIVE SKILLS	SUB-SKILLS	AFFECTIVE DISPOSITIONS
1. Interpretations	Categorization Decoding Significance Clarifying Meaning	1. inquisitiveness with regard to a wide range of issues, 2. concern to become and remain generally well-informed, 3. alertness to opportunities to use CT, trust in the processes of reasoned inquiry, 4. self-confidence in one's own ability to reason, 5. open-mindedness regarding divergent world views, 6. flexibility in considering alternatives and opinions, 7. understanding of the opinions of other people, 8. fair-mindedness in appraising reasoning, honesty in facing one's own biases, prejudices, stereotypes, egocentric or sociocentric tendencies, 9. prudence in suspending, making or altering judgments, 10. willingness to reconsider and revise views where honest reflection suggests that change is warranted.
2. Analysis	Examining Ideas Identifying Arguments Analyzing Arguments	
3. Evaluation	Assessing Claims Assessing Arguments	
4. Inference	Querying Evidence Conjecturing Alternatives Drawing Conclusions	
5. Explanation	Stating Results Justifying Procedures Presenting Arguments	
6. Self-regulation	Self-examination Self-correction	

资源来源：根据《德尔菲报告》整理，http://www.insightassessment.com/pdf_files/DEXadobe.PDF

《国标》采纳了德尔菲项目组提出的思辨能力理论模型,定义如下:

> 勤学好问,相信理性,尊重事实,谨慎判断,公正评价,敏于探究,持之以恒地追求真理;能对证据、概念、方法、标准、背景等要素进行阐述、分析、评价、推理与解释;能自觉反思和调节自己的思维过程。

6.4.2 思辨外语教学原则

下文阐释的思辨外语教学原则最初是针对英语专业提出来的,称为"思辨英语教学原则"。这些原则对于外语类专业的教学也是适用的,当然需要根据学生的语言程度进行调适。

思辨外语教学原则包括:对标(Target)、评价(Evaluate)、操练(Routinize)、反思(Reflect)、探究(Inquire)、实现(Fulfill)、融合(Integrate)、内容(Content)。这八项原则对应的八个英文概念的首字母拼接起来正好构成一个英文单词——TERRIFIC。下面逐一阐释 TERRIFIC 各项原则的核心理念和操作要领。

原则一 对标:将思辨能力培养纳入教学目标

思辨外语教学并不反对夯实听说读写基本功,但主张在外语教学中旗帜鲜明地培养思辨能力,通过思辨学习语言,通过语言学习思辨,同步提高语言能力和思辨能力(孙有中 2017)。思辨外语教学应将培养思辨品质和认知技能贯穿语言教学的全过程。

教师不仅应为自己树立明确的认知技能与思辨品质教学目标,并设计相应的语言教学活动加以训练,而且要让学生准确理解并在课堂学习过程中自觉关注这些思辨能力要素。课堂教学是有目的、有组织的学习活动,只有师生对学习活动的目标达成明确共识,这些目标才有可能实现。思辨能力的培养不可能一蹴而就,也不可能偶尔为之就大功告成,即便开设专门的思维训练课程,也无法一劳永逸地完成思辨能力培养任务。教师只有把思辨能力培养的具体目标在各门课程的教学目标中牢牢确立下来,并据此设计和实施具体的教学活动,点点滴滴,持之以恒,学生的思辨能力才能如春起之苗,不见其增,日有所长,最终满园春色。

原则二 评价:将思辨标准纳入评价体系

评价在教学活动中发挥着关键导向作用。教学改革如果不对评价体系本身进行改革,则很难达到预期目标。首先,为推进思辨外语教学改革,学校教学管理部门应对现行的教学评价标准进行改革，把课堂教学的思辨维度纳入教学评价体系。除传统的教学指标外，旨在实施思辨外语教学的教学评价体系应关注教学是否把思辨能力培养纳入教学目标，是否设计有效的任务或活动促进思辨能力与语言能力的融合发展，是否重视对学生思辨品质的培养，是否发挥了教师的思辨示范作用，等等。将上述思辨指标纳入英语课堂教学的评价体系，显然有利于引导教师在语言教学中重视思辨能力培养，也将促使学生重视在语言学习过程中提高思辨能力。其次，教师应运用思辨标准对学生的课堂表现和作业进行评价，并将思辨内容纳入课程的期末考试。Paul & Elder（2016）提出了由"思辨标准""思辨元素"和"思辨品质"构成的思辨能力理论模型，认为思辨能力培养就是反复运用"思辨标准"去检验"思辨元素"，最终养成"思辨品质"。该理论模型如图 6.3 所示，可为教师评价学生的口笔头作业提供参考：

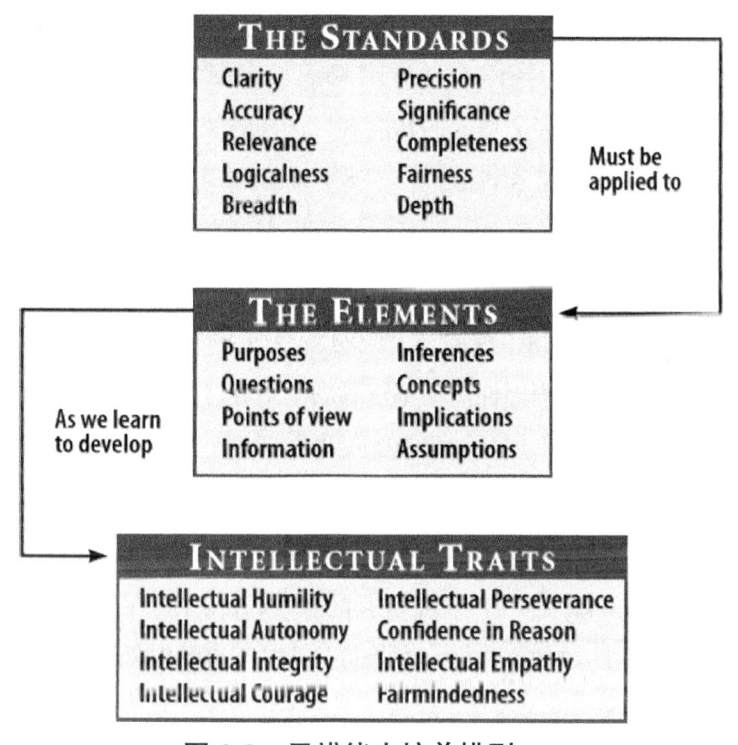

图 6.3 思辨能力培养模型

如果教师日复一日地把思辨标准融入听说读写各门课程中并据此评价学生的课堂和课程学习表现，而且要求学生运用思辨标准评价自己也评价同学的学习表现，那么这些思辨标准就会内化为学生的思维习惯，最终外化为思辨能力。值得一提的是，这里强调用思辨标准评价学生的学习，并不是主张单独对学生的思辨能力进行评测，而是要求把思辨标准融入听说读写课程的语言能力测评之中，这样做不仅可能，而且必要。

原则三 操练：针对高阶思维进行常规化操练

思辨能力不是天生的禀赋，也不是偶尔表现的行为，而是经过反复训练养成的良好思维习惯。既然游泳、网球、驾驶等身体技能都需经过专业训练才能熟练掌握，那么，比这些活动复杂无数倍的大脑思辨（包括若干认知技能和思辨品质）就更需要经过长期反复训练才能内化为思维习惯。

哈佛大学学者 Ritchhart et al.（2011）经过大量教学实践，总结了一系列思辨教学程序性或常规化活动，比如"思—讨—享"（Think-Pair-Share，最早于 1981 年由马里兰大学的 Frank Lyman 提出）就是一项有利于培养推理和解释能力的常规活动，它包括四个步骤：1）教师向全班提出一个具有思辨性和挑战性的问题；2）全班学生独立思考答案；3）学生与一位同伴结成对子进行讨论；4）学生在全班分享自己与同伴的观点。从思辨能力培养的角度看，这样的教学活动为什么有效呢？首先，教师提出的问题具有思辨性和挑战性，不太容易找到现成答案。其次，给学生提供思考的时间，使独立探索成为可能。最后，让学生有机会基于独立思考进行讨论、比较和分享。思辨的要义是既要"思"又要"辨"，不仅要自己独立思考，还要倾听和了解他人的思想，从不同视角审视同一个问题，鉴别所有相关证据，警惕问题的复杂性。显然，这样一项简单的程序性活动不仅有利于培养口语能力，也有利于促进学生多项认知技能和思辨品质的发展。如果教师经常在课堂上采用这一有步骤的活动，学生的思辨能力便会与日俱增。Ritchhart et al.（2011）还提出了其他值得推荐的课堂常规活动：1）运用证据进行阐释（What Makes You Say That?）；2）促进深度探索（Think-Puzzle-Explore）；3）多视角看问题（Circle of Viewpoints）；4）对认识过程进行反思（I Used to Think ... Now I Think ...）；5）赏析艺术作品（See-Think-Wonder）；6）审视多种主张（Compass Points）。这些活动虽然不是专门为外语教学设计的，但同样适合在外语听说读写课堂中进行创造性应用。理解了"操练"这一基本原则，教师就能充分发挥自己的想象力去创造无限多样的课堂思辨活动。

原则四 反思：通过反思培养元认知能力和自我调节思维的能力

反思既可理解为思辨能力的构成要素，即元认知能力和自我调节思维的能力，也可作为培养思辨能力的一项基本教学原则，用以指导教学实践。何谓反思？根据"德尔菲专家共识"（Facione, 1990）的定义，反思是："对自己推理过程的检验，不仅核查推理的结果，而且核查是否正确使用了认知技巧；对自己的观点和理由从元认知角度进行客观的、深入的自我评价；判断自己的思考在多大程度上受到知识欠缺或成见、偏见、情感或任何其他因素的影响，从而使自己的客观性或理性受到局限；反思自己的动机、价值、态度或利益，确定自己在做出分析、阐释、评价、推理和表达时努力做到无偏见、公正、缜密、客观、尊重事实、讲道理、冷静。"我们每个人都有自己的思维习惯和思维缺陷，反思的目的是发现自己的认知特点，形成高度的思维自觉，避免掉入思维陷阱。在课堂教学过程中，教师在学生小组解决了一个问题之后可安排简短讨论，要求各小组反思自己分析和解决问题的过程，小组成员分享自己的元思维，揭示自己的动机，说明自己解决问题的策略及其适宜性，描述自己的思维图谱以便将来更好地监控自己的思维过程，等等。根据反思原则，教师可在每节课的适当环节安排反思活动，每学完一个单元后要求学生写反思日志，运用档案袋评价方法要求学生记录自己的思辨能力发展过程，反思自己的思维特点与不足，思考改进思维的方法，等等。Howes（2017）的实证研究表明，定期写反思日志可以有效提高学生的思辨能力。反思原则也适合教师。思辨型教师的一个典型特点就是善于反思，在课堂上引导学生反思其学习过程，在课外则反思自己的教学设计是否有效促进了学生语言能力与思辨能力的融合发展，及时总结经验教训，不断调整和改进教学。

原则五 探究：创造自由探究的机会

思辨外语教学提倡探究式学习。在探究型课堂，教师的职责不是简单地向学生提供既定事实或指出获取知识的便捷渠道，而是作为探究的向导或助手，与学生一起界定要研究的问题，同他们一道运用恰当的研究方法，收集资料和数据，考问旧知，发现新知。探究型英语课堂是一个学习共同体，要求教师首先成为思辨型教师。正如Paul et al.（1989）所描绘的，"思辨型教师不是布道者，而是发问者。教师要学会提出问题，探索意义，寻求理由和证据，促进深入思考，避免讨论陷入混乱，鼓励倾听，引导有效的比较与对照，提示矛盾与不一致，解释影响和后果。思辨型教师应认识到，教育的首要目标是教会学生怎样学习"。在探究型英语课堂上，教师可运用"对话式教学"（dialogic teaching）引导学生理解和评价课文；学生在形式多样的合作活动中进行"探索式交谈"（exploratory talk）（Mercer & Littleton, 2007）。有研究表明，合作学习可发展学生的思辨能力（Richards & Rodgers, 2014）。为确保对话和探索的有效进行，教师应为学生的合作学习提供有效的指导，包括：设计有效的活动，使讨论和合作推理成为可能；提供活动所需的语言资源并示范如何进行有效的探索式交谈或"集体思考"（think together），为学生的探究式学习搭建必要的脚手架。在信息技术不断深度融入教育教学过程的时代，教师还可利用在线小组讨论促进学生思辨能力的发展（Yang, 2008）。同样重要的是，教师应为小组讨论建立规则，如：我们分享观点，相互倾听；我们每次一人发言；我们尊重彼此的观点；我们以理服人；如果我们不同意对方的观点，就主动要求对方说明理由；我们最终努力寻求共识（Mercer & Littleton, 2007）。课堂思辨文化的形成将有利于思辨外语教学的展开。

有必要指出的是，探究型教学以问题为导向，其顺利进行的前提是教师和学生都掌握了苏格拉底式提问技巧。敢于质疑和善于提问是思辨能力的重要表现，也是培养思辨能力的有效策略。贯穿听说读写活动的外语课堂为苏格拉底式对话教学提供了天然的平台；只要教师循循善诱，探究式外语教学一定能促进语言能力与思辨能力同步发展。

原则六 实现：促进学生的自我实现和全人发展

在实际教学活动和现实生活中，思辨能力有可能被片面理解为唇枪舌剑、压倒辩论对手并最终赢得辩论的能力。事实上，在英语国家语境中，critical thinking 这个概念也容易引起此类误解，正如中文的"批判性思维"。思辨外语教学如果仅专注于辩论技巧的训练，学生的确有可能走上智商发达、情商低下的畸形发展道路。有些学生甚至会变得以自我为中心，对他人和社会百般挑剔，不能全面、系统、历史和辩证地看问题，不能换位思考，不能求同存异，不能和而不同，最终成为与社会格格不入的愤世嫉俗者。其实，所有这些心理倾向都与思辨的本意背道而驰。因此，思辨外语教学不仅应关注认知技能的训练，而且应高度重视良好思维品质和积极心理倾向的养成。思辨外语教学还应引导和鼓励学生向着马斯洛人本主义心理学所描述的"自我实现"（self-actualization or self-fulfillment）的人格境界发展（Maslow, 1970）。根据马斯洛的研究，一个"自我实现的人"敏于判断现实的真伪，能够坦然接受自我、他人与自然，保持纯朴和天真的性情，善于发现和解决问题，乐于独处，自主自立，总是用新鲜的眼光欣赏生活和世界，寻求全人类的团结与和谐，拥有良好的人际关系，具有民主和谦虚的态度，善于区别目的与手段及是非善恶，具有幽默感，拥有创造力，抵制文化同化，等等。简言之，思辨外语教学不应局限于让学生掌握一系列认知技巧，其最终目标应该是促进学生个性的发展和潜能的实现，培养孔子所谓"知者不惑，仁者不忧，勇者不惧"的圆满人格，实现个人与自我、他人、社会和自然的和谐相处。

原则七 融合：融合培养语言能力和思辨能力

思辨外语教学并不主张外语教学仅仅聚焦于思辨能力培养，当然也反对外语教学仅仅聚焦于语言学习。这两种教学路径都会让外语教学误入歧途，既不能真正提高思辨能力，还会阻碍语言能力的发展。思辨学习与语言学习应融为一体，相互促进，相得益彰。需特别澄清的一个误解是：思辨外语教学不重视语言能力的培养。刚好相反，思辨外语教学不仅没有忽视语言学习，反而对语言学习设定了更高的标准，要求在高阶思维层面对语言学习材料进行分析性解读或批判性话语分析（Carroll, 2004; Hashemi & Ghanizadeh, 2012）。针对语言知识的学习，思辨外语教学主张让学生通过分析语言现象发现语言使用的规则（Koshi, 1996），通过大量运用语言完成任务、解决问题的语言实践活动，最终提高语言使用的流利度和准确度。与此同时，思辨外语教学倡导语言学习理论中的社会建构论或社会文化论。语言不仅是思维的工具，而且是通过社会互动得以发展的一种能力。因此，语言学习应该是一个"意义构建"的协作活动过程（Brown, 2014）。在此过程中，语言学习随着学习者语言能力的提高由显性逐步过渡到隐性，通过使用语言进行思辨活动而达到语言能力与思辨能力同步发展的目标。在此意义上，思辨外语教学并不是某一种具体的"教学法"，而是一种主张把思辨能力培养融入语言能力培养的外语教学理念。为实现此目标，思辨外语教学可兼容多种教学法或流派，如"任务型语言教学"（task-based language teaching）和"合作型语言学习"（cooperative language learning）。前者主张课堂教学应"让学习者使用目的语从事理解、信息处理、创作或互动活动，主要关注意义而不是形式"（Nunan, 1989）；后者主张把语言教学变成小组学习活动，在形式多样的有组织的小组活动中，"学习基于小组中学习者之间展开的社会性建构的信息交流，在此过程中每一位学习者对自己的学习负责，同时被鼓励去增进他人的学习"（Olsen & Kagan, 1992）。可以说，任何促进师生和生生思辨性语言互动的教学法，都有利于实现学生语言能力与思辨能力的融合发展；在这一过程中，"语言提供共同思考和协同创造知识与理解的工具"（Mercer, 2000），而工具本身也得到不断的磨砺和提升。

原则八 内容：采用富有认知挑战性的语言材料

外语教学离不开语言材料。思辨外语教学必然要求语言材料具有思辨性，其思辨性至少体现在四个方面。1) 话题的相关性。思辨性语言材料应与学生的专业学习和现实生活具有相关性，这样才能激发他们的思辨兴趣。2) 文体的多样性。思辨性语言材料必须兼顾多种类型的文体，为学生提供开展思辨活动所需的丰富多彩的话语范式和语用资源。3) 知识的学术性。思辨性语言材料不应停留在日常经验和百科知识层面，而应从人文社会科学领域发掘雅俗共赏的经典篇章，或者将学科视角、学术概念以及最新学术发现有机引入日常话题的深度探索，让学生在语言学习的过程中接受人文通识教育，了解学科思维的范式和方法，提高理论素养。4) 思想的启发性。思辨性语言材料通常是有立场、有观点、有争议的文章，关注有意义的真实问题，引导进一步探索，为思辨性教学活动提供鲜活的素材。

思辨外语教学为什么要采用富有认知挑战性的语言材料呢？一个不言而喻的理由就是，在语言学习中，输入的思辨性在很大程度上决定输出的思辨性。一方面，语言材料的输入为学生提供了输出的参照标准；语言输入材料的思想高度将在很大程度上决定输出语言的思想高度。另一方面，输入材料直接构成了学生产出文本的思辨性语言原料；原料的思辨性语言含量将在很大程度上决定输出文本的思辨性语言含量。在此意义上，思辨外语教学支持内容依托教学法（content-based instruction）和内容与语言融合学习教学法（content and language integrated learning），因为两者都强调为语言学习提供有"内容"的输入。

总而言之，作为一种教学理念，思辨外语教学强调思辨能力对于语言能力的重要性，同时也强调语言能力对于思辨能力的重要性。缺少思辨能力，语言能力不过是花拳绣腿，不堪一击；缺少语言能力，思辨能力不过是折翼之鹰，无法展翅高飞。从终极意义上看，高级语言能力即高级思辨能力，高级思辨能力即高级语言能力，两者相互依存，相得益彰。

值得指出的是，思辨外语教学的 TERRIFIC 原则的排列顺序不应被机械地理解，某项原则可能应用于教学的多个环节，教师在教学过程中可灵活掌握。这些原则有助于启发教师设计课堂教学活动，创新外语教学的各个环节，促进学生语言能力与思辨能力的融合发展，最终从根本上提高外语类专业乃至大学英语人才的培养质量。

最后有必要特别强调的是，在思辨外语教学的全过程中，教师必须坚持立德树人的根本教育方针，引导学生树立正确的世界观、人生观和价值观，培养国际视野和家国情怀，成为全球化时代我国参与国际竞争和全球治理的思辨型、创新型、高层次外语语种专业人才和复合型外语人才。

6.5 研究能力

6.5.1 研究能力的界定

"研究"一词既可以是学术性、专业性很强的概念，也可以是从事日常事务工作的一种思维或行事方式。这一方式涉及发现问题、分析问题和解决问题的过程。外语类专业学生研究能力主要体现在问题意识、分析推理、专业思维和研究方法等方面。

问题意识 研究的本质是探索未知世界，揭示事物的真相、性质、规律等。朗缪尔（Irving Langmuir）说："科学家主要是为好奇心和追求真理的欲望所驱动。"好奇心便是喜欢质疑，善于从司空见惯的现象中发现问题。问题意识是使所接受的东西"问题化"（problematic），即使是基本知识、基本理论，学生也可以从现有教学内容中发现问题和疑点。对于那些未经证实的知识、没有定论的理论，更应鼓励学生去探究求证。其实，培养本科生的问题意识，不仅仅是着眼于未来从事学术研究工作做准备，更多的是培养一种发现问题的习惯，这种习惯会对学生未来发展产生深远影响。不论从事什么工作，都需要善于发现问题，包括对事物的敏感性、判断力和感知力。同样面对一种现象或一个事件，有的人会习以为常，而有的人会发现很多问题，这与是否具有自觉的问题意识有关。问题意识促使学生去发现问题，而发现问题是分析问题的前提条件，是创新的第一步。

分析推理 大学教育要培养学生分析推理（analytical reasoning）的能力。分析是把客观对象的整体分解为若干部分，找出这些部分的本质属性和彼此之间的关系。分析推理包括个别到一般的归纳推理（inductive reasoning）和一般到特殊的演绎推理（deductive reasoning）。我们生活在信息爆炸的时代，对于海量的知识、阅读的材料，以及生活中经历的事件，都要善于总结，归纳出一些共性特点。演绎推理是从一般性的前提出发，通过推导，得出具体陈述或个别结论的过程。这是前提蕴涵结论的推理，是前提与结论之间具有充分条件或充分必要条件联系的必然性推理。无论是归纳还是演绎，都需要假设、条件、证据的可靠性，论证过程中逻辑推理的严密性。同样，培养分析推理能力不仅仅是为了做学术研究，更多的是培养一种思维品质。分析问题做到客观理性，思路清晰，概念精准，逻辑缜密，是现代大学生应该具备的素质。

专业思维 专业思维是在专业理论与实践基础上形成的特定视角下的思维方式。一般人平常所使用的思考模式主要是基于已有记忆中的知识、经验、观念、信息等，提出自己的看法，这种思考模式的一个表现特征就是"我认为是这样，而且是正确的"。严格地说，这种思考模式是一种业余、幼稚的思考模式。专业思维则要求通过客观论证来证明自己是正确的，而不是主观表明自己是正确的。专业思维是"接着说"，与已有研究成果形成对话关系。专业思维是一种受过教育训练的思维（educated thinking），其最简单和直接的标准是互文能力（intertexuality）。同样是评论一部作品，具有专业思维的学生应该从前文本出发，以相关专业理论和知识体系为支撑，提供受过教育训练的分析与阐释（educated analysis/interpretation）。

研究方法 "工欲善其事，必先利其器。"这里利器指的是探索未知世界，提出新观点，揭示事物内在规律的工具和手段。就本科学生而言，最为常用的研究方法有文献分析法、问卷调查法、访谈法等。文献分析法主要指搜集、梳理、鉴别相关文献，通过对文献的分析、阐释、综合和评价，形成对研究对象的认识，为即将开展的研究提供依据。问卷调查法通常涉及设计问卷，选择调查对象，发放问卷，收集数据，并学会使用统计工具对数据进行定量分析，通过编码分类等方法对数据进行定性分析。访谈法是运用有目的、有计划、有方向的口头交谈方式搜集相关信息资料，准确说明样本所代表总体的定性研究方法。问卷调查法和访谈法以任务为中心，将学习融于完成任务的过程之中，这两种方法的运用不受学科的限制，而是培养学生普遍意义上的调查、分析、处理问题的能力，还有利于他们超越本学科专业的边界，向其他学科发展，进行跨学科探索和研究。

6.5.2 研究能力的培养途径

研究能力涵盖了问题意识、分析推理、专业思维和研究方法等维度，对学生的未来发展至关重要。结合外语类专业教学实际，培养学生的研究能力可从以下途径入手。

课程体系建设　课程体系是指在特定的教育理念指导下,将同一专业不同课程加以排列组合,使各个课程要素在动态过程中统一指向专业培养目标实现的系统。课程要素包括了课程观、课程目标、课程内容、课程资源和课程评价等。"课程体系所呈现出来的知识结构是按照一定的教学目标,以学科知识的发展逻辑或学生学习能力的成长逻辑组织起来的,由浅入深、由易到难,使学生容易接受"(高宁、张梦 2018)。长期以来,外语类专业课程主要是按学生语言能力的培养和发展逻辑组织起来的,学科知识的发展逻辑不连贯,未能成为组织原则。培养学生的研究能力,需要加强学科知识的发展逻辑,构建学生的知识体系,具体来说,《国标》中所列的"培养方向",如"外国文学、外国语言学、翻译学、外语教育、国别与区域研究、比较文学与跨文化研究、专门用途外语",均需开设系列课程,以完整的知识体系为支撑,突显专业特点。在这方面,常俊跃(2014)提出的"内容依托课程体系改革"做了很有意义的尝试。根据新课程观构建的外语专业课程体系应遵循语言能力和学科知识两条发展逻辑,加大学科知识类课程建设的力度。这些"内容依托"课程的设计以高深知识为支撑,以高阶思维为导向,体现专业的本质和特性,反映学科的基本问题,表达学术性的核心概念和范畴,其教学内容不仅仅满足信息传递和知识引导,还要培养学生的心智,通过系统训练,形成他们探索、研究、创新和创造能力,从而在整体上改善外语类专业课程质量,增强外语作为高校学业门类的专业性和学术性。

研究性教学　促进外语类专业学生研究能力的养成和发展,需要强化他们的研究意识,并通过具体措施加以落实。这些措施除了构建重视研究的课程体系外,还有倡导研究性教学。1998 年美国卡耐基教育基金会发表著名的《博耶报告:重塑本科教育——美国研究型大学蓝图》,推荐了 10 种改变大学本科教育的途径,前两条分别是:"把基于研究的学习作为标准"(Make research-based learning the standard)和"构建基于探究的第一学年"(Construct an inquiry-based freshman year),其中 research-based learning 和 inquiry-based freshman year 也许是研究性教学的来由。研究性教学作为一种教学模式,不仅仅局限于研究型大学,也可以适用于一般学校,因为研究性教学以研究为导向,而"研究或探究的过程可以增强学生发现、创造和求知的热情","可以拓宽他们的知识面",可以加深其对学科"基本原理和本质的理解"(卢德馨 2008)。研究性教学包括研究性的教和研究性的学,要落实到布置学生做一个研究课题,即让学生在老师的指导下,自己选择课题,确定理论框架与假设,准确运用概念，设计研究方案和研究方法，取得结果后对新的发现进行讨论和评价。学生通过做课题，可以熟悉研究的全过程，加深对专业知识的理解，掌握研究方法，有效提高其研究能力，同时增强他们的学科意识，让更多优秀学生继续外语类专业的研究生学习。开展研究性教学，考试考核制度要发生变革，而课程论文是一个重要评价方式。撰写课程论文"强调的是训练，重在参与，接受熏陶"（卢德馨 2008），熟悉论文体例格式，规定使用"引用文献"，了解规范引用与抄袭剽窃之间的区别，坚守学术诚信。课程论文不以论文发表为目标，而是为将来的研究和个人的发展打下坚实的基础。

研究能力与语言能力等其他能力的融合 培养和发展外语类专业学生的研究能力并不意味着弱化语言能力等其他能力，它们之间不是对立矛盾的关系，而是能够实现融合互补、相互促进。"读议写"是其他人文社会学科经常采用的学习方式，将阅读、讨论和写作三个基本环节纳入课堂教学的内在组成形式中，能够增强学生学习的自主性和探究性，有助于培养学生的创新精神和创新能力，值得借鉴。就阅读而言，发展外语类专业学生的研究能力需要大量阅读，读作品，查文献，特别是强调批判性阅读，在理解内容的基础上对作者的立场观点做出评价。在语言输出表达能力方面，要求能够交流互动，汇报课题研究的内容、发现、结果以及展开的讨论，为提高口语表达能力提供了很好的训练机会。《量表》对写作能力的八级要求是"能恰当地综述和评价有关文献，进行学术类写作，理据充分，讨论深入，结论可靠"（2018：10）。课程论文、课题报告的写作不仅让学生熟悉专业写作的体例规范，更能有效促进学生学术写作能力的提高。

《国标》中的跨文化能力与研究能力也密切相关。跨文化能力包括：1）认知层面的跨文化知识；2）功能层面的语言融通；3）行为层面的创造性与主动性；4）跨文化交流中的责任感和思辨意识。跨文化能力的培养离不开研究能力的发展，在对中外文化比较鉴别、话语方式转变过程中，研究能力助力学生提升批判性思维能力，加深对中外文化内涵的挖掘、比较、质疑、批判、评价，从而汲取精华，增强对祖国文化认同，坚定文化自信，坚持中国立场。

教育的根本任务是培养全面发展的人，研究能力是学生毕业后走向社会，一辈子立于不败之地的一项本领。培养学生的研究能力，主要的依靠力量是教师。目前高校外语类专业教师大都拥有研究生教育背景，特别是有博士学位的教师受过严格的专业学术训练，理论素养较好，并掌握了研究方法，具备开展研究性教学的条件。教师首先要转变观念，认识到研究能力作为外语类专业学生关键能力和必备素质的重要性。在具体教学过程中，或者是建设以研究为导向的课程，或者是将研究意识、研究成果有机融入所教课程之中。

重视学生研究能力的养成和发展，教师同时也需要提升自己的研究能力。2014年，习近平总书记在同北京师范大学师生代表座谈时的讲话中，勉励广大教师做有理想信念、有道德情操、有扎实学识、有仁爱之心的"四有"好老师。教师要有"扎实的学识"，方能胜任培养学生研究能力的工作。作为外语类专业的教师，一方面要广泛阅读中外学术著作，优化知识结构，在数量上要"博"，具有广博性，形成厚实的知识基础；另一方面，"术业有专攻"，要有自己的专门研究，在质量上要"专"，具有深刻性。

新时代外语学科要"主动适应国家经济建设和社会发展需要，特别是抓住中国文化走出去、国家实施'一带一路'倡议所提供的机遇，深入研究语言、文学、文化、翻译、教育、国情等"。外语类专业教师要"立足中国大地，利用中国资源，中外融通，将中国视角与全球视野相结合，研究外语与汉语、外国文学与中国文学、跨文化、中外教育教学等，取得原创性的成果"（王守仁 2017）。"名师出高徒"，反过来说，如果教师自己研究能力弱，在学生研究能力方面就不能给予充足而有效的指导。"打铁还需自身硬"，教师要"培养学术兴趣，真正体会知识创造的智性愉悦，享受文字写作"（王守仁 2018），不断拓展自己的发展空间。每个教师都有科研的"三分自留地"，一定不能让其荒芜，而是要有产出，和学生分享，使得教学能够以研究为支撑，教师与学生共同发展，践行教学相长。外语类专业重视学生的研究能力养成，重视教师的研究能力发展，也有助于外语学科的建设和发展，增强其核心竞争力，主动适应新形势新变化，打造一流专业，培养一流人才。

6.6 创新能力

教育界对培养学生创新能力的倡议由来已久（钱三强 1979；钟秉林 2000；钱学森 2010）。1999 年颁布的《中华人民共和国高等教育法》明确指出："高等教育的任务是培养具有创新精神和实践能力的高级专门人才。"在这一法规的指导下，2000 年

4月出台的《大纲》首次提出英语专业学生在打好语言基本功的前提下要注重培养创新能力。2018年发布的《国标》进一步强调创新能力的重要性，明确要求外语类专业学生都应当具备"一定的创新能力"。

21世纪以来，高校外语界学者针对创新能力培养这一议题在培养模式和课程设置等多个方面开展研究（如文秋芳2002；王守仁、陈新仁2008；张文忠、冯光武2015等），并已形成基本共识，认为创新能力是新时代英语专业人才必备的能力要素之一，同时也是"我国高校多年来教学工作中的薄弱环节"。但外语类专业学生创新能力的内涵究竟是什么？创新能力与《国标》中其他能力有何关系？如何培养外语类专业学生的创新能力？这些问题仍有待进一步探讨。

6.6.1 创新能力的界定

"创新"是运用已有的知识、技能和方法提出新问题或者创造新知识、新思想、新方法的思维活动（张厚粲2002；张红保2006）。"创新能力"是一种能够影响个体创新活动效果的个性心理特征，反映了个体在创新活动中的基本精神面貌和意识倾向。不同专业人才所从事的具体创新活动可能有所不同，但是就概念内涵和构成要素来说，外语类专业学生的创新能力与其他专业学生没有本质上的区别。创新能力由创新品格和创新思维两个范畴构成。前者是从事创新活动所必备的心理品质前提和保障，而后者是开展创新活动所需要的思维能力。

6.6.2 创新品格

创新品格是个性心理特征中与创新活动相关联的意识倾向和精神品质，包括创新的意识、意愿、意志、信心等。创新意识是一种乐于创新、追求创新、推崇创新的价值观念，具有创新意识的个体往往具有鲜明的批判精神，表现出独立思考而不盲从权威的倾向性。创新意愿即想要达到创新目标的愿望，是个体从事创新活动、勇于探索未知、自主开拓的动力来源。具有创新意愿的人有强烈的追求创新的动机，对新知识和新事物表现出浓厚的好奇心和探究兴趣，具有追求新发现和新发明的渴望和激情。创新意志是推动个体自觉地确定创新目标，并根据这一目标调节行动，克服困难，从而实现创新的心理倾向。有没有创新意志决定了个体在创新活动过程中是否具有百折不挠的毅力、敢于冒险并不怕失败的品质。

创新品格是一个人在创新活动中表现出来的相对稳定的心理特征，例如一个人是否具有"求新""求异"的思维习惯和倾向？是否常常萌发有"求新""创造"的动机和目标？在创新活动遇到挫折时是否能够坚持？可以说，具备创新品格既是一个人从事创新活动的前提条件，也是保证创新活动能够顺利进行的心理品质。

6.6.3　创新思维

创新思维也被称为创造性思维，是个体顺利完成创新活动所必备的最核心的能力要素。没有创新品格的人不会想到创新，不愿意创新，不能享受创新，或者不能坚持创新，而不具备创新思维的人则无法从事创新。

创新思维与常规的理解、记忆等思维活动相对（张厚粲 2002），要求创新者基于已有的知识经验提出新问题，发现观察事物的新视角，或创造新知识、新思想、新方法等。创新思维的第一要素是批判性思维。具备批判性思维的创新者不会止步于记忆、理解、全盘接受已有的知识思想等，而是能够打破传统的知识经验、理论观点或视角方法的桎梏，找出其缺陷和不足，从而为创造新的知识思想打开突破口。创新思维的第二要素是创造性想象。创造性想象能力使我们可以在表面上不相关的事物之间建立联系，将一个知识领域的思想、观点和方法等迁移到另一个知识领域，从而衍生出视角新颖、丰富多样、灵活发散的思维结果。创新思维是一个从已知走向未知的过程，创新者基于已有的知识经验，通过重组、迁移、联想等途径，建构新的观点、思想、理论或方法等。进入未知、开展探索，就要求创新者必须对未知的领域进行想象和创造。以潜水艇的发明为例，发明者意识到传统的船只不能进行水下航行这一不足，创造性地将鱼类和船只联系起来，通过迁移、重组关于鱼类和船舶的知识经验，想象并创造性地建构了"潜水艇"这一思维活动的结果。如果说批判性思维旨在对已有知识经验的"破"，创造性想象则重在对新知识、新思想和新方法等的"立"。

6.6.4　创新能力与其他能力的关系

除了创新能力以外，《国标》在外语类专业学生的培养规格中还提及跨文化能力、思辨能力、研究能力和自主学习能力等八项能力。厘清创新能力与这些能力的区别及联系，对于准确认识创新能力、建构创新能力培养路径具有重要的意义。在《国标》所提出的各项能力中，思辨能力、研究能力与创新能力的关系最为密切。

6.6.4.1 创新能力与思辨能力

思辨能力的核心要素是具备勤学好问、谨慎判断等思辨品质，并且"能对证据、概念、方法、标准、背景等要素进行阐述、分析、评价、推理与解释"（孙有中 2019a）。创新能力要求学生基于已有知识经验提出新的问题、创造新的思想观念或方法等。创造的过程不是散漫、随意的，而是以高质量的分析、评价、推理、解释等思辨活动为前提。从这个意义上说，思辨能力是创新能力的基础，而创新能力是思辨能力的高阶目标。两者的关系也体现在Anderson & Krathwohl（2001）的认知能力层级模型中。Anderson & Krathwohl（2001）指出，认知能力包括识记（Remember）、理解（Understand）、应用（Apply）、分析（Analyze）、评价（Evaluate）和创造（Create）共六个层级。

从识记到评价的五个层级是思辨能力的核心要素体现，而创造是最高级的认知能力类型。没有准确的识记、深入的理解、透彻的分析和客观的评价，显然不可能有真正意义上的创新；而没有创新和创造，识记、理解、应用、分析和评价就止步于思维操练和智力游戏。没有思辨的创新是空中楼阁，而没有创新的思辨是画龙未点睛。正如孙有中（2011）指出："思辨能力集中体现在认知能力阶梯的应用、分析和评价等高层级"，而创造能力是"建立在思辨能力之上的最高级别的认知能力"。

6.6.4.2 创新能力与研究能力

创新能力和研究能力的关系也十分密切。创新往往是在研究中实现的，学术研究则以创新为灵魂，但创新能力并不等同于研究能力。研究能力指的是发现研究问题、基于相关文献和数据、运用专业理论和方法展开分析并寻求结论的能力（孙有中 2019a）。简而言之，研究就是发现问题、回答或解决问题的过程。在这个过程中，良好的创新能力可以帮助我们发现更有理论意义或应用价值的问题，设计更加合理的研究方法，从而更好地回答或解决问题，但研究过程中所需要的不仅仅是创新能力。除创新能力外，研究者还必须掌握专业的理论和方法，并具备多项其他能力，如检索、利用前人文献的能力等。王守仁（2020）将研究能力分解为问题意识、分析推理、专业思维和研究方法等维度，也表明了研究能力与创新能力在内涵上的差异。

创新能力和研究能力的一个共同之处是：创新和研究的过程中都需要运用已有的知识。文秋芳（2002）认为："创新型英语人才……必须具有复合型的知识结构。"陈新仁、许钧（2003）通过调查也指出，创新型外语人才本质上"由创新知识、创新能力、创新个性、创新品质构成"。知识基础对于创新和研究的重要性不言而喻，但我们需要注意到，第一，知识本身并不是创新能力或研究能力的构成要素，在积累知识的每一个阶段都可以培养创新能力和研究能力；第二，知识在创新和研究中所扮演的角色是不同的。创新要求我们批判、改造已有的知识经验，产出新的有价值的知识、思想、方法等，研究的高阶形式固然是实现创新，但也同样可以是梳理、解读、验证前人的知识经验。由此也可窥见创新能力和研究能力的区别所在。

6.6.5　外语类专业学生创新能力培养原则

创新能力不是与生俱来的天赋，而是可以通过教学和训练来培养、提高的一种能力。创新能力是建立在思辨能力基础之上的一种高层次认知能力，因此创新能力培养与思辨能力培养存在一些共同的规律。针对思辨能力培养，孙有中（2019b）提出了八项原则，即 TERRIFIC 原则。基于这一理念，我们提出创新能力培养的两项基本原则：显性教学原则和协同发展原则。

6.6.5.1　显性教学原则

孙有中（2019b）的"对标原则"指出，应该"将思辨能力培养纳入教学目标"，"在英语教学中旗帜鲜明地培养思辨能力"。该原则同样适用于创新能力培养。将创新能力培养作为人才培养和课程教学中的显性目标，有助于引导教师和学生持续地关注该能力，并自觉地反思人才培养中关于该能力的教学目标是否已经达成。

在不提及"思辨能力"的情况下，教师仍然可以训练学生的评价、分析、应用等各项思辨能力。换言之，隐性学习（implicit learning）、附带学习（incidental learning）对于思辨能力培养在理论上仍然是可能的。而创新能力则必须通过显性教学原则来实施。创新能力中的创新品格，尤其是创新意识的培养，需要反复不断的提醒，创新意志和信心的树立也需要教师的肯定和鼓励。只有设置显性的创新能力培养目标，才能使教师和学生主动、有意识地致力于创新品格的塑造。《国标》也明确指出，课程设置要"突出能力培养和专业知识构建，特别要突出思辨能力、创新能力和跨文化能力培养"。按照这个显性教学的原则，创新能力培养必须"旗帜鲜明"地写进人才培养方案和课程设置中，贯穿每一节课的教学实践中。

6.6.5.2　协同发展原则

孙有中（2019b）在讨论思辨能力培养时指出，语言能力和思辨能力的培养可以并且应当融合起来。基于这一原则，我们提出创新能力培养的"协同发展原则"。《国标》指出了外语类专业学生应具备的语言运用能力、跨文化能力、思辨能力等九项能力。创新能力与其他八项能力的培养不是分裂孤立的，应该是相辅相成、协同发展的。如前所述，思辨能力是创新能力的基础，创新能力是思辨能力的高层次实践。创新是基于识记、理解、应用、评价和分析的创新，思辨是通向创新的识记、理解、应用、评价和分析。思辨能力与创新能力同为认知能力的基本要素，其发展过程也必然是协调统一的。缺乏思辨能力，不可能培养出良好的创新能力；而培养良好的创新能力，也必然发展了思辨能力。

创新能力与研究能力的培养也是难以分割的。研究以实现创新为目标，研究能力的培养也自然以创新能力为导向，而创新不是偶然随机发生的，必定是运用高质量的思辨、基于科学严谨的研究实现的。因此，培养研究能力的同时不可能不培养创新能力，而培养创新能力也一定是基于研究实现的。

跨文化能力与创新能力同样可以协同培养。外语类专业的跨文化教学实践赋予学生更加开阔的视野，学生在跨越语言、文化障碍的同时自然地接触了不同的视角，在中国文学与外国文学、中国语言与外国语言、中国社会文化与外国社会文化之间搭建起桥梁。母语中的语言、文学和文化上的知识、思想、观点和方法等可以自然地迁移到外语语言文化中，外语学习中的概念、理论、方法等也可以反哺母语语言文化的认知和思考。这种跨文化的知识迁移和交往实践不仅是培养跨文化能力的沃土，也是启发学生培养创新能力、实现创新的理想阵地。

6.6.6　外语类专业学生创新能力培养的实施路径

显性教学原则要求我们将创新能力作为人才培养和课程教学的显性教学目标，协同发展原则要求专业培养方案将创新能力与《国标》中其余八项能力相融合。在这两项原则的指导下，我们可以通过以下路径来培养外语类专业学生的创新能力。

6.6.6.1 建构适应创新能力培养的课程体系

传统的外语类专业课程设置偏重听、说、读、写、译技能训练，学科性和知识结构的系统性相对较弱。因此，《国标》列出了外国文学、外国语言学、翻译学、外语教育、国别与区域研究、比较文学与跨文化研究、专门用途外语等培养方向，提倡在专业方向内将语言能力和其他各项能力的培养融合起来。每一个知识领域的创新都是基于对整个知识领域的深度了解和批判做出的，只有学习了相对系统的学科知识和专业理论，才能为创新能力培养提供坚实的基础，使创新能力培养成为有根之木、有源之水。

根据《国标》所列出的课程体系，外语类专业课程包括通识教育课程、专业核心课程、培养方向课程、实践教学环节和毕业论文五个部分。与思辨能力一样，创新能力的培养应该贯穿课程体系的每一个部分。除培养方向课程以外，专业核心课程也应该是"内容和语言相融合"的课程体系，将语言能力的提升与知识内容的学习结合起来，并使思辨能力、创新能力、跨文化能力等多种能力贯穿始终。

如果说课程教学旨在塑造学生创新品格、提升学生批判性思维和创造性想象能力，那么实践教学就是学生实践、运用创新能力的一个重要环节，而毕业论文是培养、考核学生创新能力的最后一道关卡，集中体现了本科阶段所培养的创新能力。基于学科方向设置一套适应创新能力培养的课程体系是提升外语类专业学生创新能力的重要保障。

6.6.6.2 更新教学理念和方法，采用启发式教学

培养学生的创新能力要求教师在教学目标、课堂组织和师生关系建构等方面更新理念、改进方法。

就教学目标而言，创新能力培养是要使学生养成主动创新的意识和意愿、具备创新的意识和信心、发展思辨能力和创造性想象的能力。与思辨能力一样，创新能力不是一种可以传授的固定知识，无法直接告知、灌输给学生，因此要求教师改变传统的讲授型教学方法，转而通过师生对话（dialogic teaching）（孙有中 2019b）、集体讨论、项目探究等方式来组织课堂。例如教师可以反复采用启发式提问来帮助学生养成创新意识，通过正面评价来激励学生主动创新的意愿和信心，通过集体辩论、相互质疑等方式训练学生的批判性思维，通过启发、引导和提供支架等方式帮助学生展开创

造性想象，从而最终形成创新品格，培养创新思维。

就师生关系而言，在以创新能力培养为目标的教学活动中，教师不再是不可挑战的知识占有者和权威，而是带领学生质疑、反思、批判已有知识或观点，从而建构、创造新知识的引路人。

6.6.6.3　建立健全创新能力评价机制

听、说、读、写、译等语言技能可以通过准确、流利和熟练程度来进行考核，学科专业知识掌握程度也可以通过理解、记忆等相对客观的方式来评价，但是创新能力评价与二者差异显著，以创新能力培养为目标的课程教学必须建立配套的创新能力评价体系。这一评价体系的建构应当注意两个问题。第一，创新能力各个要素的发展并非同步、均衡的，创新能力评价应当与其构成要素相适应。例如，具有一定创新意识的学生可能在创新思维等方面还比较薄弱，如果因为学生的思辨能力有待提高而抹杀其主动创新的意识和意愿，对于创新能力培养是十分不利的。因此创新能力评价体系需要均衡地关照到创新能力的各个要素。

第二，创新能力评价要考虑到创新度的问题。创新不是是非有无的二元对立，创新意识的形成和创新品格的培养以及创新思维的提升是润物无声、循序渐进的，并非只有改变一个学科的哥白尼式范式转换才是创新，对已有思想理论的批判、方法和工具的修正、结论观点的证伪都是一定意义上的创新。从"学习创新"（文秋芳 2002）的角度来看，尝试重新发明轮子，尽管没有产出实质的创新成果，但对于创新能力训练本身仍然具有显著的意义，尤其是对处于创新能力培养初级阶段的外语类专业本科生来说。正如提出发现教学法的美国认知心理学家 Bruner 所指出，并非探索人类未知领域才称为发现，从个体的角度来看，用特定的方法亲自获取知识的过程都是发现（布鲁纳 1982）。承认不同程度的创新，从而建立合理的创新能力评价体系，对于保障创新能力培养、激发学生的创造性具有非常重要的推动作用。

所有教学改革成败的关键都在于教师。要培养学生的创新能力，教师必须首先具有良好的创新品格和突出的创新思维。这就要求外语类专业教师不能仅仅做一个语言技能培训师，还必须致力于科学研究，不断提升自身的研究能力和创新能力。

6.7 信息技术能力

6.7.1 信息技术能力的内涵

信息技术即信息通信技术（information and communication technology, ICT），泛指使用各种通信设备开展常规工作的技术。随着时代的发展，信息技术从单一的技术类别衍生出"信息"和"技术"两个层面，它们既独立又相互依存。信息技术能力包括信息能力（information literacy）和技术能力（technological literacy），其中信息能力是核心能力，技术能力是手段。"信息能力"概念首次出现在1974年，指在图书馆里存储、接触和找到物理信息资源的能力（Zurkowski, 1974）。关于"技术能力"，多数人认为是一种技术应用的技能。

由于数字化时代的能力要求明显区别于传统的通信技术，欧盟于2013年和2015年先后推出两版欧洲公民的数字素养（digital literacy）框架 DigComp 1.0 和 DigComp 2.1 版，其中2.1版本中将"在线"（online）和"使用信息通信技术"（the use of ICT）等词替换为"数字环境"（digital environment）（郭一弓 2017）。"数字素养"（digital competence）是欧盟提出的八大核心素养之一，欧盟将其广义地定义为"在工作、就业、学习、休闲以及社会参与中，自信、批判和创新性使用信息技术的能力"（Ferrari, 2013）。素养的英文表述由"literacy"变为"competence"，虽然汉语翻译不变，但后者相较前者更侧重于表达综合性能力与胜任力的含义（任友群等 2014）。

当下，数字技术迅速发展，媒体素养、信息素养和数字素养等概念正在呈现日渐融合的发展趋势。单一的信息素养或媒介素养都不足以体现个人使用媒体和信息的能力（程萌萌等 2015）。信息技术能力属于数字素养中的一种能力，在解读信息技术能力时应宏观考虑当前的经济社会发展，拓宽信息技术的应用范围，帮助学生顺利融入数字时代。

综上，信息技术能力指通过现代技术获取和处理信息，有效使用信息的能力，涵盖媒体素养、信息素养和数字素养等。信息技术能力包含"信息能力"和"技术能力"。其中"信息能力"体现在遵循社会伦理规范下，获取、理解、评价、生成新的知识与意义的能力。"技术能力"包含操作科技工具的能力，以及使用最新科技工具来处理信息，进行交际的能力。现代技术的特点是网络化和数字化，因此技术能力主要表现为数字技术能力，也称为信息与交往能力、数字能力、网络能力、新读写能力等。

6.7.2 信息技术能力的培养

6.7.2.1 信息技术能力标准

2005年北京高校图书馆学会提出《北京地区高校信息素质能力指标体系》，2008年中国科学技术信息研究所研制出《高校学生信息素质综合指标评价体系》，但是这两个标准的实证研究广度不够，未促成全国标准的制定。

从国际范围看，有些国家对信息技术能力的标准研究起步较早，为本国推进信息化战略、提高国民信息化素质提供了工具包和方法指导。国内有一部分文献对这些标准进行了比较详细的研究（参见王本刚、马海群2017；杨鹤林2013；程萌萌等2015；郑彩华2019）。

澳大利亚和新西兰信息素养机构（Australian and New Zealand Institute for Information Literacy, ANIIL）和澳大利亚大学图书馆理事会于2004年共同发布《澳大利亚和新西兰信息素养框架：原则、标准与实践》（以下简称《澳新框架》）。美国TESOL协会在2008年颁布了《TESOL信息标准框架》（以下简称《TESOL标准》），它是专门针对语言学习者和教师制定的信息技术能力要求。2011年，英国的国立及高校图书馆协会（The Society of Colleges, National and University Libraries, SCONUL）颁布了《高等教育信息素养七要素》，也称《七支柱模型》。《澳新框架》和《七支柱模型》都是参照《美国高等教育中的信息素养能力标准》（ACRL, 2001）制定的，都强调信息素养在终身学习中的基础性作用（王本刚、马海群2017）。2017年，欧盟颁布了《欧盟公民数字能力框架2.1（DigComp 2.1）》（以下简称《欧盟框架2.1》）（European Commission, 2017），从五个维度界定了数字时代的信息素质。上述标准对比情况见表6.3。

表6.3 信息技术能力框架一级维度比较

澳新框架	七支柱模型	TESOL 标准	欧盟框架2.1
能够识别信息需求，确定所需信息的特点和内容。	识别：能识别个人信息需求。	目标1：具备多语言环境中基本的技术知识和能力，标准如下： 使用多种技术工具开展如浏览网站等基本操作； 使用输入和输出设备（如键盘、鼠标、打印机、耳机、麦克风，电子白板等）； 3. 使用在线资源和开展互动时应保持警惕； 4. 通用的基本技术能力。	信息域：浏览、查找、检索数字化信息，判断并管理其相关性的能力。
能够高效地找到信息。	判断：能评估现有的知识，意识到差距。	目标2：在社会文化规则许可的范围内合法合规地使用技术，标准如下： 1. 在不同文化、社区和语境中遵循不同的交流习惯； 2. 使用私人和公共信息时保持尊重。	交流域：在数字环境中沟通，通过数字技术共享资源，与他人交流、协作，礼貌地参与社区和网络互动的能力。
能够批判性地评价信息和信息搜索过程。	计划：谋划策略，确保找到信息和数据。	目标3：能够有效使用并批判性评估技术工具，帮助其语言学习能力发展，成为其正式学习或延伸学习的一部分。标准如下： 1. 有效使用并批判性评估基于技术的制作工具、语言能力培养工具、交流合作工具和研究工具； 2. 认识到技术在支持自主学习、终身学习、创造力、元认知、合作、个人追求和提升生产力方面的价值。	数字内容创建域：创建和编辑文字、图像和视频内容，整合和编写数字内容，合理运用知识产权和许可的能力。
能够管理所收集或生成的信息。	收集：能够找到和获取所需信息和数据。		安全域：保护个人信息、数据、数字身份、健康、福祉和环境的能力。

（续表）

澳新框架	七支柱模型	TESOL 标准	欧盟框架2.1
能够管理所收集或生成的信息。	收集：能够找到和获取所需信息和数据。		安全域：保护个人信息、数据、数字身份、健康、福祉和环境的能力。
能够应用新旧信息建构新概念或生成新的理解。	评价：能对研究过程进行评价，能对信息和数据进行评价。		问题解决域：了解所需数字资源，根据目标和需求选择恰当的资源，创造性地运用数字工具解决概念和技术问题，识别数字能力缺口。
能够理解所使用的信息，并认可信息使用所产生的文化、伦理、经济、法律和社会问题。	管理：能以专业化和符合道德的方式组织信息。		
	展示：能够应用获得的知识，展示研究成果，综合新旧信息和数据构建新知识，并以各种方式传播新知识。		

《七支柱模型》关注"媒体"和"数据"，体现为在出版时"以各种方式传播新知识"和"综合数据创建新知识"的能力。《TESOL 标准》注重多语言环境中的语用原则、信息安全、跨文化意识和基于技术的语言能力的持续培养。《欧盟框架2.1》的研制背景是互联网和大数据时代，它强调信息安全、数字能力和网络行为规范。综上，每个标准文件都聚焦了各自的用户群体，并结合所处的时代背景，体现出一定的前瞻性。

因此，对信息技术能力的评价要结合当前经济和科技发展的大环境，考查其对终身学习能力的支撑作用。从广义来看，信息技术能力应以技术为本，不仅培养学生运用技术确定、查找、评价、组织和有效地发布、使用、交流信息以及解决问题的能力，而且要提升学生的信息伦理意识，加强信息安全教育，规范网络交际行为。

6.7.2.2 外语类专业学生的信息技术核心能力

建构主义理论认为知识的获取是一个过程，学生是信息加工的主体，是知识的构建者。借助计算机和互联网，学生通过网络实践活动构建自身知识和能力，并通过自主学习获得了一整套信息技术能力。1981年，Holec提出自主学习（autonomous learning）的概念。在教育信息化环境下，自主学习表现为学生依靠网络、论坛、课件等开展主动学习，灵活运用主动性、社会性、情境性和协作性策略获取知识和技能。

在信息技术能力的多个概念表述中，共同部分都是培养人获取、理解、评价、交流和使用信息的能力（参见表6.3）。《七支柱模型》和《TESOL标准》的制定对象均为高等教育群体，这与《国标》一致。其中《七支柱模型》提出的"收集""管理"和"表达"能力分别包含了"信息检索""信息创建和管理"以及"出版和传播"，它延伸了《TESOL标准》中蕴含的学术素养。本文借鉴这两个能力框架，结合数字时代学生自主学习策略，提出如下外语类专业学生七项核心信息技术能力（见表6.4）。

表6.4 外语类专业学生信息技术的七个核心能力

序号	核心能力
1	具备多语言环境中通用的技术能力，操作基础的数字设备（电脑、平板、手机等移动终端、键盘、鼠标、打印机、耳机、麦克风、媒体播放器、电子白板等）。
2	具备多语言环境中基本的信息能力，能够识别、查找、获取、检索、批判性地评价信息和数据。
3	能够在多语言环境中，在法律法规和社会道德许可的范围内使用技术，礼貌得体地参与社区和网络互动。
4	能够在不同文化、社区和语境中遵循不同的交流习惯，尊重文化差异性，以合理合规的语言创建并管理信息和数据。
5	能够在多语言环境中，谨慎地发布、编辑、共享私人或公共信息和数据，运用专业知识识别敏感信息和数据。

（续表）

序号	核心能力
6	能够在多语言环境中，综合新旧信息和数据创造新知识，并运用所获得的知识，发表研究成果，并以多种合适的方式进行传播。
7	能够在多语言环境中，认识到技术的价值并主动使用相关技术如基于技术的制作工具、语言能力培养工具、交流合作工具和研究工具助力语言能力发展，开展自主学习、终身学习、合作交流和个人追求等实践活动。

6.7.3 如何培养外语类专业学生信息技术能力

培养外语类专业学生的信息技术能力要立足学生在外语学习过程中以及在今后终身学习中所需要的信息技术能力，以培养学生的核心素养为目标，增强学生的信息社会责任感和信息安全意识，注重在教学实践中培养学生的七项核心信息技术能力（见表6.4）。具体可从信息技术资源和环境建设、信息技术课程开发以及促进信息技术与课程整合等方面来开展。

首先，建设信息技术资源和环境。学校应该整合校内和校外多方资源，有效运用新技术手段，建设多类型、多功能的通用型和学科型智慧教室，重新构建教与学的物理和虚拟空间，建设以学习者为中心的智能教育环境，提供新型教育教学基础平台和学习资源库平台，支持翻转式、混合式、协作式、探究式等多种教学模式、学习资源查询和应用、过程性数据管理等，实现各类教学模块互联互通。

以大数据、云计算、人工智能为代表的新兴技术加速了教育领域的变革。在大数据支持下，学生得以实现数据驱动的个性化学习；"云计算"技术助力学生开展随时随地的云端学习；"人工智能技术"支撑的虚拟增强现实教学、语音自动评测、学习内容和路径的个性化定制等则进一步推动学生自主学习。

其次，应与时俱进地开设信息技术类通识和特色课程。学校层面的信息技术通识类课程应该紧随新技术发展的步伐，除了数据管理技术，网络技术应用、多媒体技术应用等常规课程之外，还应该开设大数据、云计算、人工智能入门等课程，全面提升学生的智能学习素养和能力。

外语院系应在学校开设的通用信息技术技能课程基础上，建设具有外语类专业特色的信息技术课程。开设诸如语言智能学习、语料库多级加工、音视频编辑、课件制作、协同翻译、协同科研、网络安全、学术检索、网络行为规范等课程,加强基于外语学科的信息素质能力培养,适应数字化时代对复合型人才的需求。

第三,促进信息技术与外语课程教与学深度融合。信息技术与外语课程融合,不仅是将信息技术作为辅助外语教与学的工具,而且要利用信息技术营造一种新型的外语教学环境。该环境应能支持实现外语教学情境创设、启发思考、信息获取、资源共享、多重交互、自主探究、协作学习等多方面要求的教学方式与学习方式——即实现一种既能发挥教师主导作用又能充分体现学生主体地位的以"自主、探究、合作"为特征的教与学方式(何克抗2005)。

在教学方式上,可以实际生活中的问题为导向,运用情景任务驱动教学。将教学内容融入需要解决的实际问题中,设置激励机制,激发学生利用信息技术解决问题的意识和创造力。例如,让学生编排学术论文,用绘图软件设计封面或图形,或用多媒体编辑软件处理音视频文件等,最后,通过小组评比等激励措施提升学生的学习兴趣和技术能力。

最后,广泛开展课外实践活动。教师或学生社团可利用课余时间组织信息技术实践活动,例如,让学生制作活动海报或活动网站,在实践活动中培养信息技术能力。

6.8 自主学习能力

在《国标》提出的九种能力中,自主学习能力尤为重要。一方面,在信息时代,面对难以穷尽的知识与信息源,学生需要自主去判断和选择。另一方面,随着知识更新速度加快,学生时代获取的知识根本无法应对未来社会对新知识的要求,学生只有具备了自主学习能力,才能在完成正规的学校教育之后继续自主高效地学习,不断拓展和更新自己的知识,适应复杂多变的高科技社会的需求。自主学习能力的重要性还体现在它对其他能力发展的促进作用方面。下文将分别探讨外语类专业学生自主学习能力的界定及其培养途径。

6.8.1 自主学习概念的发展

自主学习常常被认为起源并发展于西方。但事实上,自主学习思想在我国由来已久,我国古代的教育家和思想家虽然没有明确提出自主学习这一概念,但他们提出的教学思想和理念都体现了自主学习的基本观点。例如，孔子提出的"启发式"教学思想以及"因材施教"的教学理念、孟子"学贵自得"的思想以及王夫之提出的"自得主动"的教育思想等等。但 Holec（1981）是正式将自主学习这一概念引入语言教学领域的学者。Holec（1981）最先提出了"学习者自主（learner Autonomy）"，并将其定义为"对自己的学习负责的能力"，这种能力包括确定学习目标和学习内容、选择学习方法、自我监控和自我评价学习结果等。

早期的自主学习主要是指在自主学习中心（self-access learning center）的自我指导性学习，针对那些没有时间或机会参加学校课堂学习的成年人（Allwright, 1988）。因此人们对自主学习的理解几乎等同于独立学习，即通过给学习者提供自主学习环境，无论是现实的（例如语言中心的一部分）或虚拟的（例如使用电信技术或虚拟学习环境），训练及培养他们的学习自主性。这就是早期自主学习概念产生的背景。自主语言学习者对自己的学习负责，没有老师的指导或不参与其他正式的课程（Dickinson, 1987）。这一阶段的自主学习概念大多与"独立学习""个性化"和"个人主义"等概念密切关联。自主性被定义为个体学习者的能力，是学习者的个体属性。但这一阶段的自主学习定义逐渐显露出其局限性（Little, 1991; Benson, 2001），而且自主学习中心的设备因不能完全被利用而面临很多问题（Mozzon-McPherson & Vismans, 2001）。正如 Benson（2001）指出的那样，虽然自主学习中心的学习得到越来越多的推广，但自我指导性学习和自主性发展之间没有必然的联系，在某些条件下，自我指导学习方式甚至可能抑制学习者自主性的发展。

到了 20 世纪 90 年代，在继续以自主学习中心的语言学习为研究焦点的同时，语言自主学习开始越来越多地被应用于课堂，掀起了自主学习研究的新一波热潮，同时也推进了相关理论尤其是自主学习概念的深入发展。例如，Little（1991）在 Holec（1981）定义的基础上，把心理因素置于自主学习的核心地位，他认为"语言学习中的自主性取决于培养和锻炼一种超越、批判性的思考、决策以及独立行动的能力"。Holec 的定义只解释了自主学习者能怎样学习，而 Little 的定义进一步解释了他们为什么能够这样做。90 年代中晚期，对自主学习概念的讨论得到了进一步拓展。学者们开始意识到，自主是一个"有程度区别"（levels of autonomy）（Littlewood, 1996）的概念，不是一个"完全自主或完全不自主"（all-or-nothing）（Nunan, 1997）的概念。后来 Littlewood（1999）又进一步把自主学习分为前摄性自主（proactive autonomy）和后摄性自主（reactive autonomy）。前者意味着学习者自己确定学习方向并进行自主学习，后者指学习者在由教师确立学习方向的前提下从事相应的自主学习活动。

强调自主学习的社会性特征是自主学习概念进一步深化的另一体现。自主学习不仅仅依赖于个体，而且更依赖于群体，学习者只有通过与他人合作才能更好地获得自主学习能力（Dam, 1995）。Little（1994）也明确指出，"学习者自主是相互依存的产物，而不是独立的产物"。他还强调，"批判性地充分参与社会互动的能力"是自主学习的核心（Little, 1996）。随着研究的深入，人们逐渐认识到自主学习不代表独立学习，相互依赖与合作是培养自主学习能力的重要因素。

近年来，随着互联网和移动通信技术的快速发展，自主学习能力的内涵又有所拓展，被赋予了一个新的维度，即网络或信息素养能力，具体包含网络信息的获取能力、网络信息的辨识能力和分析能力、网络信息的批判性解读能力、网络信息的产出能力、网络学习能力、网络交际和合作能力、自我管理能力等。

综上所述，自主学习的内涵随着时代的发展而不断变化、不断拓展。从强调自主学习的外部环境到注重学习者的内在心理，从强调个体的独立学习到注重与他人的合作学习，从关注课堂环境下的自主学习能力拓展到网络环境下的信息素养能力。

6.8.2　外语类专业学生自主学习能力的界定

从上文自主学习概念的发展可以看出，自主学习能力至今没有统一的定义，因为研究者的定义不仅会受到时代发展的影响，还会因其研究目的、环境以及研究对象的不同而各有侧重。有学者曾于 2004 年和 2014 年对我国非英语专业大学生的英语自主学习能力进行了界定（徐锦芬等 2004；徐锦芬 2014），两次定义就因研究环境不同而有所差异。我们认为，在对外语类专业学生的自主学习能力进行界定时，既要吸纳已有定义的共识成分，又要充分考虑其特定的社会文化和教育背景。基于这样的指导思想，本文提出了外语类专业学生自主学习能力涵盖的四个方面内容：自我规划能力、自我情绪管理能力、自我探索有效学习策略能力、多元互动学习能力。其中自我规划和学习策略是以往自主学习研究者都强调的核心内容（即共识），自我情绪管理能力和多元互动学习能力是新时代赋予自主学习能力的新特点。需要说明的是，这四个方面的能力并非彼此孤立，而是相互关联的。

6.8.2.1 自我规划能力

自我规划能力主要体现在学习目标、学习计划和学习内容三个方面。首先要明确学习目标,学习目标是学生学习的努力方向,正确的学习目标能催人奋进,从而产生为实现这一目标而奋斗的力量。学习目标又可分为大目标和小目标,学生要具备如何将大目标转化为一个个可执行的小目标的能力。否则目标过大,根本无法实现,会让学生失去自信,对学习产生消极影响。凡事预则立,不预则废。因此明确目标之后,要制定相应的学习计划,即长远计划(对应大目标)和阶段性计划(对应小目标)。按计划来学习就能做到合理安排时间,恰当分配精力,最终实现自己的目标。由于学习过程的动态性和复杂性特点,学生在实施计划过程中应能根据实际情况随时调整学习计划(徐锦芬 2014)。

学习内容也是自我规划很重要的组成部分。信息化时代,网络向我们提供了海量的外语学习资源,学生有太多机会去学习外语。所以当今的问题已经不再是如何寻找学习资源,而是如何明智地进行选择。另外,学生还需要科学规划学习内容,处理好学校规定的课程内容与自主选择的内容,线上内容与线下内容之间的关系。一方面,学习不能仅局限于老师课堂讲授的知识,学生要充分发挥主观能动性,选择有利于自己目标实现或自己感兴趣的内容,向广博和纵深方向发展;另一方面,如何做到线上内容与线下内容有机衔接互为补充也是学生需要具备的重要能力。

6.8.2.2 自我情绪管理能力

情绪是影响外语学习至关重要的因素,但长期以来外语教育研究倾向于关注学习的认知层面,很大程度上忽略了情绪层面(Pekrun & Linnenbrink-Garcia, 2014)。情绪是人对外界客观事物是否符合自己的需要而产生的态度体验及外在表现形式,它具有两面性,既有积极的一面,也有消极的一面。早期有关情绪的研究主要注重焦虑等消极情绪,而愉悦、兴趣、满足等积极情绪未受到重视。近年来,随着积极心理学(positive psychology)在二语习得领域的蓬勃发展,外语学习中的情绪研究出现了"积极转向"。学者们普遍认同,积极情绪有助于提高学习者关注新事物的能力,促使其吸收更多的语言输入信息,有利于扩展思维、开阔视野、激发行动,使外语学习过程更轻松更有效(MacIntyre & Gregersen, 2012)。

外语学习是一个长期的、充满不确定因素的过程,也是一个充满困难与挑战的过程，在这一过程中，学习者会产生各种情绪，包括积极情绪和消极情绪。情绪管理是一种对自我情绪的认知、监控和驱动的能力，具有自我情绪管理能力的学生能够正确管理自己的不良情绪。具体来讲，学习者在学习过程中能主动克服不利于外语学习的情感因素（如自卑、压抑、害羞等），面对压力时能依然保持或产生幸福感和兴趣感的能力或快速释放压力的能力，以及在遇到挫折或失败时能及时调整和自我激励的能力。例如，当产生消极情绪时，具备自我情绪管理能力的学生会尽可能利用积极情绪的力量来降低消极情绪带来的负面影响，避免对外语学习造成干扰。自我情绪管理能力会增强学习者的愉悦感，而愉悦不仅能为外语学习者营造舒心的学习空间，而且能促使学习者更加专注于学习，从而更好地吸收和内化所学知识，达到事半功倍的效果。

6.8.2.3　自我探索有效学习策略能力

学习策略是学习者将第二语言或外语的规则进行内化的主要手段，外语学习策略的目的之一就是促进学生的自主性（Wenden, 1991）。因此，一方面，学习策略本身就是自主学习概念的重要组成部分；另一方面，学习策略的使用通常被认为是学生自主学习能力强弱的重要标志，掌握并有效使用学习策略是自主学习能力形成的关键。但学习策略使用的有效性会受到学习者个体差异的影响，适合某一类型学习者的策略也许并不适用于另一类学习者。因此学习者需要通过不断探索寻找适合自己的学习策略。

自我探索有效学习策略的能力具体包括自主选择学习策略、自我监控和评估策略使用、自我调节学习策略等几个方面的能力。自主选择学习策略必须基于两个前提，首先要了解具体有哪些学习策略，例如，记忆策略就有联想、利用图像和声音、有计划的复习等，交际策略涵盖主动与他人合作学习、把自己感兴趣的话题拿到班上或寝室与同学一起讨论并发表自己对话题的看法等等；其次要了解成功外语学习者或高水平外语学习者通常使用的策略。基于这些了解，学生就可以根据自身情况从中选择适合自己的学习策略。但由于学习过程的复杂性和动态性，学习策略的使用效果会受到很多因素的影响，这就需要学生加强对自己策略使用的动态监控和评估。通过自我评估策略使用情况，保留有效学习策略，针对那些不适合自己或者没有产生预期效果的学习策略，则需要及时换用其他可能更适合的策略。

学习策略的使用实际上是一个不断自我探索自我实践的过程。这一探索与实践的过程需要学生能及时分析任务完成、策略实施及效果评价的情况，不仅能总结出是哪些策略的使用促进了自己的学习，还能总结出是什么促使自己采取了恰当有效的策略，从而多方面地不断进行自我调节，直至寻找到一套相对稳定的适合自己的有效学习策略。而且学习策略能力强的学生在面对复杂任务或复杂学习情境时能自主融合不同策略，以实现学习效果的最大化。这种策略使用的灵活性和语境化正是自主外语学习者必须具备的核心能力和素质。

6.8.2.4 多元互动学习能力

在外语环境下，互动为学习者提供了重要的语言使用渠道，增加了学习者尝试使用语言和修正语言的机会。互动不仅对外语能力的发展起促进作用，而且对发展自主学习能力也至关重要（Little, 1996; Raya & Lamb, 2008）。随着网络技术的不断发展，外语学习者的互动渠道逐渐多样化，他们的学习生态环境也发生了改变（陈坚林 2006），出现了师生（教师与学生）、生生（学生与学生）以及人机（学生与计算机或网络）多元互动共存的新生态，这三种互动方式相互关联、相互作用，而非彼此孤立。身处这样的多元互动生态环境下，学习者必须具备多元互动学习能力。

教育生态理论特别关注学习语境及学习过程，而且高度强调人的主观能动性，认为个体能主动感知并利用环境中的给养，从而促进语言学习（Chapelle, 2009）。将这一理论应用于多元互动学习能力，就是指学生能积极主动地参与师生互动、生生互动及人机互动，并通过各种话语行为（如重复、主动发起话轮等）和互动资源（教师、同伴、网络资源等）体现其能动性，实现师生、生生以及人机互动之间优势互补，即学生能从多元互动情境中最大程度地获取各种给养以发展外语能力。多元互动学习能力实际上是一种自主创造外语使用和外语学习机会的能力，尤其是在信息化时代背景下，网络学习已成为外语学习的重要组成部分，能否充分发挥网络互动对外语学习的促进作用取决于学生是否具备了自主通过论坛、博客、维基、社交网站、网上学习管理系统等各类信息技术平台开展互动的能力。而学习者的交际合作能力和网络素养能力又是网络互动能力的关键要素。

6.8.3 自主学习能力的培养

学生的自主学习能力不是天生的，也并非自动形成的，而需要系统培养。我国学生从小学到高中接受的教学基本上都是以应试为导向，导致学生过度依赖教师进行学习，缺少自主学习的意识和习惯。因此，学生进入大学以后，对他们自主学习能力的培养是一个从学习观念的改变、自主学习习惯的训练到自主学习习惯养成的过程（徐锦芬等 2010）。另外，根据我国学生的特点，自主学习能力的发展也应该是从后摄性自主逐渐过渡到前摄性自主的过程。具体来讲，外语类专业学生自主学习能力的培养可以遵循"意识（awareness）→行动（action）→能力（ability）"的培养路径。

6.8.3.1 培养自主学习的意识

要把培养学生的自主学习意识作为课程设置改革的目标之一。一方面，不管是通识教育课程、专业核心课程，还是培养方向课程，甚至在实践教学环节，都应该把自主学习能力作为核心培养目标之一，并且在课程教学目标中明确列出。当自主学习能力的培养被融入每一门课程、每一堂课时，伴随着课程学习的进展学生就会逐渐形成并不断强化自主学习意识。另一方面，学校也可以通过开设专门的"自主学习策略"课程来培养学生自主学习意识，提高他们的自主学习能力。这门课程可以作为短期强化课程安排在学生刚进大学的前几个星期，采用"展示、示范、训练、评估、拓展"的模式系统介绍自主学习能力的内涵及相应的自主学习策略（徐锦芬、占小海 2004）。课程的内容安排一定要以了解学生自主学习意识现状为前提，以便有针对性地加强对学生意识薄弱方面的训练，提高教学效率。例如，针对学生没有真正了解自主学习内涵这一现状（庄玉莹 2013），我们可以向学生详细介绍自主学习能力涵盖自我规划能力、自我情绪管理能力、自我探索有效学习策略能力、多元互动学习能力等。不管采取哪种课程设置方式，自主学习意识的培养应该是全方位多视角的。

6.8.3.2 创造行动实践的机会

学生有了自主学习意识，教师就应该及时提供机会让学生自己行动起来，去探索去实践。动机是诱发、推动和维持个人学习活动的内在力量和决定性因素（Zimmerman, 2000），因此帮助学生发现和培养内在动机至关重要。教师可以从学生的喜好入手，通过观察了解学生的喜好并有意识地将其纳入课堂活动。例如，如果学生对一款新的网络游戏特别感兴趣，老师可以鼓励学生对游戏和游戏开发者进行研究，然后编写一个维基百科词条。这样具有真实性和相关性的任务有利于激发学生的内在动机。在学习动机驱动下，学生不仅会利用好老师给他们创造的自主学习机会，还会自我创造机会去实践各种学习策略，通过"实践—反思—再实践—再反思"逐渐找到并形成适合自己的学习策略（徐锦芬 2014）。自主学习能力还意味着学生能够适应不同的学习环境（Reinders & White, 2011），适应环境的能力也是在学生的行动和实践过程中形成的。例如，自主学习中心和在线或网络学习环境与课堂学习环境有很大的不同，课堂面对面的师生互动和生生互动也有别于网络互动或人机互动。学生只有积极主动地投入各种环境下的学习或互动，才能培养出根据语境灵活转换学习或互动方式的能力，即多元互动学习能力。

自我情绪管理能力的培养同样离不开学生的亲自体验与实践。教师可以给学生布置具有挑战性的任务，在学生感受压力的情绪体验下引导他们如何避免焦虑，变压力为动力，以产生更好的学习效果；还可以设置一些真实的困难情景让学生亲自去体验去经历，从而培养学生应对困难的勇气、力量等积极品质，最终形成良好的心理或行为模式，产生积极的效果。教师还可以鼓励学生养成撰写学习日志的习惯，重点总结和反思成功使用的学习策略情况，由此提高学生的自我效能感和满意度，增强学习动机。总之，自主学习能力的形成需要学生在老师引导下的不懈努力。

6.8.3.3 提供能力展示的平台

自主学习能力的形成并非一蹴而就，它具有渐进性、长期性和动态性等特点。因此，除了强化学生的自主学习意识和鼓励他们的自主学习行为之外，还需要保持他们的自主学习动力。而给学生提供能力展示的平台就有利于增强学生自主学习的信心和动机，同时给大家提供相互学习的机会，取长补短。能力展示可以体现在两个层面。第一，自主完成任务的成果展示。需要说明的是，根据 Gardner & Hatch（1989）的"多元智能"（Multiple Intelligences）理论，每个学生拥有不同的智力，各有所长。因此老师在给学生布置任务时，要给他们选择不同类型任务的权力，对学习成果的评价也要体现个性化差异，以便每个学生都能最大程度地发挥自己的潜力。例如，当之前严重依赖老师的学生能够独立完成或者与同伴合作完成任务时，老师要及时加以肯定和鼓励，并以小组或全班的形式让学生分享成功完成任务的经验，使学生从分享中体验成功带来的喜悦和成就感，从而产生持久的自主学习动力。第二，自主学习能力动态发展的展示。围绕上文讨论的自主学习能力四个维度观察跟踪学生如何在老师引导下从后摄性自主逐渐发展成前摄性自主。教师要善于发现学生的阶段性进步或成功，及时创造机会让学生显性地展示他们能力发展的过程。这些能力展示活动不仅为学生创造了真实的交际语境，还为他们提供了用目标语交流的机会。更重要的是，这些成功的经验都来自学生的同伴，身边的榜样更易于他们学习。

在信息化社会，自主学习能力已成为大学生适应现代信息技术迅猛发展的关键能力。本小节基于自主学习概念的发展，针对我国外语类专业教学实际，提出外语类专业学生的自主学习能力应该包括自我规划能力、自我情绪管理能力、自我探索有效学习策略能力以及多元互动学习能力，并从"意识→行动→能力"三个层次讨论了其培养路径。最后需要指出的是，自主学习能力并不是孤立发展的，实际上它与其他能力如外语运用能力、思辨能力、创新能力、信息技术应用能力和实践能力等相互关联协同发展。另外，教师在培养学生自主学习能力中起着不可替代的作用——由原来的"教"变为"引"。在"引"的过程中如何把握好"度"，这对教师素质提出了新的更高的要求。教师自身的自主性以及教师对学生、自主学习环境、自主学习资源等的了解都会影响教师作用的发挥。

6.9　实践能力

6.9.1　实践能力的定义

实践能力是保证个体运用已有知识、技能去解决实际问题所必须具备的那些生理和心理特征，是一个复杂而统一的身心能量系统（刘磊、傅维利 2005）。实践能力由四个基本要素构成：实践动机、一般实践能力因素、专项实践能力因素和情境实践能力因素（刘磊、傅维利 2005）。

訾学军、程可拉、曹志希（2011）将外语专业学生的实践能力定义为具备良好的使用外语沟通信息能力、进行语言学 / 外国文学 / 外国文化等专业探究能力和在职场中使用外语排除工作困难的能力，即使用外语解决实际问题的能力。

实践能力具有三个基本特征，即：实践能力是个体在实践过程中形成和发展起来的；实践能力可以终生保持持续发展的态势；实践能力虽然与认识能力有一定的关系，但智商高并不等于实践能力就强。

6.9.2 《国标》对实践能力的要求

《国标》规定外语专业通过专业实习、创新创业实践、社会实践、国际交流、毕业论文等多种实践教学形式，培养学生的实践能力。外语专业应开展专业实习，培养学生运用专业知识和技能解决实际问题的能力；开展创新创业实践活动，培养学生解决问题的能力和创新创业能力，包括学科竞赛、学习兴趣小组、学术社团、创新创业项目等；开展社会实践，帮助学生了解民情和国情，增强社会责任感，如社会调查、志愿服务、公益活动、勤工助学、支教等；开展国际交流活动，拓展学生的国际视野，提升跨文化能力，如暑期国际夏令营、短期留学、国内外联合培养等；指导学生撰写毕业论文，培养和检验学生综合运用所学理论知识研究并解决问题的能力和创新能力，如翻译作品、实践报告、调研报告和案例分析等。

6.9.3 外语专业实践能力培养的实现途径

外语专业的实践能力培养要确立培养目标、制订培养计划、明确培养形式、确认培养方法、完善培养环境。

就培养目标而言，以培养学生解决问题的实践能力为目标，所有教学活动均应与学生实践相关联，将实践能力培养贯穿在外语技能课程、专业知识课程、专业核心课程、培养方向课程、实践教学环节等全过程。

就培养计划而言，应制订严格的实践教学培养方案，加强实践课程体系建设，从课程内容、课程形态、课程案例、课程流程等方面进行系统化和科学化设计。

就培养形式而言，可采取实训、实践和实习三种形式互补，由专业教师和行业专家共同指导完成。

专业实训在外语实验室或实训室进行，如模拟仿真教学环境中操练实务流程。专业实践在第二课堂活动（如外语技能大赛、创业创新大赛等）和涉外活动（如国际体育赛事、进出口博览会等）等课外环境中完成。专业实习在已签约或定点的校外实习基地集中实施或自主完成。

实践能力培养要充分依托校内专业实训中心和校外实训实习基地。校内专业实训中心以高校为主导方，企业为参与方，采取搭建平台，将企业师资和项目引入课堂的模式。校外实训实习基地以企业为依托，以项目为抓手，采用将课堂搬进企业的模式，让学生直接参与企业真实业务和项目操作与管理，积累一手经验，提高动手能力和才干。

实践实训教学类课程要坚持设计实用型的教学任务，按照难度等级进行分层教学，采用产教融合模式，运用多元化评价方式，创建有利于协同创新的实践实训教学环境。

《指南》明确了实践教学分为六种形式：专业实践课程、专业实习、创新创业实践、社会实践、国际交流、毕业论文。专业实践课程包括语音实练、口笔译实训、课外听说实践、课外读写实践等。专业实习可采取专业见习、专业实习、科学实践等。创新创业实践可采取学科竞赛、兴趣小组、创新项目、学术社团等。社会实践可采取社会调查、志愿服务、勤工俭学、支教活动等。国际交流可采取海外学习和参加涉外活动等。毕业论文可以是基于文献的学术研究实践，也可以是形式多样的实践导向的毕业设计。

就培养方法而言，以实践为导向、向学生提供各种良构问题示范和引导学生探究解决各种劣构问题，建议并鼓励学生运用不同的学习方法进行自主学习和调查研究。毕业论文（设计）可与专业实践结合起来，使学生在学业导师和企业导师的双重指导下，在第二课堂实践活动和涉外实践活动的基础上，进行选题、设计、调研、完稿。通过毕业论文实践环节，有意识地培养用人单位需要的职业和岗位能力。

就培养环境而言，指直接参与教育活动的学校、学院和课堂，文化、教师、教学资源和学生等教育要素相互影响，共同发生作用。实践能力培养目标促使外国语学院形成外语实践教育的价值取向，进而形成相应的文化环境。外语专业教育资源应为学生各种实践活动提供支持。学生不仅仅是教育的对象，更是主动参与教育活动的主体。学生根据目标决策行动、和教师一起评价结果、调整和改善自己的实践行为模式（晋学军、程可拉、曹志希 2011）。

参考文献

[1] ACRL. Information Literacy Competency Standards for Higher Education [OL]. Retrieved from https://alair.ala.org/bitstream/handle/11213/7668/ACRL%20Information%20Literacy%20Competency%20Standards%20for%20Higher%20Education.pdf?sequence=1&isAllowed=y. 2001.

[2] Allwright, R. L. Autonomy and individualization in whole class instruction [A]. In A. Brookes & P. Grundy (eds.). *Individualization and Autonomy in Language Learning* [C]. ELT Documents 131. London: Modern English Publications and the British Council, 1988: 35-44.

[3] Anderson, L. & Krathwohl, D. *A Taxonomy for Learning, Teaching and Assessing: A Revision of Bloom's Taxonomy of Educational Objectives* [C]. New York: Longman, 2001.

[4] ANIIL. Australian and New Zealand Information Literacy Framework: Principles, Standards and Practice [OL]. Retrieved from https://alair.ala.org/bitstream/handle/11213/7668/ACRL%20Information%20Literacy%20Competency%20Standards%20for%20Higher%20Education.pdf?sequence=1&isAllowed=y. 2004.

[5] Bachman, L. *Fundamental Considerations in Language Testing* [M]. Oxford: Oxford University Press, 1990.

[6] Bachman, L. & Palmer, A. *Language Testing in Practice*. Oxford: Oxford University Press, 1996.

[7] Benson, P. *Teaching and Researching Autonomy in Language Learning* [M]. Harlow, Essex: Longman, 2001.

[8] Branch, William T. Jr. & Paranjape, Anuradha. Feedback and reflection: Teaching methods for clinical settings [J]. *Academic Medicine*, 2002, 77 (12): 1187.

[9] Brown, H. *Principles of Language Learning and Teaching* (6th edition) [M]. New York: Pearson Education, 2014.

[10] Calloway-Thomas, Carolyn. Beyond the crooked timber of humanity: Empathy in the global world [A]. 孙有中主编. 跨文化研究新视野 [C]. 北京：外语教学与研究出版社, 2015.

[11] Carroll, R. *Becoming a Critical Thinker: A Guide for the New Millennium* (2nd edition) [M]. Boston: Pearson Learning Solutions, 2004.

[12] Chang, J. & Y. Xia. A study of the effects of the Content-Based Instruction for English Majors in the Chinese context [J]. *Chinese Journal of Applied*

Linguistics, 2011, 34 (3): 25-36.

[13] Chapelle, C. A. The relationship between second language acquisition theory and computer-assisted language learning [J]. *The Modern Language Journal* 2009 (Focus Issue): 741-753.

[14] Costa, Arthur L. & Kallick, Bena. *Learning and Leading with Habits of Mind* [M]. Association for Supervision & Curriculum Development, 2009.

[15] Corder, S. P. *Introducing Applied Linguistics* [M]. Harmondsworth: Penguin, 1973.

[16] Council of Europe. *Common European Framework of Reference for Languages: Learning, Teaching, Assessment*. Cambridge: Cambridge University Press, 2001.

[17] Dalton-Puffer, C. Content-and-language integrated learning: From practice to principles? [J]. *Annual Review of Applied Linguistics*, 2011 (31): 182-204.

[18] Dam, L. *Learner Autonomy 3: From Theory to Classroom Practice* [M]. Dublin: Authentik, 1995.

[19] Davies, A. & Elder, C. *The Handbook of Applied Linguistics* [M]. Oxford: Blackwell Publishing Ltd, 2004.

[20] Dickinson, L. *Self-instruction in Language Learning* [M]. Cambridge: Cambridge University Press, 1987.

[21] Ellis, R. *Task-based Language Learning and Teaching* [M]. Oxford: Oxford University Press, 2003.

[22] Ellis, R. *Becoming and Being an Applied Linguist* [M]. Amsterdam/ Philadelphia: John Benjamins Publishing Company, 2016.

[23] European Commission. E-Skills for the 21st Century: Fostering Competitiveness Growth and Jobs [OL]. Retrieved from http://www.scholzesimmel.at/itstar/ws4/richier.pdf. 2007.

[24] European Commission, DigComp 2.1: The Digital Competence Framework for Citizens with Eight Proficiency Levels and Examples of Use [OL]. Retrieved from https://publications.jrc.ec.europa.eu/repository/bitstream/JRC106281/webdigcomp2.1pdf_(online).pdf. 2017.

[25] Facione, P. Critical Thinking: A Statement of Expert Consensus for

Purposes of Educational Assessment and Instruction. Research Findings and Recommendations [OL]. https://files.eric. ed.gov/fulltext/ED315423.pdf. 1990. (accessed 02/06/2019).

[26] Ferrari, A. DigComp: A Framework for Developing and Understanding Digital Competence in Europe [OL]. Retrieved from http://publications.jrc.ec.europa. eu/repository/bitstream/JRC83167/lb-na-26035-enn.pdf. 2013.

[27] Gardner, H. & Hatch, T. Educational implications of the theory of multiple intelligences [J]. *Educational Researcher*, 1989, 18 (8): 4-10.

[28] Guk, I. & Kellogg, D. The ZPD and whole class teaching [J]. *Language Teaching Research*, 2007, 11 (3): 281-299.

[29] Hall, C. J., Smith, P. & Wicaksono, R. *Mapping Applied Linguistics: A Guide for Students and Practitioners* [M]. London and New York: Routledge, 2011.

[30] Hashemi, M. & A. Ghanizadeh. Critical discourse analysis and critical thinking: An experimental study in an EFL context [J]. *System*, 2012, 40: 37-47.

[31] Holec, H. *Autonomy and Foreign Language Learning* [M]. Oxford: Pergamon Press, 1981.

[32] Howes, L. Critical thinking in criminology: Critical reflections on learning and teaching [J]. *Teaching in Higher Education*, 2017, 22: 891-907.

[33] Hymes, D. H. On communicative competence [A]. In Pride, J. B. & Holmes, J. (Eds.), *Social Linguistics* [C]. Great Britain: Penguin Education, 1976.

[34] Kim, Young Yun. Intercultural personhood: Globalization and a way of being [J]. *International Journal of Intercultural Relations*, 2008, 32 (4): 359-368.

[35] Kolb, D. *Experiential Learning: Experience as the Source of Learning and Development* [M]. Englewood Cliffs: Prentice Hall, 1984.

[36] Koshi, A. Holistic grammar through Socratic questioning [J]. *Foreign Language Annals*, 1996, 29: 403-414.

[37] Li, D., & Zhang, L. Exploring teacher scaffolding in a CLIL-framed EFL intensive reading class: A classroom discourse analysis approach. *Language Teaching Research*.DOI: 10.1177/1362168820903340, 2020.

[38] Li, W. *The Routledge Applied Linguistics Reader* [M]. London and New York:

Routledge, Taylor & Francis Group, 2011.

[39] Little, D. *Learner Autonomy: Definitions, Issues and Problems* [M]. Dublin: Authentik, 1991.

[40] Little, D. Learner autonomy: A theoretical construct and its practical application [J]. *Die Neueren Sprachen*, 1994, 93 (5): 430-442.

[41] Little, D. Freedom to learn and compulsion to interact: Promoting learner autonomy through the use of information systems and information technologies [A]. In Pemberton et al. (eds.), *Taking Control: Autonomy in Language Learning* [C]. Hong Kong: Hong Kong University Press, 1996: 203-218.

[42] Littlewood, W. Autonomy: An anatomy and a framework [J]. *System*, 1996, 24 (4): 427-435.

[43] Littlewood, W. Defining and developing autonomy in East Asian contexts [J]. *Applied Linguists*, 1999, 20 (1): 71-94.

[44] Lorenzo, F., & Rodríguez, L. Onset and expansion of L2 cognitive academic language proficiency in bilingual settings: CALP in CLIL [J]. *System*, 2014, 47: 64-72.

[45] MacIntyre, P. & Gregersen, T. Emotions that facilitate language learning: The positive-broadening power of the imagination [J]. *Studies in Second Language Learning and Teaching*, 2012, 2 (2): 193-213.

[46] Maslow, A. *Motivation and Personality* (2nd edition) [M]. New York: Harper & Row, 1970.

[47] Mercer, N. *Words and Minds* [M]. London: Routledge, 2000.

[48] Mercer, N. & K. Littleton. *Dialogue and the Development of Children's Thinking* [M]. New York: Routledge, 2007.

[49] Monash University. The reflective learning process [A]. Retrieved March 5, 2016 from: http://www.monash.edu.au/lls/llonline/writing/medicine/reflective/3.xml.

[50] Morton, T. & Llinares, A. Content and Language Integrated Learning (CLIL): Type of programme and pedagogical model? [A]. In Llinares, A. & Morton, T. (eds.), *Applied Linguistics Perspectives on CLIL* [C]. Amsterdam, Philadelphia: John Benjamins, 2017.

[51] Mozzon-McPherson, M. & R. Vismans (eds.). *Beyond Language Teaching, Towards Language Advising.* London: The Center for Information on Language Teaching and Research (CILT), 2001.

[52] Nunan, D. *Designing Tasks for the Communicative Classroom* [M]. Cambridge: Cambridge University Press, 1989.

[53] Nunan, D. Designing and adapting materials to encourage learner autonomy [A]. In P. Benson & P. Voller (eds.), *Autonomy and Independence in Language Learning* [C]. London: Longman, 1997: 192-203.

[54] Nuthall, G. Social constructivist teaching and the shaping of students' knowledge and thinking [A]. In J. Brophy (ed.), *Social Constructivist Teaching: Affordances and Constraints* [C]. Amsterdam, Boston: Emerald Group Publishing Limited, 2002.

[55] Olsen, R. & S. Kagan. About cooperative learning [A]. In C. Kessler (ed.). *Cooperative Language Learning: A Teacher's Resource Book* [C]. New York: Prentice Hall, 1992: 1-30.

[56] Paul, R. & L. Elder. *Critical Thinking Competency Standards* [M]. Beijing: Foreign Language Teaching and Research Press, 2016.

[57] Paul, R., Binker, A., Martin, D. & Adamson, K. *Critical Thinking Handbook: High School* [M]. Santa Rosa, CA.: The Center for Critical Thinking and Moral Critique, 1989.

[58] Pekrun, R. & L. Linnenbrink-Garcia (eds.). *International Handbook of Emotions in Education* [M]. New York: Routledge, 2014.

[59] Raya, M. J. & Lamb, T. *Pedagogy for Autonomy in Language Education* [M]. Dublin: Authentic, 2008.

[60] Reinders, H. & White, C. Special issue commentary: Learner autonomy and new learning environments [J]. *Language Learning & Technology*, 2011 (3).

[61] Richards, J. & T. Rodgers. *Approaches and Methods in Language Teaching* [M]. Cambridge: Cambridge University Press, 2014.

[62] Ritchhart, R., M. Church & K. Morrison. *Making Thinking Visible: How to Promote Engagement, Understanding, and Independence for All Learners* [M].

San Francisco, CA.: Jossey-Bass, A Wiley Imprint, 2011.

[63] Ruiz de Zarobe, Y. The effects of implementing CLIL in education [A]. In M. Juan-Garau & J. Salazar-Noguera (eds.), *Content-based Language Learning in Multilingual Educational Environments* [C]. Heidelberg: Spinger, 2015: 51-68.

[64] SCONUL. Seven Pillars of Information Literacy: Core Model for Higher Education [OL]. Retrieved from https://www.sconul.ac.uk/sites/default/files/documents/coremodel.pdf. 2011.

[65] Skehan, P. *A Cognitive Approach to Language Learning* [M]. Cambridge: Cambridge University Press, 1998.

[66] Spronken-Smith, Rachel. Experiencing the process of knowledge creation: The nature and use of inquiry-based learning in higher education [A]. Retrieved March 6, 2016 from: https://akoaotearoa.ac.nz/sites/default/files/u14/IBL%20-%20Report%20-%20Appendix%20A%20-%20Review.pdf. 2016.

[67] Wenden, A. L. *Learner Strategies for Learner Autonomy* [M]. London: Prentice Hall, UK, 1991.

[68] Yang, Y. T. C. A catalyst for teaching critical thinking in a large university class in Taiwan: Asynchronous online discussions with the facilitation of teaching assistants [J]. *Educational Technology Research and Development*, 2008, 56: 241-264.

[69] Zimmerman, B. J. Self-efficacy: An essential motive to learn [J]. *Contemporary Educational Psychology*, 2000, 25: 82-91.

[70] Zurkowski, P. The information service environment relationships and priorities. Paper presented at the National Commission on Libraries and Information Science [R].Washington, DC. 1974.

[71] A statement by Michael Scriven & Richard Paul, presented at the 8th Annual International Conference on Critical Thinking and Education Reform, Summer 1987. Retrieved March 5, 2016 from: http://www.critical thinking.org/pages/defining-critical-thinking/766. 关于思辨能力的定义另请参阅：孙有中. 突出思辨能力培养，将英语专业教学改革引向深入 [J]. 中国外语，2011（3）：49-58.

[72] The Boyer Commission on Educating Undergraduates in the Research

Universities. Reinventing Undergraduate Education: A Blueprint for America's Research Universities. State University of New York: Stony Brook, 1998.

[73] 布鲁纳. 教育过程 [M]. 北京：文化教育出版社，1982.

[74] 常俊跃. 英语专业内容依托课程体系改革的影响及其启示 [J]. 解放军外语学院学报，2014（5）：23-31.

[75] 常俊跃. 对我国高校英语专业课程学科内容组织模式多元化的思考 [J]. 中国外语，2015，12（2）：8-14.

[76] 陈坚林. 大学英语教学新模式下计算机网络与外语课程的有机整合——对计算机"辅助"外语教学概念的生态学考察 [J]. 外语电化教学，2006（6）：3-10.

[77] 陈新仁、许钧. 创新型外语人才的理念与内涵——调查与分析 [J]. 外语界，2003（4）：2-6+26.

[78] 程萌萌、夏文菁、王嘉舟，等. 全球媒体和信息素养评估框架（UNESCO）解读及其启示 [J]. 远程教育杂志，2015（1）：21-29.

[79] 戴曼纯. 外语能力的界定及其应用 [J]. 外语教学与研究，2002（6）：412-413.

[80] 高宁、张梦. 对"课程思政"建设若干理论问题的"课程论"分析 [J]. 中国大学教学，2018（10）：59-63.

[81] 龚亚夫、罗少茜. 任务型语言教学 [M]. 北京：人民教育出版社，2003.

[82] 郭一弓. 欧盟数字素养框架 DigComp 2.1：分析与启示 [J]. 数字教育，2017（5）：10-14.

[83] 何克抗. 信息技术与课程深层次整合的理论与方法 [J]. 电化教育研究，2005（1）：7-15.

[84] 何晔、盛群力. 理解的六种维度观：知识理解的新视角 [J]. 全球教育展望，2006，35（7）：27-31+15.

[85] 晋学军、程可拉、曹志希. 外语专业学生实践能力的教育要素及其配置 [J]. 外语教学，2011（6）：57-60.

[86] 刘建达、韩宝成. 面向运用的中国英语能力等级量表建设的理论基础 [J]. 现代外语，2018，41（3）：78-90.

[87] 刘磊、傅维利. 实践能力：含义、结构及培养对策 [J]. 教育科学，2005（2）：1-5.

[88] 卢德馨. 研究型教学 20 年——理念、实践、物理 [M]. 北京：清华大学出版社，

2008.

[89] 梅德明. 普通高中课程标准（2017版）教师指导（英语）[M]. 上海：上海教育出版社，2019.

[90] 钱三强. 解放思想，发扬创新精神 [J]. 自然辩证法通讯，1979（4）：15-19.

[91] 钱学森. 为什么我们的学校总是培养不出杰出人才？——与身边工作人员的最后一次系统谈话 [J]. 理论参考，2010（5）：43-45.

[92] 任友群、随晓筱、刘新阳. 欧盟数字素养框架研究 [J]. 现代远程教育研究，2014（5）：3-12.

[93] 孙有中. 突出思辨能力培养，将英语专业教学改革引向深入 [J]. 中国外语，2011（3）：49-58.

[94] 孙有中. 人义英语教育论 [J]. 外语教学与研究，2017（6）：859-870.

[95] 孙有中. 落实《国标》要求，大力提高外国语言文学类专业人才培养能力 [J]. 中国外语，2019a（5）：36-42.

[96] 孙有中. 思辨英语教学原则 [J]. 外语教学与研究，2019b（6）：825-837+959.

[97] 孙有中、李莉文. CBI 和 ESP 与中国高校英语专业和大学英语教学改革的方向 [J]. 外语研究，2011（5）：1-4.

[98] 王本刚、马海群. 国外信息素养标准研究 [J]. 现代情报，2017（10）：8-15.

[99] 王守仁. 高校教师发展的促进方式与途径 [J]. 外语教学理论与实践，2017（2）：1-4.

[100] 王守仁. 关于高校外语教师发展的若干思考 [J]. 外语界，2018（4）：13-17.

[101] 王守仁. 高校外语专业学生研究能力的培养 [J]. 中国外语，2020（3）：1+10-13.

[102] 王守仁、陈新仁. 加强英语专业学生研究能力的培养 [J]. 外语界，2008（3）：2-7.

[103] 文秋芳. 英语专业创新人才培养体系的研究与实践 [J]. 国外外语教学，2002（4）：12-17.

[104] 吴晶、常俊跃. 内容依托听力课对学生听力影响的定性研究 [J]. 外语教育，2011（1）：63-71.

[105] 徐锦芬. 大学生英语自主学习能力发展规律及影响因素研究 [M]. 北京：外语教学与研究出版社，2014.

[106] 徐锦芬、彭仁忠、吴卫平. 非英语专业大学生自主性英语学习能力调查和分析

[J]. 外语教学与研究，2004（1）：64-68.

[107] 徐锦芬、唐芳、刘泽华. 培养大学新生英语自主学习能力的三维一体教学模式 [J]. 外语教学，2010（6）：60-64.

[108] 徐锦芬、占小海. 国内外"学习者自主"研究述评 [J]. 外语界，2004（4）：2-9.

[109] 杨鹤林. 英国高校信息素养标准的改进与启示——信息素养七要素新标准解读 [J]. 图书情报工作，2013（2）：143-148.

[110] 张红保. 浅议大学生创新精神与创业能力的培育 [J]. 中国高等教育，2006（24）：53.

[111] 张厚粲. 心理学 [M]. 天津：南开大学出版社，2002.

[112] 张莲、李东莹. CLIL 框架下语言、思辨和学科能力的协同发展 [J]. 外语教育研究前沿，2019（2）：16-24.

[113] 张莲、孙有中. 基于社会文化理论视角的英语专业写作课程改革实践 [J]. 外语界，2014（5）：2-10.

[114] 张文忠、冯光武. 关于英语专业设置创新能力培养课程模块之思考 [J]. 外语与外语教学，2015（3）：29-34.

[115] 赵秀艳、夏洋、常俊跃. 英语专业基础阶段内容依托教学课程体系改革的实践效果研究 [J]. 外语与外语教学，2014（1）：47-53.

[116] 郑彩华. 联合国教科文组织《数字素养全球框架》：背景、内容及启示 [J]. 外国中小学教育，2019（9）：1-9.

[117] 钟秉林. 深入开展产学研合作教育 培养具有创新精神和实践能力的高素质人才 [J]. 中国高等教育，2000（21）：17-18+9.

[118] 中华人民共和国教育部. 普通高中英语课程标准 [M]. 北京：人民教育出版社，2018.

[119] 中华人民共和国教育部，国家语言文字工作委员会. 中国英语能力等级量表 [M]. 北京：高等教育出版社，2018.

[120] 庄玉莹. 英语专业学生自主学习能力实证研究 [J]. 高教探索，2013（4）：100-103.

7. 课程体系

课程体系是人才培养的指导思想和实施方案。课程体系通常反映时代的教育理念和价值导向，既体现国家对高校人才培养的总目标和学科内涵，也关注学生个性化发展路径的搭建。对于一个专业来说，课程体系既反映其培养理念，也展现其实现培养目标的路径结构，更是保障和提高教育质量的关键。2016 年 4 月，教育部高等教学评估中心发布的《中国高等教育质量报告（2014 年度）》《全国新建本科院校教学质量监测报告（2014 年度）》均采用了"五个度"的撰写框架。这"五个度"包括：人才培养目标与培养效果达成度、办学定位和人才培养目标与社会需求的适应度、教师和教学资源对学校人才培养的保障度、教学和质量保障体系运行的有效度、学生和社会用人单位的满意度。其中，培养目标达成度是指"培养单位制定的人才培养目标实现的程度，通过高校所制定人才培养目标、专业体系、课程体系实施"（王铭 2016），可见课程体系在专业人才培养中至关重要的地位。

课程体系与英文的 curriculum 近似，根据 Richards 等（1985）对 curriculum 的定义，课程体系是一个专业为了实现培养目标将不同课程门类按照学理和认知难度顺序排列组合，是教学内容和进程的总和。此处需要特别说明的是，各院系在构建人才培养课程体系时，较多地考虑专业课程体系的构建。然而，某个专业的人才同时也是某所高校培养的人才，因此专业教育需要与学校的通识教育、社会实践及创新创业教育、第二课堂教育、国际化教育等相结合，相辅相成，方能达成学校人才培养的总体目标。

7.1 总体框架

2018 年 1 月 30 日教育部公布《国标》，涵盖了普通高校本科专业目录中全部 92 个本科专业类、587 个专业，涉及当年全国高校 56,000 多个专业点，其中包括外语类专业的 68 个专业。《国标》第 5 节规定了外语类专业本科课程体系的总体框架和课程结构。其中，总体框架描述如下：

各专业根据培养目标和培养规格设计课程体系。课程体系包括通识教育课程、专业核心课程、培养方向课程、实践教学环节和毕业论文五个部分。

课程设置应处理好通识教育与专业教育、语言技能训练与专业知识教学、必修课程与选修课程、外语专业课程与相关专业课程、课程教学与实践教学的关系，突出能力培养和专业知识构建，特别要突出思辨能力、创新能力和跨文化能力培养，并根据经济社会发展需要建立动态课程调整机制。

课程总学分一般为150－180学分，总学时为2400－2900学时。各高等学校外语类专业应根据本校的办学定位和培养目标，确定课程体系各部分之间的合理比例。

虽然只有约260字，却体现了外语类课程体系建设的三个基本原则：人才培养共性与个性的辩证统一、五大关系的平衡以及能力导向的培养体系。

7.1.1 共性与个性的辩证统一

《国标》具有共性约束的特征，同时给予个性发展的空间，是一个允许共性与个性相结合的标准。这种共性与个性辩证统一的思想在《国标》课程体系的总体框架中得到充分的体现。

在共性方面，《国标》规定了外语类专业课程体系包含的教学内容类别，即通识教育课程、专业核心课程、培养方向课程、实践教学环节和毕业论文等五个部分；规定了总学分和总学时的区间，即150－180学分和2400－2900学时；同时规定了外语类专业课程设置的基本原则，即处理好"通识教育与专业教育、语言技能训练与专业知识教学、必修课程与选修课程、外语专业课程与相关专业课程、课程教学与实践教学"等五大关系，强调"突出能力培养和专业知识建构，并根据经济社会发展需要建立动态课程调整机制"。在后面的课程结构中，《国标》又对外语类下设的10个外语专业类别（即英语、翻译、商务英语、俄语、德语、法语、日语、西班牙语、阿拉伯语、非通用语）的核心课程分别一一列举。这几个举措都限定了外语类专业核心课程的内容和结构，明确了外语类专业毕业生的共同特征。

在个性方面，《国标》提出，"各高等学校外语类专业应根据本校的办学定位和培养目标，确定课程体系各部分之间的合理比例"，旨在避免外语类专业千篇一律地办学。高校和专业的个性化特征可以在通识教育课程的设置、培养方向课程的方向选择和比例以及实践教学环节的规定中体现,同时通过建立课程选择机制,使学生在选择中搭建自己的个性化知识结构。在通识教育方面,很多高校除了国家规定的通识教育必修课以外,都根据学校的学科资源,采用学生自由选择、自设课程模块选择或学科方向选择等方式,帮助学生开阔视野,突破专业学科思维定势,成为专通结合的人才。在培养方向课程方面,各校可根据《学位授予和人才培养一级学科简介》(2013)明确的外国语言文学学科的五大研究方向,即外国语言研究、外国文学研究、翻译研究、国别与区域研究、比较文学与跨文化研究,综合考虑学校特色(例如:教师教育、专门用途英语等)和师资力量,提供3-5个专业方向课程,供学生形成个性化专业发展方向。

7.1.2 五大关系的处理

《国标》中特别强调了外语类专业课程设置中应该注意五大关系,即通识教育与专业教育、语言技能训练与专业知识教学、必修课程与选修课程、外语专业课程与相关专业课程、课程教学与实践教学等。

7.1.2.1 专业教育与通识教育的有机结合

专业教育旨在引导学生在某一专业领域学习和探究,建构系统的学科知识结构。通识教育的目的是帮助学生理解不同知识领域之间的联系,为学生提供多学科分析世界的视角。

孙有中(2014)认为,当前我国高校外语类专业突出问题之一就是专业不够"专",通识不够"通"。专业课程体系中听说读写译等技能训练课程占主体,而《学位授予和人才培养一级学科简介》(2013)明确外国语言研究、外国文学研究、翻译研究、国别与区域研究、比较文学与跨文化研究等领域具有一定研究性的专业课程所占比例较低,已有的专业方向课程又多为导论、概况等入门性课程,相关领域研究方法的训练基本缺席。

而在通识教育方面,虽然在语言学习中,教学材料会涉及对象国的历史、政治、经济、文学、文化等方方面面,正如王鲁男(2013)指出的:"语言教育天然就是通识教育的组成部分,语言的人文和心智属性就是外语与通识教育之间的接口",但是专业教学中的通识教育，因外语学习目标和外语作为授课载体的限制，教学内容往往在系统性和分析性方面显得不足。

孙有中（2014）提出，实现专业教育与通识教育的有机结合，可以一方面建设融合学科核心知识和语言基本功训练的专业课程，另一方面通过学校的通识课程平台来实现通才教育和全人教育的最终目标。

7.1.2.2 语言技能训练与专业知识教学的融合

学科是人类对自身存在理性思考和探究的结果，反映人类"经过许多个世纪发展出来的思维方式"，"代表了我们处理几乎所有问题的方法"（加德纳 2008）。在此意义上，学科教育是传承人类认知世界的成果和研究方法，并希望在此基础上产生新知。金利民（2010）指出，"虽然在一些外语教师的技能课堂上一直存在着人文主义的教育和对政治、经济、社会、文化问题的剖析，但是这种存在是个性化的、零散的。因为没有系统的学科训练，教师在外语技能课堂上展示的更多是自己对问题的分析，而没有把分析问题的方法教给学生。"

那么，在课时量有限的情况下，如何做到语言基本功专业训练和学科知识兼顾呢？欧盟国家 1994 年开始采用的（Coyle, Hood & Marsh, 2001）语言与内容融合的学习（Content and Language Integrated Learning）是一个可以探索的方向。胡文仲、孙有中（2006）也提出"技能课程知识化、知识课程技能化"的路径，即"在英语技能课程的教材选用和课文讲解中融入人文知识的拓展，而在人文知识课程的教学中又融入英语听说读写译的训练"。金利民（2010）介绍了北京外国语大学英语专业讨论型和写作型专业课程的建设理念与实践，赵永青、常俊跃、刘兆浩（2020）反思了大连外国语大学从 2006 年开始的教学改革，指出这场以内容依托教学（Content-based Instruction, CBI）名义推进的课程改革，最终发展成为内容语言融合教育理念（CLI）的全新变革。

7.1.2.3 必修课程与选修课程的平衡

公共基础课和专业课的课程体系设置中均有必修课和选修课的区分。必修课为一所学校或者一个专业的毕业生均需要完成的课程，在一定意义上确定了毕业生的共有知识体系和能力素养等共同特征。选修课为学生提供了自主发展空间，分为模块选修和自由选修，前者将课程分成多个模块，并规定学生需要选修几个模块的课程，每个模块需要选修的学分数；后者只规定应选修的学分数，学生可以自主选修课程。

我国高校各专业课程体系一般以必修课为主，占专业总学分比例在60%以上。中国政法大学教务处网站2019年10月28日公布了2017－2018学年22个专业选修课学分占专业总学分比例，其中选修课比例最高的是社会学专业，占37.8%；比例最低的是金融工程专业，占14.02%，平均为29.88%；英语、德语和翻译等三个外语类专业，选修课比例各占31.21%、28.73%、32.21%。

2007年2月17日颁布的《教育部关于进一步深化本科教学改革全面提高教学质量的若干意见》中特别强调，"要采取各种措施，通过推进学分制、降低必修课比例、加大选修课比例、减少课堂讲授时数等，增加学生自主学习的时间和空间，拓宽学生知识面，增强学生学习兴趣，完善学生的知识结构，促进学生个性发展。"但是，加大选修课比例，特别是专业选修课的比例，会受到专业特征、学生人数、课程资源等限制。外语类专业中，零起点语种专业需要大量必修学时进行语言基本功训练，加之其中大多数专业的学生和教师人数偏少，选修课的设置需要依赖学院或学校层面通过中文或英文开设的课程来解决。

设置外语类专业必修课需要考虑外国语言研究、外国文学研究、翻译研究、国别与区域研究、比较文学与跨文化研究等五大方向中，哪些为专业核心内容，应该必修。从已出版的《指南》来看，外国文学、外国语言学和翻译研究方向的概论、历史和基础理论课程被设定为语言技能课以外的专业核心课程（必修）。

7.1.2.4 外语专业课程与相关专业课程

外语类专业《国标》中四次提到"相关专业"这一概念。概述中提到"外语类专业可与其他相关专业结合，形成复合型专业或方向，以适应社会发展的需要"；培养目标中提到"具有良好的综合素质，扎实的外语基本功和专业知识与能力，掌握相关专业知识"；培养规格的知识要求中提到"了解相关专业知识以及人文社会科学与自然科学基础知识"；课程体系总体框架中提到要处理好外语专业课程与相关专业课程的关系。那么，什么是相关专业呢？

《大纲》将英语专业课程分为英语专业技能、英语专业知识和相关专业知识三种类型。其中，相关专业知识课程指"与英语专业有关联的其他专业知识课程，即有关外交、经贸、法律、管理、新闻、教育、科技、文化、军事等方面的专业知识课程"，建议安排学时占专业课总学时的 20% 左右。这一调整体现了外语专业从以文史哲为支撑学科的语文学（philology）传统扩展到以社会科学学科为支撑的国别区域研究（area studies）的发展方向。

外语类专业的相关专业课程除了包括外国语言文学学科内涵五大方向的人文社科支撑学科，还可以体现学校的育人特色，比如"外语 + 医学"等复合型人才培养方向。各高校可以根据区域社会经济发展需求和高校特色，确定相关专业课程的方向。

7.1.2.5　课程教学与实践教学相结合

国家高度重视实践育人和实践教学工作。2005 年，中宣部、中央文明办、教育部、共青团中央四部门联合印发《关于进一步加强和改进大学生社会实践的意见》，对大学生社会实践作出全面部署，对实践教学、军政训练、社会调查、生产劳动、社会服务、科技发明、勤工助学等类型的实践活动等提出了明确要求，对建立大学生社会实践的长效机制、加强领导等方面也做了相应规定。2012 年，教育部、中宣部、财政部、文化部、中国人民解放军总参谋部、中国人民解放军总政治部和共青团中央联合印发《教育部等部门关于进一步加强高校实践育人工作的若干意见》（以下简称《意见》），指出实践育人的重要性，坚持向实践学习、向人民群众学习，是大学生成长成才的必由之路，强调实践育人能够不断增强学生服务国家服务人民的社会责任感、勇于探索的创新精神、善于解决问题的实践能力，具有不可替代的重要作用。针对目前实践教学在高校发展中的"短板效应"依然突出等薄弱环节，《意见》第二、第三部分从人才培养的规律出发，着力提出了新形势下加强和改进该项工作的多项硬性措施，加强了分类指导，增加了可量化的工作标准，增强了可操作性，确保工作能落到实处。

《国标》在课程结构中专门设定了实践教学环节，包括专业实习、创新创业实践、社会实践和国际交流活动。根据《意见》的指导原则，人文社会科学类本科专业实践教学的比重不少于总学分（学时）的 15%。鉴于《国标》规定的外语类专业总学分一般为 150 - 180 学分，各专业在制定培养方案时，实践教学学分应为 22.5 - 27 学分。

7.1.3 能力导向

《国标》在课程体系构建中特别提到"突出能力培养和专业知识构建",并将能力导向的基本原则聚焦思辨能力、跨文化能力和创新能力的培养。《国标》在名词释义部分从能力和素质等方面对思辨能力和跨文化能力进行了解释。虽然没有阐释创新能力的含义,但是从"各专业应制订科学合理的创新创业实践计划,开展学科竞赛、学习兴趣小组、学术社团、创新创业项目等实践活动""毕业论文旨在培养和检验学生综合运用所学理论知识研究并解决问题的能力和创新能力"等阐述中可以看到,创新能力指创造新知的能力,其培养可以通过学术训练、实践教学等实现。

关于外语类专业思辨能力与跨文化能力的培养,孙有中(2015,2016)分别论述了思辨能力、跨文化能力与外语教育的结合,并逐渐形成跨文化思辨育人的理念。"跨文化思辨育人"包括三层含义(孙有中、王卓 2021):

> 其一,在外语教学中,通过跨文化语言交际活动、思辨语言交际活动、以及跨文化与思辨融合的语言交际活动,有效提高语言能力,融合培养以跨文化能力和思辨能力为核心的多元能力,促进立德树人。其二,在外语教学中,通过跨文化思辨活动,增强人文素养,塑造正确的世界观、人生观、价值观、文化观,拓展国际视野,厚植中国情怀,提高道德推理能力和批判性文化意识,实现培根铸魂,立德树人。其三,在外语教学中,思辨能力与跨文化能力相得益彰,相互促进。如果说思辨能力给跨文化能力增加深度,那么跨文化能力给思辨能力增加广度。语言能力则因同时具有跨文化能力和思辨能力而如虎添翼;立德树人便寓于其中。

根据以上论述,"跨文化思辨育人"理念首先强调能力培养是融合的,而不是每个能力单独培养,而且思辨能力、跨文化能力和语言能力培养相得益彰,相互促进;其次,"跨文化思辨"不仅是一种教学理念,更是一种育人理念,关注学生的成长,实现培根铸魂、立德树人。

7.2 课程结构

《国标》的课程结构包括5个方面:通识教育课程、专业核心课程、专业方向课程、实践教学环节和毕业论文。

7.2.1 通识教育课程

《国标》规定，通识教育课程分为公共基础课程和校级通识教育课程两大类。公共基础课程一般包括思想政治理论、信息技术、体育与健康、军事理论与训练、创新创业教育、第二外语等课程。校级通识教育课程一般包括提升学生知识素养、道德品质与身心素质的人文与社会科学和自然科学课程。从各校课程设置看，前者一般为全校必修课程，后者定义为模块选修课程。

7.2.1.1 公共基础课程

公共基础课程指的是高等学校各专业学生共同必修的课程，旨在从思想政治、信息素养、身心健康、外语能力、创新创业能力等方面提高学生的综合素质，培养具有家国情怀、全球视野、能够担当民族复兴大任的时代新人。公共基础课程是培养大学生综合素养的课程，在本科教育中具有重要的价值。李海芬（2008）指出，"与高校专业课程和自由选修课程相比较而言，本科公共基础课程的设计和决定权不在院系而是在学校层面，甚至是在国家层面"。

每个学校可能因学校性质、类别以及办学理念不同，在公共基础课程的设计中存在部分差异。但总体上，公共基础课程可以分为三大模块：1）社会科学公共基础课，如马克思主义基本原理；2）自然科学公共基础课，如大学计算机基础；3）实践环节公共基础课，如军事训练。公共基础课程不一定同所学专业有直接联系，但它是培养德智体美劳全面发展的人才不可缺少的课程。

2020年5月28日，教育部印发《高等学校课程思政建设指导纲要》，提出公共基础课程"要重点建设一批提高大学生思想道德修养、人文素质、科学精神、宪法法治意识、国家安全意识和认知能力的课程，注重在潜移默化中坚定学生理想信念、厚植爱国主义情怀、加强品德修养、增长知识见识、培养奋斗精神、提升学生综合素质。打造一批有特色的体育、美育类课程，帮助学生在体育锻炼中享受乐趣、增强体质、健全人格、锤炼意志，在美育教学中提升审美素养、陶冶情操、温润心灵、激发创造创新活力"。

公共基础课程最重要的组成部分应该是思想政治系列课程。2018年4月26日，教育部印发《新时代高校思想政治理论课教学工作基本要求》（以下简称《基本要求》），从基本原则、教务要求、教学要求、管理要求等四个方面明确了对思政课程的要求。

根据《基本要求》，本科思想政治理论课程总学分为16学分，包括"马克思主义基本原理"（3学分）、"毛泽东思想和中国特色社会主义理论体系概论"（5学分）、"中国近代史纲要"（3学分）、"思想道德修养与法律基础"（3学分）、"形势与政策"（2学分），按照先"纲要"课和"基础"课、后"原理"课和"概论"课，实现各门课程的有序衔接，同时要求从现有学分中划出2个学分，开展思政课程实践教学。

2020年9月28日，教育部颁布《大中小学国家安全教育指导纲要》，强调要通过多渠道多途径多形式实施国家安全教育，要求高等学校在公共基础课程中开设国家安全教育课程，内容应覆盖"12+4"共16个领域，即政治、国土、文化、科技、生态、资源、海外利益等12个领域安全，以及太空、深海、极地、生物等不断拓展的新型领域安全。

除了思想政治和国家安全教育系列课程外，公共基础课程还包括旨在培养计算思维和信息素养的大学计算机基础课程（详见教育部高等学校计算机课程教学指导委员会2016）、培养多语能力的第二外语课程（非英语专业一般为英语课程，英语专业为法语、德语、西班牙语、日语等）以及提高身体素质和健康水平的体育课程等。

7.2.1.2　校级通识教育课程

当今，经济发展全球化，文明发展多样化，我们面对的问题往往是纷繁复杂的，解决这些问题需要的是多学科视角和跨学科知识。从这个意义来看，通识教育是一种超越单一学科的跨学科教育，不仅能为学生提供解决复杂问题的广博学科基础，也能启发他们的学术兴趣，使其在掌握初步的研究方法的基础上，得到思维方式的训练、人格品质的塑造和学习能力的培养。

通识教育课程模块的设计有几个不同的思路：1）按照学科分类，比如自然科学类、社会科学类、艺术人文类等，学生通过选修不同模块的课程接触不同学科的内容，实现跨学科知识建构；2）结合学科、现实世界与能力培养的分类，比如哈佛大学2007年批准、2009年实施的通识课程体系分为8个模块，分别是：美学与诠释、文化与信仰、实证推理、伦理推理、生命系统的科学、物理宇宙的科学、世界中的不同社会、世界中的美国。2016年，哈佛大学核准新的通识教育方案，将该8个模块的通识教育课程变成4+3+1，分别是：4门通识教育必修课（general education courses）、3门分布必修课（distribution courses）和1门实证与推理课程（empirical and mathematical courses）。4 门通识教育必修课需要在"美学、文化与阐释""历史、社会与个人""社会科学与技术""伦理与公民"四个板块的每个板块中各选一门课程。这些课程超越学科领域界限，不属于院系内课程，由通识教育项目直接管理，旨在"帮助学生在一个不断变化的世界里为成为好公民和过道德生活做好准备"。3 门分布必修课要求学生在文理学院和工程与应用科学学院之间的 3 个主要学术领域中各选 1 门课程。这 3 个主要的学术领域包括：艺术与人文学、社会科学、自然科学或工程与应用科学，旨在鼓励学生探索不同学科的学习方法和内容（刘正正 2021）。

综合类院校可以利用学校拥有的多学科优势形成丰富多元的通识教育课程。外语类院校因学科相对不够丰富，特别是缺少自然科学类学科，可以考虑设计具有外语类院校特色的通识教育模块，比如历史、哲学与比较文明，文学、艺术与文化研究，社会科学与区域研究，语言、翻译与跨文化传播，科学技术与社会发展，身心健康与自身发展等等（北京外国语大学教务处 2017）。此外，由于一些外语类专业因教师人数限制导致学科方向课程资源不足，学校可以在通识教育选修课中提供主要学科方向的系列课程，并建设讨论型和写作型课程，对外语专业课程形成有益补充。

7.2.2 专业核心课程

《国标》明确指出，专业核心课程分为外语技能课程和专业知识课程。专业核心课程的课时应占专业总课时的 50% – 85%。外语技能课程包括听、说、读、写、译等方面的课程。专业知识课程包括外国语言学、翻译学、外国文学、国别与区域研究、比较文学与跨文化研究等方向的基础课程，以及论文写作与基本研究方法课程。《国标》详细列举了 10 个外语类专业的所有核心课程。

7.2.2.1 外语技能课程

外语技能课程一直以来都是外语类专业课程体系的主体，其主要目标是通过综合训练课程和单项训练课程提升学生的听力、口语、阅读、写作、口译和笔译能力，即："能理解外语口语和书面语传递的信息、观点、情感；能使用外语口语和书面语有效传递信息，表达思想、情感，再现生活经验，并能注意语言表达的得体性和准确性；能借助语言工具书和相关资源进行笔译工作，并能完成一般的口译任务；能有效使用策略提高交际效果；能运用语言知识和基本研究方法对语言现象进行分析和解释"。

与《大纲》明显不同的是,《国标》列举的外语技能核心课程中出现了"英语演讲""英语辩论""日语演讲与辩论"等带有特定交际目标和形式的语言技能课程,而不仅限于标号式听说读写译课程。这一变化显性呈现教学内容,使外语技能阶段性教学目标更加清晰明确。

北京外国语大学英语专业自 2006 年起进行课程体系的改革,其外语技能系列课程在课程名称中体现"技能课程知识化"的理念(胡文仲、孙有中 2006)。比如,精读系列课程为:精读 1,语言与文化;精读 2,文学与人生;精读 3,社会与个人;精读 4,哲学与文明。口语系列课程为:英语交际口语、人际交流、英语演讲、英语辩论。写作系列课程为:叙事文写作、说明文写作、议论文写作、学术写作(学科方向)。这些课程的设置和教学材料的选择体现了语言能力、思辨能力和跨文化能力融合发展的教育理念。

7.2.2.2 专业知识课程

从各专业的核心课程列表来看,大多数专业都开设了对象国概况、文学概论和文学史、语言学概论、翻译学理论与实践、跨文化交际以及论文写作与基本研究方法等课程。

一直以来,外语专业知识课程何时开始设置都是培养方案制定者反复讨论的问题。根据欧盟国家大学入学要求,对象国语言水平达到欧洲语言共同框架的 B2 或 C1 水平,即可用这种语言修读学科专业课程,而达到 B2 水平一般需要约 800 小时的语言学习。从已出版的《指南》中各零起点外语专业的课程设置看,一般前两年的教学都能超过 800 学时。这也意味着大多数专业从三年级开始即可开设用外语讲授的专业知识课程,并通过语言与内容融合的教学过程促进语言能力与学科知识并行发展。

Cummins(1979)提出两种语言能力的区分,一种为"基本人际交流技能"(Basic Interpersonal Communication Skills, BICS),一种是"认知学业语言水平"(Cognitive Academic Language Proficiency, CALP)。研究结果(Cummins, 1981; Collier, 1987)显示,二语习得者只需要在母语环境中学习 1 – 3 年即可具备基本人际交流的能力;而认知学业语言水平则需要通过运用这一语言进行课程学习和学术训练 5 – 7 年才能掌握。因此,大多数专业应该根据对象国语言对于中国学生的难度,考虑从三年级开始开设专业方向课程,并以"知识课程技能化"(胡文仲、孙有中 2006)为基本原则,在专业知识课程和专业方向课程的学习中进一步提高外语水平。在此方面,零起点外语专业可以参考北京外国语大学德语专业的改革理念与举措(详见贾文键 2013)。

参考文献

[1] Collier, V. Age and rate of acquisition of second language for academic purposes [J]. *TESOL Quarterly* 21, 1987: 617-641.

[2] Coyle, D., Hood, P. & Marsh, D. *Content and Language Integrated Learning* [M]. Cambridge: Cambridge University Press, 2001.

[3] Cummins, J. Cognitive/academic language proficiency, linguistic interdependence, the optimum age question and some other matters [J]. *Working Papers on Bilingualism*, 1979, 19: 121-129.

[4] Cummins, J. Age on arrival and immigrant second language learning in Canada: A reassessment [J]. *Applied Linguistics*, 1981, 2: l32-l49.

[5] Richards, J., John, P. & Weber, H. *Longman Dictionary of Applied Linguistics* [M]. Essex, England: Longman, 1985.

[6] 高等学校外语专业教学指导委员会英语组. 高等学校英语专业英语教学大纲 [Z]. 北京/上海:外语教学与研究出版社/上海外语教育出版社,2000.

[7] 国务院学位委员会第六届学科评议组. 学位授予和人才培养一级学科简介 [Z]. 北京:高等教育出版社,2013.

[8] 胡文仲、孙有中. 突出学科特点,加强人文教育——试论当前英语专业教学改革 [J]. 外语教学与研究,2006,38(5):243-247.

[9] 霍华德·加德纳. 受过学科训练的心智 [M],张开冰译。北京:学苑出版社,2008.

[10] 贾文键. 德语专业复合型、国际化人才培养模式的改革及实践 [J]. 中国大学教学,2013(7):24-27.

[11] 教育部. 教育部等部门关于进一步加强高校实践育人工作的若干意见,2012.

[12] 教育部高等学校大学计算机课程教学指导委员会. 大学计算机基础课程教学基本

要求 [M]. 北京：高等教育出版社，2016.

[13] 金利民. 注重人文内涵的英语专业课程体系改革 [J]. 外语教学与研究，2010（3）：176-183.

[14] 李海芬. 本科公共基础课课程主体的价值选择及行为取向 [J]. 高等工程教育研究，2008（3）：89-93.

[15] 刘正正. 2016 版哈佛通识教育解析及其启示 [J]. 高教发展与评估，2021（5）：67-80.

[16] 孙有中. 英语教育十大关系——英语专业教学质量国家标准的基本原则初探 [J]. 中国外语教育，2014（1）：3-10.

[17] 孙有中. 外语教育与思辨能力培养 [J]. 中国外语，2015（2）：1+23.

[18] 孙有中. 外语教育与跨文化能力培养 [J]. 中国外语，2016（3）：17-22.

[19] 孙有中、王卓. 与时俱进，开拓中国外语教育创新发展路径——孙有中教授访谈录 [J]. 山东外语教学，2021（4）：3-12.

[20] 王鲁男. 外语专业通识教育：历史，现状与展望 [J]. 外语教学与研究，2013，45（6）：922-932.

[21] 王铭. 我国高等教育质量标准"五个度"的分析，评价与操作化研究 [J]. 高教探索，2016（11）：21-26.

[22] 赵永青、常俊跃、刘兆浩. 内容语言融合教学的中国高校本土化实践 [J]. 中国外语，2020，17（5）：61-67.

8. 培养方向课程

8.1 培养方向课程设置原则

人才培养是高等学校的基本职能，人才培养方案的编制和实施是实现这一职能的关键环节，而课程体系的设计、执行、评估和优化则是这一环节的核心（Pinar et al., 1995; Eisner, 2002; Richards, 2013; Mickan, 2013; 王守仁等 2005；文秋芳 2014；董曼霞 2015 等），也一直是教育教学改革与创新的重点和难点。所谓课程体系是指教育机构为实现特定教育教学目标，在一定价值理念指导下，将课程各要素按照一定的结构、时序和关系组合起来的系统规划（Wiggins & McTighe, 2006; Richards, 2013; Mickan, 2013; Thornbury, 2019; 蔡龙权 2009）。它既是实现人才培养目标的载体，也是保障和提高教育教学质量的关键。

《国标》设计的外语类专业课程体系包括五个部分：通识教育课程、专业核心课程、培养方向课程、实践教学环节和毕业论文。五个部分构成一个完整的系统，相互作用、赋能，合力完成专业人才培养目标。其中，培养方向课程"可包括外国文学、外国语言学、翻译学、外语教育、国别与区域研究、比较文学与跨文化研究、专门用途外语以及相关培养方向等类别，可分为必修课程和选修课程"。当然，各高等学校外语类专业可根据自身办学定位、办学特色和人才培养需要自主设置培养方向课程[1]。

从上述描述可以看出，作为课程体系的主要组成部分，培养方向课程设置的意义体现在三个方面。其一，该类课程在内容领域方面全面呼应了外语类专业的学科知识基础（如外国语言、外国文学、翻译、比较文学与跨文化以及国别和区域研究等领域，相关信息参见《国标》"前言"和"培养目标"），彰显了专业的学科内涵和底蕴，从课程角度重新定义或诠释了外语类专业，体现了语言技能训练与相关专业知识系统化构建和能力发展之间协调共进的新理念。其二，该类课程在结构上丰富了语言类课程体系，通过系统的学科知识必/选修课程为高阶语言能力，特别是学术语言能力发展提供了学科语境，一定程度上突破了过去语言和学科内容分离、整体偏重语言技能

---

[1] 需要指出的是，《国标》中的"培养方向课程"在后续研制出版的《普通高等学校本科外国语言文学类专业教学指南》（试行）（外国语言文学类专业教学指导委员会，2020）中被称作"专业方向课程"。

训练的外语教学传统，突出了思辨能力、创新能力和跨文化能力培养，提升了人才质量高度和成色，为解决本专业一直存在的国际化、高层次应用型和研究型外语类专业人才培养能力不足的问题提供了课程基础（孙有中 2019a；张莲 2021）。其三，该类课程为《国标》提出的人才培养素质要求、知识要求和能力要求提供了有力支撑。应该说，相较于之前的课程大纲（如 2000 年颁布的《高等学校英语专业英语教学大纲》以及其他更早期的指导性文件），《国标》的培养方向课程设置是一次本土创新。那么，我们该如何设计具体的培养方向课程呢？在选定、设计培养方向必修、选修系列课程时应该遵循什么样的原则呢？

课程设置原则是国内外课程研究的重点议题，也积累了一定的成果（Richards & Schmidt, 2010; Richards, 2013; Mickan, 2013; Thornbury, 2019；刘毅 2000；范岭梅 2004；王守仁等 2005；何玲梅 2013；董曼霞 2015）。其中，Thornbury（2019: 74）认为，课程设置事关至少四个层面的决策：关于课程目的或目标的决策、关于内容的决策（也是形成教学大纲的基础）、关于教学方法的决策、关于课程评价的决策。换言之，课程设置应遵循多维考量、多元综合的原则。国内学者董曼霞（2015）针对《大纲》提出课程设置的生态视角和相应的课程设置四原则，即"整体性原则、可持续发展原则、开放性原则和动态平衡原则"。四原则彼此促进、共同作用，促使英语课程设置生态系统朝良性、平衡、和谐的方向发展。其他学者也从不同视角展开探讨并提出高校英语专业课程设置原则。总体来看，虽然他们的出发点和理念不同，语言表述上也多有差异，但已形成一些基本共识，如目标一致性原则、内容选择经典化原则、工具性和人文性相统一原则、结构上动态开放性原则等。综合前人研究成果和培养方向课程在《国标》中的定位和功能，本文提出以下四条原则，为培养方向课程设置提供基本遵循，同时在文末提供一份培养方向课程设置案例，以期更好地理解这些原则。

第一，在课程目标上，应遵循教育目的、教育目标、教学目标贯通一致性原则。

教育目的（educational aims）、教育目标（educational goals）和教学目标（instructional objectives）有联系，但也有严格区别（贾非 1993）。首先，教育目的意指教育方向，反映国家或执政党总体的终极教育意图和价值导向，一般写入国家宪法、教育法和执政党的纲领性文件中，体现国家教育事业的总目标和长期目标。教育目标是教育目的的具体化和情境化，反映（学科或专业）教育内容的结构、成分、时序和具体价值,一般写入专业国家标准或其他类似的指导性文件(如《国标》和《指南》)。相较之下,教学目标是教育目标与具体教学内容的结合和具体化,一般是结果导向,反映专业教学过程的结果和学生学业发展的成就,是每门课程或每节课教学内容择取和活动安排的标准,一般写入学校或学院专业培养方案或教学大纲。其次,教育目的、教育目标和教学目标又整合构成一个宏观、中观和微观层次分明、完整的课程目标。所谓"贯通一致性",是指外语类专业培养方向课程设置应确保宏观的教育目的、中观的教育目标和微观的教学目标始终保持一致,在课程的育人理念、内容、教学模式和评价方式等诸方面都能落实、落地。过往的课程设置实践观察和研究提示,外语类专业课程设置(包括培养方向课程设置)中的目标贯通一致性并没有得到充分重视,一定程度上"悬空"或"悬置"宏观教育目的,或一定程度上忽视、模糊中观教育目标(如不熟悉《国标》和《指南》关于专业"培养目标"的表述),导致教学目标设定上出现自以为是、错位甚至与宏观目的或中观目标矛盾或冲突的现象,如专业教育和思政教育的割裂。所以,当《国标》提出各外语类专业"应根据培养目标和培养规格设计课程体系"时,"设计"的过程并不是自我想象或随意选定,而是涉及上、下两个追索并确认的步骤:向上是确定外语类专业课程,特别是培养方向课程如何忠实反映宏观教育目的;向下是确定如何将宏观和中观的思想和决策忠实地传导到微观的课程群或单一课程的设计中(Bourdieu, 1991; Mickan, 2013; Kramsch, 2021),在真正意义上形成专业课程价值塑造、能力培养和知识传授三位一体的目标体系。事实上,贯通一致性原则也是外语类专业教育解决"培养什么人、怎样培养人、为谁培养人"这一根本性问题的方略和遵循。

第二,在课程结构上,应遵循新文科建设所倡导的融通、融合、融入原则。

新文科建设是新时代高等教育的关键词之一,在学界和教育界已有诸多探讨,所倡导的文科教育创新发展理念对培养方向课程设置有重要启示。所谓文科教育创新发展有两个基本点:其一是文科教育要服务国家发展战略,应对当今错综复杂的国际国内形势,增强中国在国际社会的话语表达能力;服务国家经济和社会领域的全面深化改革,解决与人们思想观念、精神价值等有关的重大理论和实践问题,构建基于中国实践、中国经验和中国数据的学科知识体系和话语体系,提升中国故事的国际传播能力,并引领学科发展。这是新文科建设的主要价值所在(樊丽明 2019;黄启兵、田晓明 2020 等)。如何将上述理念有效融入培养方向课程设置中,实现课程应有的价值引领，是培养方向课程设置的关键一步。其二是文科教育要体现文科内部的深度融通、文科和理工科之间的有效融合，培养学生的创新能力。这是新文科的学科特征。正如《国标》"前言"所言，外语类专业是高等学校人文社会科学学科的重要组成部分，学科基础包括外国语言学、外国文学、翻译学、国别与区域研究、比较文学与跨文化研究，具有跨学科特点。如何将专业自身具备的跨学科特点转化为学生的跨学科知识意识的养成、跨学科知识结构的形成和跨学科能力的发展就是培养方向课程协同专业课程体系其他部分共同完成的任务。

此外，文科教育的创新发展也意味着新技术的广泛融入，赋能课程和教学发展，促成文科专业教育自我的革故鼎新。纵观课程发展历史，技术对课程改革与创新的影响在宽视野、历时的维度上表现得十分明显：从教育资源口传时期的"口头"课程到手写或印刷时代"书面"课程，再到数字时代的远程课程、数字课程，课程设置必须考虑学习的泛在性、个性化以及课程时空的统整性。将新技术广泛、深入、有效地融入培养方向课程的设计和执行显然是培养方向课程设置的另一个主要任务。

第三，在内容选择上，应遵循系统性、经典性原则。

"系统性"是专业课程设置最常见、也是最古老的原则之一，意指课程设置受学科知识体系的影响，在课程内容的选择、结构和时序安排上有意或无意地以学科知识结构为依据做出选择，如《国标》中关于外语类专业培养方向课程类别（外国语言、外国文学、翻译、比较文学与文化等）的提出及其在后续研制颁布的《指南》中关于此类课程的具体设计。"系统性"在课程设置中具有重要意义。依据学科知识结构选择的课程内容和排序，有利于人类文化的传承与发展，有利于保持学科知识的系统性和结构性。所有学科知识体系都是人类文化和文明的积淀和传承，语言学、文学、翻译等无一例外。它们有自己独立、完整的概念、意义、价值和逻辑体系，体现了特定学科理解、诠释和认识世界的一种范式和方法，对培养学生的逻辑思维能力和系统的方法论有重要作用，有助于解决过往长期存在的本专业学科底蕴和涵养不足的问题。培养方向课程内部的五个学科序列体现了一种潜在的系统性，即按照各自学科内部逻辑设计五个系列的方向课程。纵观过往的课程标准或其他类似指导性文件，存在的问题是设计者并未明确提出系统的培养方向或专业方向课程序列，常见的做法是以零散、点缀的方式提出若干"专业知识课"，实际上弱化了专业的学科性，矮化了专业的高度。

"经典性"指具体课程内容选择的经典化，这也是专业课程设置的常见原则。经典文本包含优秀文化积累和传承下来的思想和观点以及高质量、堪称典范的语言表达,对于外语类专业培养方向课程的内容建构尤为重要。

值得注意的是,遵循系统性原则也可能带来一些弊病,如课程内容系统化可能导致过分注重学科体系的严密性而形成较为封闭的课程系统,最终导致学生学术视域窄狭,难以形成多视角看问题、解决问题的能力。经典性原则也会带来类似的问题,如过分强调课程内容的经典化可能造成课程内容的现实性、时效性、生活化不足,导致学生进入封闭的象牙塔,脱离现实和生活。有研究表明,这是学习者难以体悟学习的意义,从而失去学习动力的主要原因。所以,培养方向课程设置中需要恰当处理系统性和经典性两个原则。

第四,在教学模式上,应遵循语言能力、跨文化思辨能力、学科意识协同发展原则。

自新中国成立以来的七十多年里,外语类专业课程设置经历了不同的发展阶段(徐海铭 2005;文秋芳 2014),从早期以培养语言技能为主要目标,聚焦语言结构和交际功能的课程,到改革开放后,随着社会和经济建设改革开放的逐渐深入,单纯培养语言技能已难以满足国家和社会对外语类专业(特别是英语专业)人才的需求,课程开始由聚焦技能转变为语言技能加专业知识的复合模式。但是这样的课程设置在现实中仍然存在诸多问题,其中最为典型的是难以解决外语类专业高层次、国际化、创新人才的培养问题。个中原因复杂,牵扯面广,限于篇幅,本文不做赘述。仅就培养方向课程设置而言,在复合课程模式下,学科知识体系只是以零散、点缀的方式出没于"专业知识课"或"相关专业知识课"中,学生的高阶语言能力、复杂思维能力(如跨文化思辨能力)、解决问题的能力只能依附于语言技能课和部分零散的导论式专业知识课,思想的深刻性、复杂性和(跨)学科意识难以成长和涌现。研究表明,《国标》中培养方向课程的设置在一定程度上有助于解决上述问题(常俊跃 2015;张莲、李东莹 2019;Li & Zhang, 2020)。首先,高校外语专业教育是高等教育,不是技师或工匠教育。这是它区别于语言培训中心的基本点。高等教育除了教会学生实际操作的能力,还要培养学生理解事物发展的原理,并能在不同的环境中做出有效判断,采取相应的行动(潘懋元、王伟廉 1995)。高校教学的特殊性在于引入学科体系,专业知识学习,并在学习过程中培养学生的科学精神和创新思维。实现这一过程必须依赖知识性课程,培养方向课程群正是起到这个作用。其次,语言的学习和优化,特别是复杂语言、学术语言的发展并不会止步于语言技能课程，其有效性更好地体现在学科方向性课程的学习中（张莲、李东莹 2019；Li & Zhang, 2020）。换言之，培养方向课程设置为学生的语言四年一贯制学习、跨文化思辨能力和学科能力的协同发展提供了丰富的语言和意义资源。总体而言，课程设置的改变受到多种因素的共同作用，存在推动课程设置改变的多重动因，外语类专业培养方向课程设置也不例外，保持高度警觉、动态开放的态度十分必要。

以下是培养方向课程设置的案例。本案例来自国内某部属外语类高校 U 英语学院 SoE，表 8.1、表 8.2 分别是该学院英语专业 2016 版四个方向的培养方向必修课和选修课系列，表 8.3、表 8.4 是该课程设置的 2021 更新版。2016 版开始执行的时间是 2016 年秋季学期，至 2020 年春季学期末完成第一轮试用，同期完成一系列实证评估，并在评估结果基础上完成该课程的更新版即 2021 版，于 2021 年秋季学期开始执行。在 2016 版方案中，培养方向课程必修系列含 9 门课，选修系列因师资原因可供选择课程数量不等，但选修门数要求设定 6 门，即学生需要修满 9 门必修课和 6 门选修课的学分才达到毕业资格审查要求。在 2021 版方案中，培养方向课程必修系列减少两门，为 7 门课，选修门数要求设定增加 1 门，为 7 门，即学生需要修满 7 门必修课和 7 门选修课的学分才达到毕业资格审查要求。

表 8.1　U 大学 SoE 学院英语专业培养方向课程必修课（2016 版，全英文授课）

英语文学方向	语言学与应用语言学方向	社会与文化研究方向	国际政治与经济方向
文学概论	语言学概论	社会学与现代社会	国际关系导论
英国文学（上）	语言的意义	社会学经典导读	中国外交
英国文学（下）	语言与认知	社会科学研究方法	美国外交
美国文学（上）	语言学研究方法	文化理论与大众文化	社会科学研究方法
美国文学（下）	语言的声音	性别与社会	经济学概论
经典英语散文	语用学入门	电影与文化	美国政治
英美诗歌	词汇学入门	媒体与社会	国际政治经济学
英美短篇小说	二语习得	社会问题与公共政策	中国与世界经济
西方戏剧	语篇分析	文化社会学	国际组织与全球治理

表 8.2　U 大学 SoE 学院英语专业培养方向课程选修课（2016 版，全英文授课）

英语文学方向	语言学与应用语言学方向	社会与文化研究方向	国际政治与经济方向
文学批评导论	语言与社会	美国历史	中美关系史
华裔美国文学	英汉语比较	英国历史	当代中国政治
女性主义文学	文体学	社会学理论	当代中国经济
英美生态文学	英语史	中国思想经典导读	比较政治学
英语流散文学	汉语语言学史	新媒体研究的理论与方法	美国经济史
莎士比亚戏剧	语言与心理	全球变暖与可持续性社会	欧洲一体化
乌托邦与反乌托邦经典	语料库辅助语言研究	美国社会与文化	亚太地区的国际关系
《圣经》与文学	应用语言学重点问题研究	英国社会与文化	公共舆论
维多利亚时期小说		加拿大社会与文化	
		澳大利亚社会与文化	

表 8.3　U 大学 SoE 学院英语专业培养方向课程必修课（2021 版，全英文授课）

英语文学方向	语言学与应用语言学方向	社会与文化研究方向	国别与区域研究方向
英国文学（上）	语言的意义	社会学与现代社会	国际关系导论
英国文学（下）	语言学研究方法	社会学经典导读	国别与区域研究方法
美国文学（上）	语言与认知	定量/定性研究方法	国别与区域研究文献导读
美国文学（下）	二语习得	社会学理论	社会学理论
英美诗歌	语言的声音	性别与社会	比较政治学
英美短篇小说	语言的形态	文化研究	国际政治经济学
西方戏剧	语篇分析	社会发展与政策	英国历史

表 8.4　U 大学 SoE 学院英语专业培养方向课程选修课（2021 版，全英文授课）

英语文学方向	语言学与应用语言学方向	社会与文化研究方向	国别与区域研究方向
华裔美国文学	语言与社会	语言与社会	当代中国政治
女性主义文学	英汉语比较	经济社会学	当代中国外交
《圣经》与文学	语用学入门	电影与文化	美国外交
莎士比亚戏剧	文体学	历史社会学	中美关系
英美生态文学	英语史	艺术社会学	美国政治
经典英语散文	汉语语言学史	美国政治与传播	美国经济史
文学批评导论	语言与心理	跨国与迁移研究	经济学概论
英语流散文学	语料库辅助语言研究	文化社会学	国际组织与全球治理
乌托邦与反乌托邦经典	应用语言学重点问题研究		

从上面四个表可以看出，2016 版和 2021 版不仅是必修课和选修课门数发生了变化，在培养方向（或《指南》所提专业方向）上也发生了变化，即 2016 版中的"国际政治与经济"方向变为 2021 版的"国别与区域研究"方向，体现了培养方向课程设置与时俱进的动态、开放特征。

8.2　外国文学方向课程

我国英语专业建设及其发展已有一百多年的历史，早已积累了丰富的经验，可以提供有益的参考。在文学教学和课程设置方面，北京大学英语系的课程设置具有示范性，充分将人文素质、知识体系和能力培养融合起来，既紧跟英语专业特点及学生发展需求，又兼顾英语国家文学的世界地位和特征进行分类处理。从其课程体系看，授课重点放在英美两国文学，分别开设一个学年，前者为六学时，后者为四学时，而且都是作为专业必修课建设的。为了给学生展示更加全面的英语国家文学版图以便适应其今后的专业发展需要，该课程体系还分类设计课型，从世界文学、国别文学、文学理论与批评、文类文体知识、文学与跨学科、比较文学和文学鉴赏等方面深化英语专业的文学培养方向，进而使课程更加系统化，通过丰富多样的专业选修课程培养和提高学生的专业素养、人文素养、文学知识、思辨能力和英语驾驭能力。具体课程板块除了作为专业必修课的英国文学、美国文学外，还包括世界文学（如欧洲文学选读、欧洲现代文学选读、欧美短篇小说等）、文学通识教育（如文学形式导论、《圣经》释读、文学与社会、英语文学文体学、西方语言、文学/文化基本概念等）、不同文类的国别文学（如英国散文名篇、英国小说选读、20世纪英美诗歌、英美戏剧、英美女作家作品选读、英国现代主义小说、现代爱尔兰经典作家、加拿大短篇小说选读等）、文学理论与批评（如现当代西方文论、20世纪西方文论、文学导读与批评实践）、比较文学（如比较文学导论、文学中的中国与西方）和文学专题课程（如欧洲文学主题、莎士比亚新读与欣赏）等。

南京大学英语系在文学方向培养方面也很有特色，积累了不少经验，经过一百多年的探索已形成了"研究各国文学及其民族思想之表现，以激发独立进展之精神，并培养为中华民族宣达意志之人才"的优良传统。其文学方向课程设置主要通过板块化体现专业素养、人文素养、文学知识、思辨能力和英语表达能力的培养，具体包括涵盖世界文学的西方神话与西方文化、西方经典文学导读等课程，注重通识教育、培育思想观念和价值观的学科基础课程，如中外文学比较与文化交流、文学与人生等，侧重培养文学知识和语言运用能力的专业核心课程群，如文学导论、比较文学导论、英美散文选读、英美散文评析、英美戏剧欣赏与实践、英国文学、美国文学、英美小说研究、英语成长小说以及用于专业选修的多元发展课程板块，如当代英语散文：分析与评价、现代英美小说、英美诗歌研究、英美戏剧研究、美国自然书写与生态批评、古英语语言与文学、文学作品与电影改编、莎士比亚导读等。

再如，上海外国语大学英语学院的文学课程设置主要分专业核心课程和专业方向两类，前者只有比较文学和英语文学导论两门，且都属于普及性的，面向所有英语专业学生，而后者是供文学方向专业选修的，涵盖国别文学、文论、文类和世界文学等，具体包括文学概论、英语文学基础阅读、欧洲文学史、20世纪西方文论、英国文学选读、美国文学选读、英语短篇小说赏析、英联邦文学（英国除外）选读和莎剧欣赏等。

与上述学校不同，贵州大学英语系更加突出地方性院校的特色，将英语专业的文学课程分为三大类：1）两门必修专业课程（英国文学、美国文学）；2）若干选修课程（文学概论、英国文学作品选读、英语诗歌、英美 20 世纪文学名著赏析、美国文学作品选读）；3）两门个性化课程（女性主义文学批评、中国文学典籍阅读）。

我国外语专业教育和人才培养不仅具有鲜明的校本特色，而且还存在很大的地方性差异。如何贯彻《国标》精神的确任重而道远。然而，诸多差异的表象之下的共识在于，无论属于哪类性质、何种层次的高校，只要涉及本科外语类专业人才培养，都应该重视文学课程建设，充分发挥文学的育人功能，特别需要检视所设课程是否真正着眼于人文素质、知识体系和能力培养。只有把语言学习、文学知识、情感教育等有机结合起来才能充分体现外国文学类课程的价值性取向（Woodhouse, 1999）。

以上对于英语专业课程设置的讨论亦可为其他语种文学课程设置提供参照，例如法语专业可在法语文学核心课程外开设选读和文学史方向课程或选修课程，包括法语区文学、巴尔扎克研究、莫里哀研究等。针对外国文学各专业的课程建设和人才培养，具体建议如下：

外国文学通识课程： 该类课程应立足外国文学始源，从东西比较或中外比较视角出发，综合讲授自圣经文学、希腊罗马神话以来世界各国文学知识、重要思潮、流派、著名经典作家作品和主要文学批评史等。部分高校外语专业因师资条件所限，可以开设与之相关的通识课程，如单一语种的英语文学、法语国家文学、阿拉伯语文学、西语拉美文学等。授课语言可以是对象国语言，也可以是中文。

对象国文学方向课程： 该类课程具体包括必修课程和选修课程两个板块。必修课程包括对象国文学史、作品分析与文学批评，如英国文学、美国文学、法国文学、德国文学、俄罗斯文学、意大利文学和日本文学等。

文学方向选修课程： 鉴于文学研究有外部研究与内部研究之分，具体涉及文本、作者、读者、文学史与文学批评史等，外国文学课程可以有机融合国别文学内容，不断深化多元，供学生选修。可采取如下举措：1）延伸开设具体国别专题作家课程，如莎士比亚、歌德、尼采、卡夫卡、塞万提斯、巴尔扎克、普希金等；2）根据国别文学发展史开设与重大文学思潮、流派相关的文学断代史课程，如英国伊丽莎白时代文学、英国维多利亚时代文学、19 世纪美国文艺复兴文学、20 世纪美国文学、19 世纪法国文学、20 世纪西语拉美文学、俄罗斯后现代文学、德国浪漫主义文学、新世纪法国文学等；3）从文学批评角度设计有关重要经典作家批评史课程，如狄更斯学术史、巴尔扎克批评史等；4）立足比较文学视角，围绕世界性影响作家在中国的译介传播开设相关课程,如海明威与中国、左拉与中国、博尔赫斯与中国等;5)就20世纪以来西方文论及其衍变开设导读或新生专题研讨课,如当代西方文论简介、解构主义文学批评、女性主义文论、性别与文学批评、后殖民主义文学理论等。

8.3 外国语言学方向课程

外国语言学方向课程是《国标》所设专业课程体系的一部分,列属"培养方向课程",同属此列的方向课程还有外国文学、翻译学、国别与区域研究、比较文学与跨文化研究等类别。从课程设置来看,外国语言学方向课程和外国文学方向课程列属同类,这与《大纲》一样,"语言学课程"和"文学课程"同属课程设置的第二大类即"英语专业知识课程"(其他两类分别是"英语专业技能课""相关专业知识课")。《大纲》对语言学课程和文学课程的设置目的、作用和具体科目也都有定义和介绍,如下表8.5:

表8.5 文学课程和语言学课程介绍(摘自《大纲》"二、英语专业知识课程")

文学课程	语言学课程
文学课程的目的在于培养学生阅读、欣赏、理解英语文学原著的能力,掌握文学批评的基本知识和方法。通过阅读和分析英美文学作品,促进学生语言基本功和人文素质的提高,增强学生对西方文学及文化的了解。	语言学课程的目的在于使学生了解人类语言研究的丰富成果,提高其对语言的社会、人文、经济、科技以及个人修养等方面重要性的认识,培养语言意识,发展理性思维。语言学课程的开设有助于拓宽学生的思路和视野,全面提高学生的素质。
授课的内容可包括:(a)文学导论;(b)英国文学概况;(c)美国文学概况;(d)文学批评。	授课内容可包括:(a)语言与个性;(b)语言与心智;(c)口语与书面语;(d)语言构造;(e)语言的起源;(f)语言变迁;(g)语言习得;(h)语言与大脑;(i)世界诸语言与语言交际;(j)语言研究与语言学。

从上述介绍来看,在当时的学界或专业内部对语言学课程在外语类本科专业人才培养中的作用和价值有着清晰的研判和共识,但回看专业课程设置历史、研究和实践可以发现,两类课程的发展仍有较大差别。突出差别有两点:一是专业内外一般认为,

外语类专业开设外国文学课程天经地义。

二是文学方向课程在外语类本科教育中的存在虽时断时续，但总体来说历史悠长，国内、国外皆如此（Byrnes, 2010; Urlaub, 2017; 王守仁 1991; 聂珍钊 2000; 郭军 2003; 温华 2011; 金衡山 2016）。

反观外国语言学课程设置在国内外语类专业则一直处于缺席状态，即使出现也以零散点缀为主，对本科阶段开设外国语言学课程的必要性、可能性和技术性长期以来呈语焉不详之状。在知网中进行相关搜索发现，国内关于文学课程设置的研究发文量是语言学课程设置研究的 22 倍之多，管中窥豹，可见一斑。

专业内外普遍的看法是，语言学课程属于研究生阶段的课程，本科阶段没有必要开设，如国内引进出版的重要语言学文库系列《当代国外语言学和应用语言学文库》将目标读者定位于硕士生和博士生（王宗炎 2000）。当然，也有不同观点，如胡壮麟在北京大学出版社 2006 年出版的《语言学与应用语言学知识系列读本》的"总序"中说，该系列读本的出版"就是向世人表明，外语专业的学生，研究生也好，本科生也好，要学的东西很多，把外语学习仅仅看作听说读写的技能训练，实为井底之蛙"。所以，总体来看，在外语类专业本科课程设置中，相对文学课程的传统强势地位，关于语言学课程处于相对弱势地位的说法并不为过。那么，语言学课程设置有可能给外语类专业人才培养带来不一样但同等重要的价值吗？按照《国标》要求，语言学方向课程包括必修和选修系列，应该分别开设哪些课程呢？这些问题相互关联，且都指向一个核心问题，即语言学到底是什么？对于外语类专业本科生而言，学习语言学的价值究竟在哪里？我们可以很容易在各种语言学教科书和专著中找到第一个问题的答案，即语言学是关于语言的科学研究，但显然，这样一句话难以有效回答关于课程设置的相关问题，进一步的讨论是必要的。

芝加哥大学人文学院（Division of Humanities）官网介绍本科语言学专业（undergraduate linguistics program）的栏目头条就是"为什么要学语言学（Why study linguistics?）"，其主要观点如下：

其一，语言学是研究语言的科学，其核心是帮助我们理解如下基本议题或问题：人类所拥有的关于语言的无意识知识；人类如何习得语言；语言的一般和具体结构；语言如何变化；语言如何影响人与人之间互动的方式以及人对世界的看法。

其二，语言是人类知识和行为最为神秘的一个方面，而作为一个专业，语言学则帮助我们洞彻人类语言的诸方面，如声音（语音学/phonetics、音系学/phonology）、词（形态学/词法/morphology）、句（句法/syntax）和意义（语义学/semantics），也包括观察、了解语言的历时变化（历史语言学/historical linguistics），语言如何依时、依地、依人群的不同而不同（社会语言学/sociolinguistics、方言学/dialectology），人如何在语境中使用语言（语用学/pragmatics、话语分析/discourse analysis），如何建立语言不同层面（如声音、词、句等）的模型（计算语言学/computational linguistics），人如何习得或学习语言（语言习得/language acquisition）以及人如何加工、处理语言（心理语言学/psycholinguistics、实验语言学/experimental linguistics）。

语言是人类自身的一个部分，研究语言就是实现对人本身的研究。Chomsky（2006：88）指出，"当我们研究语言时，我们正在靠近被称为'人类本质（human essence）'的东西，即心智的独有特性；据我们所知，这些特性为人类所独有，且与人类存在的所有关键阶段不可分，无论是作为个体的存在或是社会的存在。"Crystal（2000：F23）在自己撰写的《剑桥语言百科全书》（*The Cambridge Encyclopedia of Language*）第一版"序言"中写道，语言研究的魅力和价值在于，它"不仅产生了无数关于语言结构、发展和使用的普遍性成果，也推动了将这些研究成果应用于解决诸多个人和社会问题"。的确，如国内学者王初明（2020，见戴炜栋等2020：4）所言，"语言是人类一切活动的根本，是构建人类文明大厦的基石"；语言和语言使用所涉及的问题或对象几乎涵盖人类全部社会文化活动，如交流、学习（认知发展）、身份、健康、经济、社群、政治和司法等（Hall et al., 2011: 14-17）。研究语言不仅是对人本身的研究，也是对社会、文化、文明的研究。相比较而言，语言研究应该是更能帮助我们靠近这些问题本相的关键通道。语言学课程能提供一个科学、理性且更便利的视角考查人类自身和社会文化，这一点应成为外语界的共识。

那么，外语类专业本科阶段应开设哪些语言学课程呢？如何设置必修和选修呢？有两条基本原则应该遵循：一是专业人才培养目标，如首要考虑的是本科生和研究生教育的差别。如果研究生阶段的教育是专业教育，以研究能力培养为主，那么，本科生教育主要是以素质培养为主的通识教育。二是语言学作为学科体系自身的知识逻辑。此外，借鉴国内外知名大学相似的语言学课程设置也有必要。萧红（2017）报告了其所在课题组对美、英、日、韩、东南亚等国家和地区十余所高校语言学系课程设置情况考察的结果[1]。研究发现,"各学校由于语言学的学术传统和学术兴趣不同,课程的设置也带有本学校的特点"(萧红 2017：42),但也有共性。首先是基础课一致性高,如"语言学概论"几乎是所有一流高校如麻省理工学院、哈佛大学、耶鲁大学语言学系必开的课程。其次是"选修课灵活,趣味性强,比较注意突出本校的语言学传统或研究特长,注重教授和训练学生具体的研究方法,强调研讨"(同上)。中国的语言学课程设置也有自身的特色,但问题并存,如课程设置系统性不够,所提供的学科知识结构不够完整,学科研究方法论课程欠缺等。综合上述讨论,我们对语言学方向课程设置提出如下建议：

(1)建立一通识、两层次的课程体系。所谓一通识,指将本科阶段语言学概论(或导论)开设为所有专业本科生通识教育课；两层次是必修和选修两个系列,反映语言学知识结构内部逻辑和序列,满足专业知识系统学习的要求,同时也为专业内部有意持续学习语言学,并在未来继续深造的学生提供课程资源,打好基础。

(2)必修课程模块应致力于帮助学生建立语言学知识体系的基本内核,形成对语言的理性认识,引入语言现象的观察、体悟和分析,注重对语言现象的科学理性分析,学习语言研究的发展历程、经典案例和成果。选修模块应根据师资和教学条件为学生提供内核知识与外围相关知识。

(3)两个模块的学习应帮助学生反思自身语言学习和使用的过程,理解不同语言作为符号系统或社会文化实践彼此之间存在的差别,使他们成为语言学习和使用的自主反思者和批判者,从而实现语言学方向课程专业教育和人文教育的双重功能。

综上,语言学方向课程必修系列应包括除了语言学概论之外的涉及语言形式、意义和使用的课程,由内向外逐层展开。下面以某高校英语学院为例提出语言学方向课程设置具体建议。表 8.6、表 8.7 分别是 U 大学 SoE 学院英语专业 2016 版和 2021 版语言学方向课程必修课程和选修课程设置情况(培养方向课程设置整体情况参见前文 8.1)[2]。

---

[1] 虽然作者的调查并不涉及外语课程,但其调研结果对外语类本科专业语言学方向课程设置仍有重要的参考、借鉴价值。

[2] 2016 版中的"语言学概论"已经转为该院英语专业所有培养(或专业)方向的专业知识基础必修课程,即《国标》中的"核心课程"。

表 8.6　U 大学 SoE 学院英语专业语言学方向必修课程和选修课程（2016 版）

必修课程	选修课程
语言学概论	语言与社会
语言的意义	英汉语比较
语言与认知	文体学
语言学研究方法	英语史
语言的声音	汉语语言学史
语用学入门	语言与心理
词汇学入门	语料库辅助语言研究
二语习得	应用语言学重点问题研究
语篇分析	

表 8.7　U 大学 SoE 学院英语专业语言学方向必修课程和选修课程（2021 版）

必修课程	选修课程
语言的意义	语言与社会
语言学研究方法	英汉语比较
语言与认知	语用学入门
二语习得	文体学
语言的声音	英语史
语言的形态	汉语语言学史
语篇分析	语言与心理
	语料库辅助语言研究
	应用语言学重点问题研究

　　上表可以看出三个特点，首先，必修课门数有减少的趋势，选修课则在增加。其次，课程开设先后时序并没有按照研究生阶段语言学课程"形式－意义－使用"的常见结构，而是选择从"语言的意义"开始。这是考虑本科生和研究生阶段开设专业知识课程可能存在的认知旨趣和期待差异的结果。此外，课程的完整性还有待师资力量

的进一步优化而优化。从某种意义看，语言学方向课程的设置与建设对教师专业发展和队伍建设有促进作用。

8.4 翻译学方向课程

在外国语言文学类各专业中，翻译专业是一个与各语种专业平行的独立专业，有自己的培养方案。此处的"翻译学方向课程"针对的是翻译学专业之外的其他专业。该方向课程应参照《国标》中翻译专业相关描述，结合各自语种及专业特点，设置翻译理论与实践相关课程，旨在培养具备国际视野、家国情怀与协同合作能力、跨文化跨学科理解与沟通能力、分析与解决问题能力，具有扎实的英汉语言功底，掌握翻译技巧，了解百科知识，能从事政治、经济、外交、文化、法律、科技、传媒等各领域国际语言服务工作的翻译人才，服务国家发展战略和地区经济文化建设。

外国语言文学类专业教学中的翻译学培养方向作为和外国语言学、外国文学、外语教育、国别与区域研究、比较文学与跨文学研究以及专门用途外语并列的方向之一，在学科建设与课程设置中占有举足轻重、不可或缺的地位。"翻译"技能，简称"译"，是与听说读写并列的外语技能之一，是外语类专业最重要的能力培养目标之一。根据《国标》中 5.2.2 之规定，"汉外/外汉笔译理论与实践"和"汉外/外汉口译理论与实践"是外语类所有专业核心课程的组成部分。

英语专业，如果建设翻译专业各方面条件成熟，可以直接向翻译专业设置的方向发展。也就是说，如果某高校已经设立了独立的翻译专业，英语专业一般就没有必要再单独设立翻译学方向了。如条件尚不成熟，则可以开设翻译类课程。其他语种专业也可依据《国标》有关要求，根据校情和语种特点有针对性地增加翻译类课程。

外语类专业翻译方向可以参照《翻译专业教学指南》设置以下课程模块：语言课程、技能课程、知识课程、实务课程、理论探究课程、翻译技术课程。这些课程模块旨在帮助学生了解翻译的性质、形式、基本概念和认知过程；培养外语和母语双语思维能力，掌握翻译基本技能、方法和相关技术；实现翻译技能培训与汉外语言能力提高的双重任务。

外语类专业翻译课程设置应考虑学校的校情以及本专业的基本办学条件。基本原则是巩固优势、注重特色、强化应用，做到基础课程知识覆盖面要宽，专业课程要扎实深厚，选修课程要注重前沿性和应用性，满足学生个性化发展的需要。翻译课程教学在语言提升、技能训练、知识拓展、实务演练、学术探究、人机协同等方面要做到"六位一体"，凸显学科交叉与知识融合，理论结合实践，紧跟翻译学科和国际语言服务行业发展动态。

8.5 外语教育方向课程

目前，我国高校外语类专业只有英语专业建设了外语教育方向课程。因此，下文对于外语教育方向课程的阐释将聚焦英语专业和英语教育，其他语种专业可以从中获得借鉴。

8.5.1 英语教育人才培养的历史与现状

我国高校的英语专业一直重视英语教育人才的培养，只是没有广泛使用"英语教育人才"这个表述方式。过去常用的表述方式有"英语师范生""英语教师"以及"中小学英语教师"等。我们认为，在目前英语教育发展阶段，采用"英语教育人才"这个术语更为准确，因为英语教育工作者除了英语教师以外，还包括英语教育管理者、研究者以及语言服务领域的非教师工作者。下面我们从政策体现、学界认识和实施情况这三个方面来简要分析高校英语专业在培养英语教育人才方面的历史与现状，以期为今后的英语教育人才培养提供借鉴和参考。

8.5.1.1 政策体现

1989年，国家教委正式颁布并实施《高等学校英语专业基础阶段英语教学大纲（试行本）》（高等学校英语专业基础阶段英语教学大纲制定组 1989）。1990年，国家教委正式颁布并实施《高等学校英语专业高年级英语教学大纲（试行本）》（高等学校英语专业英语教学大纲工作小组 1990）。这两个教学大纲都提到，学生毕业后经过一段时间的实践能够胜任一般的英语教学、英语翻译和以英语为工具的其他工作。从这个表述可以看出，高校英语专业人才培养目标之一就是培养能够胜任英语教学工作的英语人才。值得注意的是，以上人才培养目标的表述把英语教学排在了第一位。这说明那个时代国家和外语教育界学者高度重视英语教育人才的培养。

以上两个教学大纲在实施大约十年之后，由《高等学校英语专业英语教学大纲》（高等学校外语专业教学指导委员会英语组 2000）所取代。该大纲对英语专业培养目标作出明确规定："高等学校英语专业培养具有扎实的英语语言基础和广博的文化知识并能熟练地运用英语在外事、教育、经贸、文化、科技、军事等部门从事翻译、教学、管理、研究等工作的复合型英语人才"。可以看出，该版本的教学大纲仍然把培养英语教育人才作为培养目标之一。另外，2000 年版的教学大纲还明确提出，英语专业课程包括三类课程：英语专业技能课程、英语专业知识课程和相关专业知识课程。其中，英语专业知识课程中列有"英语教学法"（选修课）；相关专业知识课程中列有"语言学习理论""英语测试"和"英语教育史"等英语教育类选修课程。也就是说，以培养复合型人才为特色的 2000 年版的英语专业教学大纲，把英语教育人才的培养视为重要的复合方式之一。

秉承之前几个版本的英语专业教学大纲的传统，2018 年发布的《国标》也把培养外语教育人才作为高校外语专业的培养目标之一，而且《国标》在培养目标中使用了"外语教育"这个表述，而以往大纲一般使用"教学"这个表述。再有，《国标》明确提出了外语专业的主要培养方向，其中包括外语教育。这里的外语教育方向实际上就是培养外语师资等外语教育方面的人才。

由于英语专业教学大纲是针对各类设有英语专业的院校制定的，包括综合性大学、外语类院校、师范院校、理工院校、财经类院校等，所以英语专业教学大纲不可能照顾各类院校的特殊需求，只能求同存异。因此，英语专业教学大纲不可能对培养方向作具体的规定和要求。而 2018 年颁布的《国标》是针对所有外语类专业的标准，不仅仅针对英语专业，因此更不可能对培养方向做出详细的规定或要求。虽然学界反复呼吁，建议制定《师范院校英语专业教学大纲》，但一直没有实现。值得注意的是，1993 年国家教委颁布过《师范高等专科学校英语教育专业英语教学大纲》（蓝葆春、张本慎 1994）。该大纲为指导和推动高等师范专科学校英语教育专业教学起到了十分重要的作用，具有重大的现实意义和深远的历史意义。遗憾的是，本科师范院校一直没有类似的英语专业教学大纲。

在国家层面不能作出相对统一要求的背景下，各高校根据自身特点和需求，确定人才培养目标并进行课程设置的重要性就更显突出了。明确人才培养目标并设置相应的课程，既需要探索实践操作模式，更需要以正确的理念和认识为指导。

8.5.1.2 学界认识

关于师范院校英语专业人才培养目标的问题，学界有不同的观点。

第一个争论的焦点是师范院校英语专业是否应该局限于培养英语教师？一种观点认为，师范院校的英语专业已经是复合型专业了，即英语加教育的复合，不需要另外与其他相关专业复合了。另一种观点则认为，若师范院校的外语专业只开设师范类专业，则无法避免专业单一的尴尬局面，也无力支撑整个外语学科建设，长此以往，不利于整体的均衡发展（李正栓、解倩2016）。非师范教育专业具有各自的专业特色，商务英语专业以英语基础加商务背景为其专业优势和特色所在，翻译专业专注于英语语言与翻译理论和实践的紧密结合。非师范教育专业的加入使得同一学科下不同的专业各具特色，丰富了学科专业的多样性（同上）。

从21世纪初开始，很多师范院校的英语专业根据学校整体办学定位与发展的需要，调整英语专业的发展思路，增设非师范专业，以拓宽学科门类和专业覆盖。应该说这种专业调整趋势是可以理解的，甚至是应该鼓励的。这就是学界说的"去师范化现象"，即师范院校放弃或者部分放弃原来的以培养英语教师为目的的人才培养目标，转向一般意义的英语专业、复合型英语专业，或增设非师范类专业。但是，不可否认，"去师范化现象"在一定程度上削弱了英语教育方面的人才培养力度。即使在那些师范与非师范并存的院校，师范专业的人才培养也受到多方面的影响，如师范生招生规模缩小、英语教育方向的专任教师减少、教师教育类课程减少。

第二个争论的焦点是如何培养师范生？一种观点认为，师范院校的英语专业仍然应该重点培养学生的英语能力，不应该在师范类课程上花太多的时间和精力。本科四年的学习时间也不可能使学生既精通英语又学会如何教英语。所以，还是应该让学生先学好英语，毕业以后通过实践锻炼去学习如何教英语，逐步成为合格的英语教师。有人甚至持更极端的观点，如优秀的英语教师不是师范院校培养的，不学习师范类课程也能成为优秀教师。

另一种观点则认为，师范院校英语专业的特色就是"英语+教育"。如果不突出师范教育，那么师范院校的英语专业就没有特色了。另外，教师职业技能是一种高度综合化的素养，包括各方面的知识、能力和品格，不是短时间内就能形成的。培养教师素养是一项周期长、难度大的任务，必须贯穿整个师范生培养过程。

8.5.1.3 实施情况

虽然在认识上存在一些争议，自改革开放以来，高校英语专业为国家培养了一大批英语教师，包括高校英语教师和中小学英语教师。这些英语教师并非都毕业于师范院校的英语专业。有一些综合性大学和外语类院校也开设了师范专业或英语教育专业（如湖北大学、五邑大学、广州大学、广东外语外贸大学），或者在英语专业开设了英语教育类课程。还有一些综合性大学或外语类院校的学生，虽然没有修读过英语教育类课程，毕业以后也成为英语教师。当然，师范院校的英语专业肯定是培养英语师资的主力军。下面我们重点介绍师范院校英语专业在英语教育人才培养方面的情况。我们这里说的"师范院校"还包括一些从师范院校改为综合性院校但保留了教师教育专业或方向的院校。

总体来看，师范院校英语专业培养的英语教育人才可谓良莠不齐。一些人文传统积淀深厚且一直重视英语教育人才培养的院校，为国家的英语教育事业输送了一大批优秀人才，也积累了很好的英语教育人才培养经验。但是，由于各种主观或客观原因，一些师范院校的英语教育人才培养质量令人担忧。背后的原因十分复杂，但突出的原因是课程设置不合理和师资配备不足。

人才培养的重要基础是科学合理的课程设置。师范院校英语专业的学生既要学好英语，又要学会如何教英语，这就需要平衡英语类课程与英语教育类课程之间的关系，二者不可偏废。但是，实际情况是相当数量的师范院校英语专业的课程设置不够合理，影响了人才培养的质量。

刘倩、岑玮、任爱红（2005）调查了某师范大学英语专业四年级学生对课程设置的看法。研究发现，85.2%的学生认为课程设置不合理，而且相当一部分学生把外语教育知识列为自己最需要增长的知识之一。这说明课程设置不合理导致学生在外语教育知识方面存在不足。

根据张曼、张维友（2011）的调查，我国师范院校外语教育专业（即师范专业）的课程以专业学习为主，专业教育课程所占比例最大，而教师教育课程所占比例最小，比如在被调查的国内三所部属师范类高校英语教育专业2008年的课程设置中，专业教育课程约占一半，教师教育课程仅占约五分之一。

有学者（如田贵森2013）指出，师范院校外语教师教育课程设置整体上缺乏时代性，培养学生语言知识技能的课程偏多，培养教育教学能力的课程偏少，本科师范性不明显，特点不突出，教学法课程未能真正让学生学以致用，学生实践机会少，毕业前实习时间短。何华清（2015）考察了两所地方师范大学英语专业的课程设置。两所学校的通识教育课程和学科专业课程都达到了 78% 及以上，而教师教育课程和教育实践课程的比例偏低，分别仅占总学时的 11% 和 12%。

除了课程设置不合理以外，很多师范院校英语专业为英语教育方向配备的师资不足或严重不足，不少院校只有 1 - 2 名教师可以承担英语教育类课程。有些院校虽然尚有若干名英语教育方向的教师，但专业背景不够理想，而且与中小学几乎没有任何联系，严重影响英语教育类课程的教学效果。

8.5.2 《国标》背景下培养英语教育人才的必要性

高校英语专业为国家培养了一大批以英语教师为主体的英语教育人才。虽然目前中小学英语师资的入门条件对学历层次的要求越来越高，但是本科英语专业依然肩负着培养英语教育人才的重要任务。在今后相当长的一段时间，本科英语专业还要继续提高英语教育方向的人才培养力度。

第一，与发达国家相比，中国的整体英语教育水平还存在很大差距。在今后相当长的一段时间，中国还要大力发展英语教育。这就需要一大批合格的英语教师，特别是中小学英语教师。因此，就目前以及今后的情况来看，高校英语专业仍然需要把培养英语教育人才作为一项重要的任务。除了师范院校以外，其他设有英语专业的高校也应该为培养英语教育人才做出应有的贡献。常俊跃（2018）指出，外语类院校开设翻译方向、英语教育等方向也有较好的条件。建议外语院校更好地开拓专业方向和专业方向课程，以凸显各自院校的特色。

第二，根据《国标》的要求，外语类专业课程包括通识教育课程、专业核心课程和培养方向课程。《国标》强调，外语类专业点的学校特色主要通过课程设置中的培养方向课程、辅修／双学位机制、实践教学环节等路径来实现。因此，各高校外语类专业应根据自身的办学定位和特色优势办学资源，设计相应的"培养方向"课程模块，模块通常由 8 - 10 门课程构成，规定必修和选修的学分要求，给学生提供一定的选择自由（孙有中 2019b）。

第三，具有教师教育传统和优势的高校（特别是师范院校）如果要谋求长远、稳定的发展，就需要明确自身定位，即教师教育始终是其最大的优势和特色所在。因此，师范院校务必要坚定不移地实施教师教育，旗帜鲜明地突出师范特色，不遗余力地加强实践教学，理直气壮地从事教学研究，为国家培养更优更强的师资力量（李正栓、解倩 2016）。如果这类高校不重视英语教育人才的培养，不仅不能体现其应有的价值，也不利于自身学科建设的长远发展。

第四，基础教育课程已经进入深化阶段。我国的职前英语教师教育还不能满足基础教育英语课程改革的需要。英语教育类课程体系、教学内容及教学方法明显滞后于基础教育课程改革所确立的目标，导致走向教育岗位的新教师难以适应课程改革的需要，成为推动新课程改革的新生力量。因此，迫切需要对现行教师培养模式进行改革和创新（王蔷 2010）。

8.5.3　英语教育方向的培养目标及课程设置

如果我们明确了高校英语类专业培养外语教育人才的必要性和重要性，接下来就要根据人才培养目标进行系统的课程设置。人才培养目标主要是通过课程教学实现的。培养目标能否实现，在很大程度上取决于课程设置的合理性、课程建设与发展的水平以及课程实施的效率，但关键的第一步是课程设置，而课程设置的前提是准确把握人才的培养目标。

8.5.3.1　英语教育方向的培养目标

《国标》规定了外语类专业的人才培养目标，但《国标》明确指出，各高校应根据自身办学实际和人才培养定位，参照《国标》的要求，制定合理的培养目标。据此，承担英语教育人才培养任务的高校（包括师范院校和非师范院校）就应该以《国标》为基本框架，制定体现英语教育特色的人才培养目标。目前，有些高校的英语专业在招生和培养过程中把学生明确分为师范生和非师范生，并分别制定人才培养计划。非师范生就按普通英语专业来培养，师范生则突出英语教师教育方面的培养。师范生的培养目标明确定位为培养英语教师或英语教育工作者。比如，某师范大学英语专业的培养目标是："培养信念执着，有教育情怀、家国情怀和国际视野，基本功扎实、专业知识深厚、人文素养高、英语语言运用能力强，具有可持续发展能力的中学英语教育工作者。"可见，该校英语专业就是聚焦英语教育人才的培养。

有些高校英语专业承担了英语教师培养的任务，但并未明确区分师范生和非师范生。这类高校英语专业的培养目标并不局限于培养英语教师。比如，某高校英语专业的培养目标是："培养具有高度社会责任感和优秀职业道德、良好的人文和科学素养以及健康的身心素质，掌握英语语言、文学、社会文化等方面的基础知识和基本理论，具备熟练的英语语言技能，在教育或其他相关领域从事教学、研究、翻译、管理等工作的卓越人才。"

相关高校可以根据本校的实际情况，决定是否聚焦英语教育人才的培养。但是，不管哪一种情况，如果将培养英语教育人才列为培养目标，就应该将培养目标进一步细化，不能笼统地描述为"能够胜任英语教育教学的英语师资"。某高校英语师范专业体现英语教育特色的培养目标包括：热爱教育事业，了解教育法规；具有坚定的教师职业信念和高尚的教师职业道德；熟悉基础教育改革实践现状，具有以反思、探究为核心的教学研究素养及在基础教育领域开拓创新的潜力；熟悉教育教学的基本理论，具有从事英语教育教学工作的基本能力和初步经验；掌握英语教学研究的基本方法，熟悉文献检索、资料查询的方法，具备运用本专业知识进行思辨、创新和参与科学研究的能力。

要根据细化的培养目标设置相应的课程。最近开展的师范专业认证工作在这一方面起到了很好的推动作用。师范专业认证工作要求各高校细化培养目标，并根据培养目标制定毕业要求，还要将所有课程与培养目标和毕业要求进行关联，并列出关联矩阵。

8.5.3.2 英语教育方向的课程设置

确定培养目标之后，课程设置就有了依据。近年来，学界对英语专业的课程设置展开了深入的讨论，有些研究者专门讨论师范院校英语专业英语教育类课程的设置问题。现有文献中关于英语教育类课程的表述方式不尽相同，如"英语教育课程""教师教育课程""学科教学课程""教学法课程"。为了便于讨论，下文我们统一使用"英语教育类课程"这一表述。

传统上，凡是有教师培养目的的英语专业，其主要课程可以简单地概括为"英语+教学法"。但是，随着时间的推移，学界已经逐渐认识到仅仅开设一两门英语教学法和英语教学技能课程无法实现培养英语教师的目的。祝平（2001）认为，除了原有的英语教学法课程以外，还应开设语言学与语言教学、第二语言习得研究、学习需求分析、大纲与课程设计、教育研究（如课堂观察、行动研究方法）、语言测试、外语教学研究方法、教育统计学、计算机辅助教学等课程。夏侯富生（2005）认为，应该将英语教学法理论与实践的课程设置一体化，将教学法课程分散在 5－8 学期，分别开设中学英语教学法理论基础、中学英语课堂教学技能技巧、中学英语教学科研与论文写作、英语课程标准与中学英语教学改革、外语教育哲学、外语教育学、外语教学心理学、外语教学理论与实践、外语教学科研等课程。

刘倩、岑玮、任爱红（2005）根据师范生对课程设置的反馈，提出英语师范专业的课程设置应能使学生获得将来从事教师工作所必备的基本知识，包括学科内容知识、一般教学法知识、课程知识、学科教学法知识、有关学生及其特性的知识、有关教育脉络的知识、有关教育的目标、价值、哲学与历史渊源的知识等。因此，在保留心理学、教育学及英语教学法等与教师培养相关的课程的同时，还应该增设外语教育心理学、第二语言习得方面的课程。

根据张曼、张维友（2011）的考察，美国高校外语教师专业非常重视教师教育课程的开设。比如，印地安纳大学伯明顿分校开设的教师教育类课程占总学分的 37.9%，开设的课程有教育与美国文化、多元化社会中的教学、针对不同年级学生的教育心理学、教育中的计算机、学校法规、针对特殊学生的教学、学科教学内容、课堂管理、外语教学方法、职业发展讨论、教学实习等。

也许有人会问，中小学英语教师不是英语教育方面的专家，是否需要学习这么多课程？下面我们就谈一谈设置这些课程的理据。

英语教师最主要的工作是设计和实施课堂教学活动，教师直接运用的知识是有关教学方法和教学技巧的知识。但是，教学方法和技巧是"然"，教师还要知其所以然。教学方法很多，教师需要根据实际情况选择恰当的方法，特别是与学生学习过程和方式相匹配的教学方法。因此，教师需要学习比教学法更上位的理论，如教育学、心理学、外语教育心理学、语言学习理论等基本理论。

教师在教学中要使用教材等学习材料，就需要知道如何评估教学材料、合理地选择教学材料以及创造性地使用教学材料。因此，教师需要学习有关教材编写、分析和使用的知识。教师要及时了解学生的学习情况，评价学习结果，就需要学习有关语言测试的理论和方法。课堂教学要使用各种教学辅助手段，特别是计算机、网络等现代化教育技术，教师就需要学习这方面的知识和技能。中小学英语教师需要熟悉基础教育英语课程改革的理念和实践，来准确把握《英语课程标准》的核心内容。英语教师要开展教学研究去解决教学中发现的问题，就需要学习外语教育研究方法的相关课程。

需要指出的是，课程设置还包括教育实习和见习。刘蕴秋、邹为诚（2012）考察了英语专业师范生参加见习后在教育教学认知和职业态度方面的变化。研究发现，教育见习课程对职前英语教师专业发展有重要的影响。

根据以上讨论以及目前国内师范院校英语专业英语教育类课程开设情况，我们提供以下英语教育类课程参考框架：

表 8.8　英语专业英语教育方向课程设置参考框架

	课程名称	课程设置说明
通识教育课程	教育学 心理学 教育心理学 教育统计学	教师教育通识课程一般由学校统一开设，统一规定修读要求。
外语教育 理论课程	外语教育心理学 语言学习理论 第二语言习得研究 英语教学法 英语课程论 语言测试 外语教学理论名著导读	该类课程的内容主要是关于学与教的基本理论。外语教育心理学、语言学习理论、第二语言习得研究是关于如何学的理论，可以整合开设。教学法和课程论可分别开设，也可以整合。语言测试应以实用知识为主。
外语教育 实践课程	英语课程与教材 英语教材分析 英语教学设计 英语教学技巧 英语教学案例分析 计算机辅助英语教学 英语课程标准解读	该类课程可以根据具体课程内容进行整合，如英语课程与教材可以与英语教材分析整合；教学设计与教学案例分析可以整合；英语课程标准解读可以融入英语课程与教材。

（续表）

	课程名称	课程设置说明
研究方法课程	外语教学研究方法	研究方法（包括统计方法）是较薄弱的课程，须给予足够重视。
	教师行动研究	
教学实践	微格教学	师范生的教育实习通常为一个学期。
	教育实（见）习	

关于英语专业英语教育方向课程的设置问题，各校在具体操作过程中，要注意以下几点：

第一，开设的课程要尽量全面：通识类与专业类课程要兼顾；理论课程与实践课程要相对平衡；课程、教材、教法、测试等主要领域确保都有涉及。如果受可开设课程门数所限，应该在二语习得、教学理论与方法、课程与教材、教学技能与技巧、语言测试、研究方法等方面至少开设一门课，并确定为必修课程。课程具体名称和内容各校可根据学校的学科基础、办学定位以及学生情况来确定。

第二，各校可根据专业设置情况和学生人数决定英语教育方向课程开设门数。在师范与非师范并举且分别制定培养计划的高校，师范生的英语教育类课程应该尽量开足、开齐，非师范生的英语教育类课程可以不开或少开。在不明确区分师范生与非师范生的高校，可以按普通英语专业制定培养方案，同时单独设置英语教育类课程模块，供希望从事英语教育工作的学生选择性修读。

第三，课程开设时间跨度要合理，不能过于集中在某个时间段，也要充分考虑不同课程之间的逻辑关系和先后顺序。原则上，基础理论在前，实践应用在后；通识类在前，专业类在后。

第四，要避免因人设课的做法，比如根据某位教师的个人研究专长设课，而不考虑必要性，或根据任课教师的可用时间（学期）改变原定的课程开设时间。当然，各校要积极打造英语教育方向课程的教师团队，以便科学、合理地设置课程。

上文主要讨论了《国标》背景下本科英语专业开设英语教育方向课程的必要性以及英语教育类课程的设置框架。在具体实践操作中，各高校还要结合学校的定位和培养目标来设置课程。另外，英语教育类课程只是英语专业的一类专业方向课程。设置这些课程，要将其有机地融合到各高校英语专业整体课程体系之中。

8.6 国别与区域研究方向课程

8.6.1 国别与区域研究课程设置现状

课程体系是实现《国标》要求下外语类专业人才培养目标的主要载体，也是各高校外语类专业办学特色和人才培养定位的集中体现。《国标》总体框架下的课程体系包括通识教育课程、专业核心课程、培养方向课程、实践教学环节和毕业论文五个部分，国别与区域研究课程属于专业核心课程中的专业知识课程。专业知识课程设置体现了"一个专业的核心内涵，规定了该专业学生的基本知识结构和发展方向，是实现该专业培养目标的根本保障"（孙有中、金利民 2010）。然而，与同属外语类专业知识课程的外国语言学、翻译学、外国文学、比较文学与跨文化研究等课程相比，国别与区域研究现有的课程设置及其在现行课程体系中的地位，与《国标》对其的定位及其蕴含的巨大发展潜力并不匹配。当前外语类高校国别与区域研究课程的设置普遍存在以下几方面问题：

第一，课程发展不平衡。由于种种原因，我国外语类专业知识课程设置长期存在发展不平衡的现象，"重人文、轻社科"的倾向导致社会科学学科属性浓厚的国别与区域研究课程发展滞后。相较于语言、文学、文化等平行学科方向课程，国别与区域研究课程的数量不够完备、质量不够完美，相关的课程建设更加零散而不成体系，例如"在我国迄今还没有任何一个高校的英语院系在本科阶段系统开展区域国别教育"（常俊跃、冯光武 2017）。

第二，课程定位不清晰。国别与区域研究对国内高校外语类专业而言，尚属新生事物。针对国别与区域研究课程设置的内容与形式、教材与师资等核心问题尚缺少权威性、共识性的阐释，同时国别与区域研究课程和其他专业知识课程的关系、国别与区域研究知识传授和外语能力以及思辨、研究等能力培养的关系也尚待明确。国别与区域研究课程定位的模糊，事实上导致了外语类专业对其重视程度的不足。

第三，课程内容不丰富，内涵不突出。目前我国高校本科外语类专业国别与区域研究课程的内容建设较为薄弱，基本由"国家概况""社会与文化"等知识介绍性的课程构成，其所占课程比重与学分学时也极其有限。同时，现有课程跨学科特色不足，尤其缺少社会科学学科基础课程，对研究方法类课程的重视不够，尚不构成"真正意义上的研究"（孙有中、金利民 2010）。可以认为，无论是知识的广度还是课程的深度，国别与区域研究课程设置的现状距离《国标》的要求都有较大差距。

因此，外语类国别与区域研究课程的总体建设思路应当以新时代国家发展战略和经济社会发展需求为新起点，以《国标》为新指引，结合各高校人才培养目标和办学实际，设计和设置定位清晰、内容丰富、内涵突出的，具有外语学科本色和跨学科特色，能够实现《国标》人才培养目标的国别与区域研究课程。

课程的设置"不只是课程名称的排列组合，其根本目的是要通过课程学习建构合理的知识结构，培养《国标》所规定的素质、知识和能力"（孙有中 2019b）。外语类专业国别与区域研究课程设置的整体目标是：以国别和区域知识为内容依托，以跨学科课程框架体现内涵，兼顾知识的广度和理论的深度，着重培养学生的国际视野和社会科学学科基本素养，帮助学生掌握基础的国别与区域知识并形成跨学科知识结构，同时发展学生的语言能力和思辨能力，并形成一定的研究能力。

8.6.2 国别与区域研究方向课程设置原则与框架

根据国别与区域研究课程设置的思路和目标，结合前文国别与区域知识构成的阐释，外语类国别与区域研究课程应当设置以下三类：国别知识的基础性课程、学科属性的通识性课程、研究方法的进阶性课程。

首先，《国标》要求外语类专业知识课程包括国别与区域研究的基础课程，这就要求学生了解和掌握对象国的基本情况，形成国别与区域研究基本的知识储备。这类课程的设置应当充分考虑各语种专业特色，结合高校人才培养特色和师资实际，着力拓宽学生的横向知识面，开设涉及多个领域、内容丰富的对象国知识类课程。例如，美国研究方向可以设置包括美国历史、美国政治、美国经济、美国宗教、美国电影、美国外交、中美关系等课程，而不仅限于美国社会与文化课程。

其次，《国标》要求外语类专业知识课程帮助学生形成跨学科知识结构，这既是国别与区域研究课程的题中之义，也是拓展外语类专业学科内涵的必由之路。这类课程可统称为国别与区域研究的学科通识类课程，其目的在于帮助学生了解和掌握开展国别与区域研究所必备的相关学科知识，养成社会科学学科基本素养，初步形成跨学科知识结构。通识类课程设置应当考虑学生的纵向发展，考虑本科课程与研究生课程的前后衔接，以便学生建立可持续发展的知识结构。这类课程主要包括政治学、历史学、社会学、法学、经济学、传播学等学科的导论性课程。

最后,《国标》要求外语类专业学生具备一定的研究能力,也就是通过专业知识课程的学习提高学生的社会科学学科素养,训练政治学、历史学、社会学等学科的研究能力,形成初步的学术研究意识。这就要求国别与区域研究课程设置必须重视研究方法课程的建设,把社会科学的基本研究方法(如定性和定量研究方法)介绍给学生,"鼓励甚至要求学生选修高等数学和统计学方面的基础课程"(孙有中 2011)。这类研究方法类课程对学生的知识储备和能力拓展具有一定要求,因此有不小的进阶性和挑战性,具体课程可以包括统计学入门、定量研究方法、定性研究方法、历史学研究方法等等。

上述三类课程的设置归纳如下:

表 8.9 外语类专业本科阶段国别与区域研究课程设置

课程类别	课程名称
国别知识类	美国政治、俄罗斯政治、日本政治……
	美国经济、俄罗斯经济、日本经济……
	美国社会与文化、俄罗斯社会与文化、日本社会与文化……
	美国外交导论、俄罗斯外交导论、日本外交导论……
	中美关系史、中俄关系史、中日关系史……
	……
学科通识类	国际政治导论
	当代中国外交
	国际政治经济入门
	国际贸易概论
	社会学概论
	传播学概论
	世界史通论
	现代国际关系史
	……

（续表）

课程类别	课程名称
研究方法类	统计学入门
	定量研究方法
	定性研究方法
	历史学研究方法
	……

注：本表所列的部分课程名称参考了《指南》

需要说明的是，上表列出的国别与区域研究课程旨在从课程名称、性质和内容上为各高校外语类专业相关课程设置提供参考，不可能穷尽所有应该列入的课程。各高校外语类专业在设置国别与区域研究课程时，应按照《国标》要求，参照2020年版《指南》中有关专业方向课程设置的列表，结合本校实际和特色，在具体的课程设置中探索具有本校特色的国别与区域研究课程建设路径，自主设定相关的必修和选修课程，以形成科学有序的课程体系。

8.7 比较文学与跨文化研究方向课程

和国别与区域研究方向一样，比较文学与跨文化研究也是外语类专业新近产生的一个课程类别，外语界对该方向的课程建设还存在许多困惑。什么是比较文学与跨文化研究人才？英语专业培养比较文学与跨文化研究人才的意义是什么？高等院校培养比较文学与跨文化研究人才面临哪些挑战？比较文学与跨文化研究方向人才培养需要以什么样的课程体系为支撑？下面拟就这些问题展开讨论。

8.7.1 比较文学与跨文化研究方向人才培养的历史与现状

比较文学作为一门独立学科的发展，以1886年英国第一本比较文学专著的出版、1897年法国第一场比较文学的正式讲座和1977年匈牙利第一本世界比较文学杂志的出现为重要标志。比较文学是一门从西方旅行到中国的学科。在它作为一门学科正式进入中国之前，朱光潜、范存忠、陈铨、钱锺书、季羡林、吴宓、杨周翰、方重和伍蠡甫等一批杰出中国学者就已经在从事中西比较文学研究，并发表了高质量的论著（王宁 2018）。在先后经历法国学派倡导的影响研究、美国学派倡导的平行研究及跨学科研究之后，中国的比较文学在 20 世纪 80 年代后期开始崛起。中国学者通过与国际同行的频繁交流，逐步了解到比较文学这门学科的整体发展状况及学术前沿，由此推动了中国比较文学的繁荣发展。在高校中文系和外文系学者的共同努力下，比较文学与原先的世界文学学科在 1998 年的全国学科目录调整中合并为"比较文学与世界文学"二级学科，隶属中国语言文学一级学科。

经过近 40 年的发展，"比较文学"成为中文系文学专业本科生的基础必修课程，并且已经建成了"本科—硕士点—博士点—博士后流动站"一条龙的人才培养机制。但总体来看，在中国语言文学门类的几大骨干学科之中，比较文学仍处于边缘地位。而且由于每所高校的定位及生源差异，比较文学本科阶段的课程教学在中国高校中文学院处于一种不平衡的发展状态，仍然存在很多问题，面临极大的挑战。

首先，是课程性质的界定问题。陈思和（2004）曾指出，比较文学是精英课程，它需要大量的文学史专门知识和文学作品的阅读量，因此，"比较文学没必要在本科生里寻找相应的课程设置，它的硕士生、博士生可以从修读过国别文学或者中国文学课程的学生中间挑选，然后对其进行正规的教学和科研的训练"。但在实际教学中，学者们发现了比较文学作为"精英"学科的"窘境"。杨玉珍（2018）指出，比较文学的学理性、体系性要求学生具备一定的中外文学、文学理论的相关知识，要学贯中西并有国际视野，这些要求极具挑战性，对学生而言难度较大。王向远（2008）建议在本科阶段发展宏观比较文学，把"以学科概论、学科原理及研究方法为主要内容的'微观比较文学'"留置给研究生阶段的教学。陈为艳（2021）指出，跨越性的学科性质造成教学客观难度大，过于多元化和精英化的教材导致学科理论教学困难，范例建设的缺失或不成熟造成教学方法上的低效等。

其次，是课程教学内容问题。学者们普遍认为，比较文学的学科理论是本科阶段的教学重点，一般包括对象论、方法论、学科史几个重要部分。但比较文学课程内容繁杂，抽象的理论知识较多，给学生学习带来很大困难。而且，当前高校本科生的比较文学课程教学通常侧重于学科研究，是教学的主要内容，而作品类研究和成果研究作为例示，所占的比重较小。因此，在实际教学中，比较文学课程或被讲成纯理论的"概论"课，或"中外比较文学史"课，或被讲成以教师个人的研究兴趣为中心的个案研究课。根据这些问题，不少学者提出了课程内容改革设想。陈俐（2007）认为，为最大限度整合教学资源，解决极其有限的专业教学时间与课程知识信息量极其丰富的矛盾，可以将外国文学作品选、世界文学史、比较文学等课程作为不同阶段的三级课程设置；并大胆调整世界文学史分期，对外国文学知识元素进行重组和定位，真正建立体现东、西方文学内在联系的世界文学史教学内容体系。王向远（2013）提出比较文学"打通"和"封顶"的独特宗旨和功能，"打通"就是将中外文学史课程联通起来，将文学史与文学理论贯通起来；"封顶"就是将此前的课程知识加以全面笼罩、覆盖、综括、整合和提升，使之形成一个立体的知识论建构。可见，王向远强调的是"知识论"与"方法论"的有机结合。

再次，是比较文学研究的繁荣与比较文学教学边缘化的矛盾问题。过去几十年，中国比较文学学术成果丰富，中国学者共出版了千余部学术专著，发表了数千篇学术论文，比较文学研究在中国呈现出一种空前繁荣的状态，甚至一度被人们认为是"显学"。比较文学的学科地位也不断提升，自1994年以来，七所高校设立了独立的比较文学与世界文学二级学科博士点，加上那些隶属于中国语言文学一级学科之下的自设二级学科，我国已有五十多所高校可以招收比较文学与世界文学专业的博士研究生，还有一些隶属于外国语言文学一级学科之下的比较文学与跨文化研究二级学科也开始招收比较文学方向的博士研究生（王宁 2018）。而另一方面，本科阶段比较文学教学存在的问题日益突出，造成这些问题的原因有很多，其中一个重要的原因是"缺少了外语院系教师的参与，国外比较文学研究资源就得不到充分、及时的借鉴和利用。同时，也限制了中国比较文学的学术成果在国际上的交流和传播"（查明建 2005）。比较文学是一门跨语言、跨民族、跨学科、跨文化、国际化特征很强的学科，其基本的研究对象是本国文学和一种或一种以上的外国文学，精通一门外语是从事比较文学研究最基本的要求。比较文学方向人才培养必须要有外语学科的参与，这样才能凭借外语优势及时了解和把握国外比较文学发展动向，吸收对中国比较文学学科建设及人才培养有益的东西。

最后，再来看一下外国语言文学学科的发展变化情况。改革开放以来，根据国家外语人才培养的需求，外国语言文学学科目录经历了几次大的变化。1983年，国务院学位委员会公布的学科目录中，外国语言文学学科下设16个二级学科方向，比较文学、世界文学是其中的两个二级学科方向。1990年，国务院学位委员会、国家教育委员会颁布的学科目录中，外国语言文学学科依然下设 16 个二级学科方向，尽管与 1983 年的目录相比有所变化，但比较文学、世界文学依然是其中的二级学科方向。1997 年，国务院学位委员会、国家教育委员会联合发布《授予博士、硕士学位和培养研究生的学科、专业目录》，此次的调整较大，外国语言文学学科减少到 11 个二级学科方向，比较文学、世界文学被调整到中国语言文学学科目录中。2013 年，国务院学位委员会第六届学科评议组制定并公布了《学位授予和人才培养一级学科简介》。该简介规定：外国语言文学"属于人文社会科学学科，涵盖外国语言学和外国文学研究"，包括外国语言研究、外国文学研究、翻译研究、国别与区域研究、比较文学与跨文化研究 5 大研究领域。与 1997 年版学科专业目录相比，2013 年版学科简介增加了翻译研究、比较文学与跨文化研究两个二级学科方向。2017 年，国务院学位委员会又在《学位授权审核申请基本条件（试行）》中明确要求外国语言文学学科方向"至少涵盖本学科外国文学、外国语言学及应用语言学、翻译学、比较文学与跨文化研究、国别与区域研究 5 个主干学科研究领域中的 3 个"。2018 年颁布的《国标》中明确指出，外国语言文学学科基础包括外国语言学、外国文学、翻译学、国别与区域研究、比较文学与跨文化研究，具有跨学科特点。2020 年出版的英语专业《指南》则正式将比较文学与跨文化研究作为英语专业的一个培养方向。至此，比较文学与跨文化研究方向被正式纳入英语专业人才培养之中，这也是比较文学在历经几十年的发展之后迎来的一个新的发展机遇。

8.7.2 《国标》及《指南》背景下培养比较文学与跨文化研究方向人才的必要性

在中国从大国向强国迈进之际，国际格局和世界形势发生了重大而深刻的变化。在改革开放前四十年，外语学科在"引进来"方面发挥了不可替代的作用。新时代的外语学科应肩负构建人类命运共同体和让中国文化"走出去"的新使命。比较文学与跨文化研究作为具有时代特色的学科方向，将为中国文化的国际传播、人类命运共同体的构建发挥独特作用。

第一，该方向人才培养可对接国家发展战略需求和社会需要。服务国家战略发展及社会经济发展需求，是高校人才培养的重要使命。高校的根本任务是培养适应社会、全面发展的合格人才，这是国家和社会对高校的共同期待。"一带一路""中国文化走出去""构建人类命运共同体"等倡议的实施急需培养一大批具备国际视野和全球眼光、通晓国际规则、能够参与国际事务和国际竞争、具有跨文化交际能力和跨学科融通能力的高层次外语人才。2021年5月31日,习近平总书记在主持十九届中央政治局第三十次集体学习时强调,讲好中国故事,传播好中国声音,展示真实、立体、全面的中国,是加强我国国际传播能力建设的重要任务。跨文化能力培养是国际传播能力建设的关键所在。比较文学与跨文化研究方向强调对不同文化、不同民族和地区的文学进行比较,通过异质文化背景下的文学比较研究,促进异质文化之间的互相理解、对话、交流与认同,而且以异质文化的互认、互补为终极目的,使之在互认的基础上达到互补共存,实现人类文学与文化的多元繁荣。比较文学与跨文化研究就是"站在人类文学的高度对多国别、多民族的文学进行跨文化比较分析与研究,它与生俱来拥有一种世界的、全球的和人类的眼光与视野"(蒋承勇 2019)。可见,该培养方向正是以培养具有跨文化和国际传播能力的优秀人才为目标的。因此,比较文学与跨文化研究方向是国家急需发展的学科和专业方向,在促进中外人文交流中发挥着不可替代的作用。

  第二,该方向是新文科建设的需要。比较文学具有跨学科的属性,雷马克曾指出:"比较文学是超出一国范围之外的文学研究,并且研究文学与其他知识和信仰领域之间的关系,包括艺术(如绘画、雕刻、建筑、音乐)、哲学、历史、社会科学(如政治、经济、社会学)、自然科学、宗教等等。简言之,比较文学是一国文学与另一国或多国文学的比较,是文学与人类其他表现领域的比较"(转引自苏源熙、何绍斌 2004)。从第一阶段法国学派的国别文学比较研究,到第二阶段美国学派的跨学科研究,到当今更加开放、多元的跨文化、跨文明比较,比较文学与跨文化研究方向具有鲜明的跨学科属性。王宁(2021)指出,比较文学学科多年前就已经在跨学科的研究中先行了一步。因此,比较文学与跨文化研究方向是一个内涵丰富、交叉性极强的领域,它覆盖哲学、文化学、民族学、心理学及文学等诸多学科,在各领域中的相关研究彼此交织,互相影响,必然具有超越文化、超越民族的世界性意义。跨学科性是比较文学与跨文化研究方向的显著特征,而新文科建设的一个重要任务也是跨学科融通。教育部2020年11月3日发布的《新文科建设宣言》对新文科建设作出了全面部署,其中提到,"新科技和产业革命浪潮奔腾而至,社会问题日益综合化复杂化,应对新变化、解决复杂问题亟需跨学科专业的知识整合,推动融合发展是新文科建设的必然选择。进一步打破学科专业壁垒，推动文科专业之间深度融通、文科与理工农医交叉融合，融入现代信息技术赋能文科教育，实现自我的革故鼎新，新文科建设势在必行"。显而易见，比较文学与跨文化研究方向的跨学科属性与新文科建设强调的跨学科融通理念高度契合。因此，比较文学与跨文化研究方向是新文科建设背景下复合型人才培养模式改革的重要实施路径。

第三，该方向人才培养目标的跨文化能力是全球高等教育人才培养的趋势。由于经济全球化、科技交通进步、人口频繁流动和文化融合，人们生活在一个联系越来越紧密的全球化社会。为了能够有效地和来自不同文化和种族背景的人们交流，跨文化能力在国内外都变得极其重要。教育领导力研究领域的西方学者 King & Magolda（2005）指出："在这个全球相互依赖日益加深的时代，教育的紧迫任务就是要培养具有跨文化能力的公民，他们在面临涉及多元文化视角的问题时，能够做出明智的、道德的决策"（转引自孙有中 2016）。跨文化研究领域的学者 Pusch（2009）写道："必须培养新一代领导人，他们应具有超越宽容进而拥抱差异的跨文化态度，学会在一个多元文化的世界上建设性地、同情地生活，这一点对于人类以及地球的生存至关重要。……人类生活的每一个领域都迫切需要这样的领导者，他们跨越文化边界，能创造和维护立足于文化差异的制度，并允许多样化的创新不断涌现"（转引自孙有中 2016）。跨文化能力不仅能增强不同文化之间的沟通交流，还是促进国家形象建设的有效路径（鲁子问 2012），因此，跨文化能力培养已成为世界高等教育界的共识。

第四，该方向体现了专业与学科融通的理念。长期以来，英语教育从业者并未重视专业与学科之间的相互依存和促进关系，普遍只是认识到英语作为专业的特点，而忽视了其学科属性（曾艳钰 2019）。国务院学位办颁布的《学位授予和人才培养一级学科简介》规定，外国语言文学学科的研究对象包括外国语言研究、外国文学研究、翻译研究、国别与区域研究、比较文学与跨文化研究等五大领域。《国标》也明确指出，外国语言文学学科基础包括外国语言学、外国文学、翻译学、国别与区域研究、比较文学与跨文化研究，具有跨学科特点。由此，《指南》设置了语言学、文学、翻译、国别与区域、比较文学与跨文化五个专业方向。《指南》强调跨学科、跨文化知识建构，因此，在英语专业核心课程和传统方向课程的基础上设置了国别与区域研究、比较文学与跨文化研究方向的课程，目的在于培养学生的专业能力和跨文化能力，使学生形成英语学科领域的相关知识体系，这也是《指南》专业方向课程设置的一个明显变化。专业方向课程设置实现了英语专业与外国语言文学学科研究领域的有效对接。英语专业培养的是能够从事科学探索的创新型人才,能以上述五个研究领域为发展方向、坚持扎根中国与融通中外相结合、具有系统学科知识和国际视野的英语专业人才。

8.7.3 比较文学与跨文化方向的培养目标及课程设置

前文论述了新时代比较文学与跨文化研究方向设置的重要意义及人才培养的必要性和重要性。作为一个新设立的专业方向,培养目标该如何确定?又该如何围绕培养目标设置科学并具可操作性的课程体系?这是目前高校英语专业在根据《国标》和《指南》进行人才培养方案修订过程中最为关注的问题。

8.7.3.1 比较文学与跨文化研究方向培养目标

《指南》确定的英语专业的培养目标为:英语专业旨在培养具有良好的综合素质、扎实的英语语言基本功、较强的跨文化能力、厚实的英语专业知识和必要的相关专业知识,能适应国家与地方经济建设和社会发展需要,熟练使用英语从事涉外行业、英语教育教学、学术研究等相关工作的英语专业人才和复合型英语人才。《指南》鼓励各高等学校依据分类指导、内涵发展的原则,结合本校实际情况,确定人才培养目标、课程设置、教学计划和教学要求,彰显办学特色。需要强调的是,《指南》在设计专业课程时,强调跨学科、跨文化的知识建构,在英语类专业核心课程和传统方向课程基础上,设置了比较文学与跨文化研究、国别和区域研究等方向的课程,目的就是要培养学生的专业能力和跨文化能力。已具备条件的高校英语专业理应把比较文学与跨文化研究方向纳入人才培养方案之中;目前尚不具备条件的高校,可以从建设相关课程着手。

吴晓都、蒋承勇、谢天振等(2018)曾从学科角度对比较文学与跨文化研究进行了描述,认为比较文学与跨文化研究应该是一个跨语言、跨国别、跨学科的新型边缘交叉学科,它主要应该借鉴文艺学理论、当代文化理论,考察和研究世界各国、各民族和文化之间的交集、传播、接受和影响等的规律,揭示世界文学和文化的多元面貌,探讨中外文学、文化之间的互动和融合。蒋承勇(2019)也从学科角度探讨了比较文学与跨文化研究的方法论意义:以世界文学的眼光看国别文学,促进国别文学研究走向世界文学;以中国的眼光(立场)看世界文学,为世界文学研究提供中国视野和中国声音,为中国文学与文化研究与建设提供借鉴(普罗米修斯精神)。结合相关学者对该学科方向的讨论及《指南》对英语专业人才培养目标的定位,我们认为比较文学与跨文化方向研究人才培养目标为:本专业方向坚持立德树人之根本,适应新时代,对接学科前沿和国家社会需求,全面落实课程思政,以学科交叉融通为特色,培养具有中国情怀和国际视野,具备扎实的英、汉语言技能、广博的英语国家人文知识、深厚的跨文化素养,具有思辨与创新能力,能在中西人文交流中体现较强的跨文化能力,能从事教学、外交、研究等工作的德智体美劳全面发展的复合型英语专业人才。

8.7.3.2 比较文学与跨文化研究方向的课程设置

培养目标是课程设置的依据。《指南》已提供了一个可供各高校参考的比较文学与跨文化研究方向的课程设置方案,包括以下课程:

表 8.10 本科英语专业比较文学与跨文化方向研究课程设置参考框架

	课程名称	课程设置说明
通识课程	大学语文	通识课程一般由学校统一开设,统一规定修读要求。学院可以向学校申请增设与专业方向相关的通识课程,如外国文学通论等。
	外国文学通论	
	中国文学经典选读	
比较文学与跨文化研究理论课程	中外文化比较	该类课程的内容主要是关于比较文学与跨文化研究的基本理论。旨在让学生掌握比较文学与跨文化研究领域的基本知识、概念及其研究现状,为学生提升跨文化能力打下坚实的基础。
	比较文学导论	
	西方思想经典导读	
比较文学与跨文化研究理论课程	中国思想经典导读	
	英语国家社会与文化	
	英语文学经典	
	外国礼仪文化	
	西方艺术史入门	
研究方法课程	跨文化研究专题	该类课程旨在让学生了解本方向主要的研究方法、范式和工具,为学生从事学术研究打下基础。
	文化研究方法	
	中外比较文学研究专题	
	中外人文交流研究专题	

各校在具体操作过程中，还要注意以下几点：

第一，重视课程开设的覆盖面：通识类与专业类课程要兼顾，理论课程与方法论课程要相对平衡，各类至少要保证开设一门以上课程。

第二，体现差异性：各校可根据自身实际确定必修和选修课程，也可根据学校的学科基础及办学定位开设地方化、个性化选修课程。

第三，注意课程开设的科学性：要充分考虑不同课程之间的逻辑关系和先后顺序。原则上，理论课程在前，方法论课程在后；通识类在前，专业类在后。

8.8 专门用途外语方向课程

《国标》在规定外语类专业的共性和外语类专业应坚持的专业属性和内涵的同时，提出外语类专业可与其他相关专业结合，形成复合型专业或方向，以适应社会发展的需要。

8.8.1 专门用途外语的定义与分类

专门用途外语起源于专门用途英语（English for Specific Purposes，简称为 ESP），是应用语言学的一个重要分支领域，指以特定领域语言使用为目的的第二语言或外语学习或教学（Partridge & Starfield, 2013）。以专门用途英语为例，主要包括学术英语（English for Academic Purposes）、行业英语（English for Professional Purposes）和职业英语（English for Occupational Purposes）三类（见图 8.3）。

图 8.3　专门用途英语的分类

ESP 目标是专门针对学科专业和职业需要开设英语课程，帮助学生熟练掌握专业领域有效沟通的英语技能等。从学科或行业看，包括学术英语、文史英语、商务英语、法律英语、医学英语、传媒英语、航空英语、理工英语、能源英语、农林英语、军事英语、体育英语、艺术英语等；从职业和岗位看，包括旅游英语、酒店英语、会展英语、物流英语、新闻英语、外贸英语、电力英语、石油英语、化工英语、建筑英语、汽车英语、海事英语、警务英语等。ESP 特征鲜明，面向学生需求导向，与学科、职业及专业相关，专业语篇与体裁特点鲜明，教学理念不同，教材和教法不同。

《国标》根据外语类专业发展的情况提出，各高校外语类专业可以根据本校的定位和特色，设置不同类型的专门用途外语方向，开设专门用途外语专业方向课程。考虑到商务英语专业已经是独立设置的本科专业，如果高校已经开设商务英语专业，英语专业就没有必要重复设立英语专业（商务方向），避免同一个学校的英语专业与商务英语专业出现同质化和相互竞争的现象。在没有开设商务英语专业的院校，英语专业可参考《指南》建议的英语专业（财经方向），或在英语专业课程中开设相关的商务英语类课程，如商务写作、商务翻译、商务谈判、国际营销、国际贸易实务等，以体现专门用途英语特色。此处不再详细介绍商务英语方向设置。

下文将重点以法律、医学、民航三个专门用途英语方向为例，介绍政法类高校英语专业如何设置法律英语方向，医学类高校英语专业如何设置医学英语方向，民航类高校英语专业如何设置民航英语方向，供各校参考。

8.8.2 英语专业（法律英语方向）

8.8.2.1 法律英语方向的培养目标

旨在培养德智体美劳全面发展，既具有扎实的英语基本功，又熟悉法律的宽口径、复合型的高素质英语人才。通过学习，学生不仅可以掌握英语专业知识，具备较为深厚的人文学科知识，还可依托学校法学资源选修法学专业课程，掌握法学基本理论知识，能够胜任教育、翻译、管理、涉外事务等领域的相关工作，最终成为符合社会发展需求的"英语+法律"复合型人才。

8.8.2.2 法律英语方向的专业课程

法律英语方向的专业课程包括必修课和选修课，具体如下（见附录1）：

（1）专业必修课程

包括法律英语视听说、法律英语泛读、英美法律文学、法律英语精读、法律翻译概论、法律英语写作等。

（2）专业选修课程

包括法律时文选读、法律英语影视赏析、法律案例选读、美国合同法（英汉双语）、美国刑法（英汉双语）、美国知识产权法（英语）、美国诉讼法（民诉/刑诉）、外国法律制度、英美法律文化、法律语言学导论、法律翻译案例研习、法律话语分析等。

（3）实践教学课程

法律英语实践教学课程可包括双语模拟法庭/仲裁庭、涉外法律谈判、涉外律师实务、涉外案例研讨等。

8.8.3　英语专业（医学英语方向）

8.8.3.1　医学英语方向的培养目标

旨在培养具有扎实的英语语言基础和广博的人文知识背景，掌握必要的医药卫生知识，具有较好的外语应用能力、跨文化交流能力和创新思维能力，具有职业道德、社会责任、科研思维、身心素质、沟通能力，能适应社会经济和医药卫生事业发展需要，能在医药卫生相关领域从事中医药英语翻译、学术研究、文化宣传等工作的创新型、复合型、应用型和技术技能型专门人才。

8.8.3.2　医学英语方向的专业课程

医学英语方向的专业课程包括必修课和选修课，具体如下（见附录2）：

（1）专业必修课程

医学英语方向必修课程可包括现代医学基础概论、生命科学基础概论、临床医学概论、中医学概论、医学英语论文摘要写作、西医英语、中医英语、医学英语翻译等。

（2）专业选修课程

医学英语方向选修课程可包括中外社会医疗保障体系、医学英语学术交流、医学英语阅读、中医养生康复学、中药材概论、针灸推拿学导论、气功功法与养生等。

（3）实践教学课程

医学英语实践教学可包括中西医对外交流实践、临床实习等。

8.8.4　英语专业（民航英语方向）

8.8.4.1　民航英语方向的培养目标

旨在培养德智体美劳全面发展，具有良好的综合素质、扎实的英语语言基本功底、系统的英语语言文学知识以及相当的民航知识，能适应我国对外交流、国家与地方经济建设和社会发展需要的复合型外语应用人才，使毕业生能够在民航、文教、科研等相关领域从事翻译、研究、教学、管理、语言服务等工作。

8.8.4.2　民航英语方向的专业课程

民航英语方向的专业课程包括必修课和选修课，具体如下（见附录3）：

（1）专业必修课程

民航英语方向必修课程可包括航空概论（英语）、空中交通服务（英语）、机场运营与管理（英语）、航空公司运营与管理（英语）、飞机与飞行（英语）、民航翻译等。

（2）专业选修课程

民航英语方向选修课程可包括民航法规（英语）、航空安全与人为因素（英语）等。

（3）实践教学课程

民航英语实践教学课程可包括航空公司、机场、航空服务企业、航空运输与物流企业实习、国际航空会展交流实践等。

附录1

XX高校英语专业（法律英语）培养方案

一、培养目标

本专业旨在培养德智体美劳全面发展，既具有扎实的英语基本功，又熟悉法律的宽口径、复合型的高素质英语人才。通过学习，学生不仅可以掌握英语专业知识，具备较为深厚的人文学科知识，还可依托我校法学资源选修法学专业课程，掌握法学基本理论知识，能够胜任教育、翻译、管理、涉外事务等领域的相关工作，最终成为符合社会发展需求的"英语+法律"复合型人才。

二、培养要求

（一）具有扎实的英语语言基础和较熟练的听、说、读、写、译能力；

（二）具有较强的沟通能力、思辨能力和创新能力；

（三）了解我国国情和英语国家的社会和文化，具有较高的跨文化交际素质和道德素养；

（四）了解一定的中外法律知识；

（五）鼓励学生通过英语专业八级考试（TEM-8），鼓励学生取得法律英语证（LEC）；

（六）具备较高的政治理论素质、较强的理论分析能力和组织管理能力，能够从事法律英语专业的教育、研究和实务工作；

（七）能熟练使用办公软件；

（八）具有一定的第二外国语应用能力。

三、学制、修业年限与学位授予

学制4年。修满本培养方案规定的课程和学分要求，考核合格，准予毕业并授予文学学士学位。

成绩优异的学生，经学校综合考核将被推荐免试进入比较法学研究院或国际法学院攻读硕士学位。

四、学分要求

总学分为 171，具体分配如下：

（一）课堂教学：150 学分，2480 学时

1. 含课内实践教学：10 学分，160 学时；

2. 春、秋学期每学期标准周为 18 周，其中课堂教学 16 周，考试 2 周；夏季学期为 4 周，无考试周。

（二）课外实践教学：21 学分

1. 军训，第一学年秋，2 周，2 学分；

2. 社会实践，第二学年夏，4 周，2 学分；

3. 学年论文，第三学年秋，2 周，1 学分；

4. 专业实习，第三学年春－夏，10 周，5 学分；

5. 劳动教育，第四学年秋，2 周，2 学分；

6. 毕业论文，第四学年秋－春，16 周，8 学分；

7. 公益学分，第四学年春，2 周，1 学分。

五、课程设置

根据本专业培养目标的要求，结合社会需要，本专业课堂教学课程体系由通识课程、专业课程、国际课程和创新创业类课程构成，通识课程和专业课程均分别由必修课程和选修课程组成。通识必修课程 33 学分；专业必修课程由 40 门课程组成，共 82 学分。专业选修课程共有 38 门课程，应修满 13 学分。通识选修课程应修满 18 学分，其中通识主干课程组应修满 8 学分，一般通识选修课程应修满 10 学分。国际课程应修满 2 学分，创新创业类课程应修满 2 学分。

5.1 专业必修课程

综合英语（一、二、三、四）、英语口语、英语视听说、人文经典阅读（一、二）、英语语音、英语国家社会与文化、英语语法、法律英语视听说、英语演讲与辩论（一、二）、英语写作（一、二）、基础英语听力、法律英语泛读、翻译理论与实践（一、二）、西方宗教与文化、英国文学史、美国文学史、应用文写作实践、英美法律文学、中国社会与文化、语言学概论、法律英语精读（一、二）、基础口译、法律翻译概论、跨文化交际、法律英语写作、学术论文写作、第二外语（一、二）。

5.2 专业选修课程

法律时文选读、法律英语影视赏析、法律案例选读、美国合同法（英汉双语）、美国刑法（英汉双语）、美国知识产权法（英语）、美国诉讼法（民诉/刑诉）、视听欣赏、高级英语听力、商务英语、学术话题写作与润饰、高级英语（一、二）、外国法律制度、英美小说、标识翻译理论与实践、英国文学选读、美国文学选读、英美诗歌、英美法律文化、英语词汇学、英语文体学、语篇分析、英语测试、语用学、法律语言学导论、法律翻译案例研习、英语教学法、法律话语、第二外语（三、四）。

5.3 通识课程

计算机基础、体育、军事理论、思想道德修养与法律基础、中华文明通论、西方文明通论、马克思主义基本原理、中国近现代史纲要、计算机应用、毛泽东思想和中国特色社会主义理论体系概论、形势与政策、习近平新时代中国特色社会主义思想概论等课程。

六、社会实践与专业实习

社会实践旨在引导学生了解社会，掌握社会调查的基本方法。共4周，安排在第二学年夏季学期。专业实习共10周，安排在第三学年夏-秋季学期。

七、科研

为培养学生研究与分析问题的能力，参加社会实践须撰写调查报告。三年级秋季学期须撰写学年论文，专业实习应提交实习报告。课堂教学学分修满后学生撰写毕业论文。

八、考核

考核分考试和考查两种。必修课程必须考试，选修课程一般为考查。

考试分笔试与口试：笔试采用百分制；口试和考查采用五级分制，即优、良、中、及格、不及格。

分类		课程名称	学分	建议修读学期											是否必须修读	考核方式	课程属性	开课院系	备注
				1	2	3	4	5	6	7	8	9	10	11					
专业必修课程	专业基础必修课程组	1 综合英语(一)	4	√											是	考试	必修	外国语学院	
		2 英语口语	2	√											是	考试	必修	外国语学院	
		3 英语语音	2	√											是	考试	必修	外国语学院	
		4 英语国家社会与文化	2	√											是	考试	必修	外国语学院	
		5 英语视听说	2	√											是	考试	必修	外国语学院	
		6 人文经典阅读(一)	2	√											是	考试	必修	外国语学院	
		7 综合英语(二)	4		√										是	考试	必修	外国语学院	
		8 法律英语视听说	2		√										是	考试	必修	外国语学院	
		9 英语语法	2		√										是	考试	必修	外国语学院	
		10 英语写作(一)	2		√										是	考试	必修	外国语学院	
		11 人文经典阅读(二)	2		√										是	考试	必修	外国语学院	
		12 英语演讲与辩论(一)	2		√										是	考试	必修	外国语学院	
		13 综合英语(三)	4				√								是	考试	必修	外国语学院	
		14 英国文学(一)	2				√								是	考试	必修	外国语学院	
		15 美国文学(一)	2				√								是	考试	必修	外国语学院	
		16 翻译理论与实践(一)(实践课)	2				√								是	考试	必修	外国语学院	
		17 英语写作(二)	2				√								是	考试	必修	外国语学院	
		18 英语听力(一)	2				√								是	考试	必修	外国语学院	
		19 英语演讲与辩论(二)	2				√								是	考试	必修	外国语学院	
		20 西方宗教与文化	2				√								是	考试	必修	外国语学院	
		21 法律英语泛读	2				√								是	考试	必修	外国语学院	
		22 综合英语(四)	4					√							是	考试	必修	外国语学院	
		23 英美法律文学	2					√							是	考试	必修	外国语学院	
		24 语言学概论	2					√							是	考试	必修	外国语学院	
		25 应用文写作实践(实践课)	2					√							是	考试	必修	外国语学院	
		26 翻译理论与实践(二)(实践课)	2					√							是	考试	必修	外国语学院	
		27 中国社会与文化	2					√							是	考试	必修	外国语学院	
		28 法律英语精读(一)	2					√							是	考试	必修	外国语学院	
		29 法律翻译概论(实践课)	2						√						是	考试	必修	外国语学院	
		30 基础口译	2						√						是	考试	必修	外国语学院	
		31 法律英语精读(二)	2						√						是	考试	必修	外国语学院	
		32 法律英语写作	2							√					是	考试	必修	外国语学院	
		33 跨文化交际	2							√					是	考试	必修	外国语学院	
		34 学术论文写作	2									√			是	考试	必修	外国语学院	
		学分小计	76	14	14		20	16	6	4		2							

分类	课程名称	学分	建议修读学期											是否必须修读	考核方式	课程属性	开课院系	备注
			1	2	3	4	5	6	7	8	9	10	11					
第二外语	1 法语（一）	3				√								否	考试	必修	外国语学院	六选一
	2 德语（一）	3				√								否	考试	必修	外国语学院	六选一
	3 日语（一）	3				√								否	考试	必修	外国语学院	六选一
	4 俄语（一）	3				√								否	考试	必修	外国语学院	六选一
	5 西班牙语（一）	3				√								否	考试	必修	外国语学院	六选一
	6 意大利语（一）	3				√								否	考试	必修	外国语学院	六选一
	1 法语（二）	3					√							否	考试	必修	外国语学院	六选一
	2 德语（二）	3					√							否	考试	必修	外国语学院	六选一
	3 日语（二）	3					√							否	考试	必修	外国语学院	六选一
	4 俄语（二）	3					√							否	考试	必修	外国语学院	六选一
	5 西班牙语（二）	3					√							否	考试	必修	外国语学院	六选一
	6 意大利语（二）	3					√							否	考试	必修	外国语学院	六选一
	学分小计	6				3	3											
通识必修课程	1 军事理论	2	√											是	考试	必修	网络教学	
	2 思想道德修养与法律基础		√											是	考试	必修	马克思主义学院	
	3 习近平新时代中国特色社会主义思想概论		√											是	考试	必修	马克思主义学院	
	4 中华文明通论		√											是	考试	必修	人文学院	
	5 中国近现代史纲要	3		√										是	考试	必修	马克思主义学院	
	6 马克思主义基本原理			√										是	考试	必修	马克思主义学院	
	7 西方文明通论			√										是	考试	必修	人文学院	
	8 毛泽东思想和中国特色社会主义理论体系概论				√									是	考试	必修	马克思主义学院	
	9 形势与政策									√				是	考试	必修	教务处	
	学分小计	9	9		5						2							
专业选修课程	1 视听欣赏	2				√								否	考查	限选	外国语学院	
	2 标识翻译理论与实践（实践课）	2				√								否	考查	限选	外国语学院	
	3 商务英语	2					√							否	考查	限选	外国语学院	

分类	课程名称	学分	建议修读学期											是否必须修读	考核方式	课程属性	开课院系	备注
			1	2	3	4	5	6	7	8	9	10	11					
	4 英语听力（二）	2					√							否	考查	限选	外国语学院	
	5 高级英语（一）	2							√					否	考查	限选	外国语学院	
	6 学术话题写作与润饰（实践课）	1							√					否	考查	限选	外国语学院	
	7 高级英语（二）	2								√				否	考查	限选	外国语学院	
	应修学分	3																
	1 英美小说	2				√								否	考查	限选	外国语学院	
	2 英美诗歌	2					√							否	考查	限选	外国语学院	
	3 英国文学（二）	2					√							否	考查	限选	外国语学院	
	4 美国文学（二）	2					√							否	考查	限选	外国语学院	
	5 英美法律文化	2							√					否	考查	限选	外国语学院	
	6 德语（三）	3							√					否	考查	限选	外国语学院	
	7 日语（三）	3							√					否	考查	限选	外国语学院	
专业选修课程	8 法语（三）	3							√					否	考查	限选	外国语学院	
	9 俄语（三）	3							√					否	考查	限选	外国语学院	
	10 西班牙语（三）	3							√					否	考查	限选	外国语学院	
	11 意大利语（三）	3							√					否	考查	限选	外国语学院	
	12 英语词汇学	2							√					否	考查	限选	外国语学院	
	13 英语文体学	2							√					否	考查	限选	外国语学院	
	14 语篇分析	2							√					否	考查	限选	外国语学院	
	15 英语测试	2								√				否	考查	限选	外国语学院	
	16 法语（四）	3								√				否	考查	限选	外国语学院	
	17 德语（四）	3								√				否	考查	限选	外国语学院	
	18 日语（四）	3								√				否	考查	限选	外国语学院	
	19 语用学	2								√				否	考查	限选	外国语学院	
	20 英语教学法	2										√		否	考查	限选	外国语学院	
	应修学分	6																

分类		课程名称	学分	建议修读学期										是否必须修读	考核方式	课程属性	开课院系	备注
				1	2	3	4	5	6	7	8	9	10	11					
法律英语特色课程组		1 外国法律制度	2		√										否	考查	限选	外国语学院	
		2 法律时文选读	2				√								否	考查	限选	外国语学院	
		3 法律英语影视赏析	2					√							否	考查	限选	外国语学院	
		4 美国合同法(英汉双语)	2							√					否	考查	限选	外国语学院	
		5 法律案例选读	2							√					否	考查	限选	外国语学院	
		6 美国刑法(英汉双语)	2							√					否	考查	限选	外国语学院	
		7 美国知识产权法(英)	2								√				否	考查	限选	外国语学院	
		8 法律语言学导论	2								√				否	考查	限选	外国语学院	
		9 法律翻译案例研习	2								√				否	考查	限选	外国语学院	
		10 美国诉讼法(双语)	2										√		否	考查	限选	外国语学院	
		11 法律话语	2										√		否	考查	限选	外国语学院	
		应修学分	4																
通识选修课程	通识主干课程组	1 习近平法治思想概论	2												否	考查	选修	法学院	
		2 习近平生态文明思想的法治实践	2												否	考查	选修	民商经济法学院	
		3 当代中国社会	2												否	考查	选修	社会学院	
		4 社会心理学	2												否	考查	选修	社会学院	
		5 心理学导论	2												否	考查	选修	社会学院	
		6 计算思维	2												否	考查	选修	刑事司法学院	
		7 网络空间治理	3												否	考查	选修	刑事司法学院	
		8 当代西方政治思想前沿	2												否	考查	选修	政治与公共管理学院	
		9 当代国际关系理论与现实	2												否	考查	选修	政治与公共管理学院	
		10 当代国际热点解析	2												否	考查	选修	政治与公共管理学院	
		11 全球治理	2												否	考查	选修	政治与公共管理学院	
		12 现代经济学理论	2												否	考查	选修	商学院	
		13 批判性思维	2												否	考查	选修	人文学院	
		14 逻辑导论	3												否	考查	选修	人文学院	
		15 中国哲学智慧	2												否	考查	选修	人文学院	
		16 西方哲学智慧	2												否	考查	选修	人文学院	
		17 中外文学名著导读	2												否	考查	选修	人文学院	
		18 中外音乐经典	2												否	考查	选修	人文学院	
		19 历史上的中国与世界	2												否	考查	选修	人文学院	
		20 中国社会史	2												否	考查	选修	人文学院	
		21 大学语文	2												否	考查	选修	人文学院	

分类	课程名称	学分	建议修读学期 1	2	3	4	5	6	7	8	9	10	11	是否必须修读	考核方式	课程属性	开课院系	备注
通识主干课程组	22 艺术修养与艺术鉴赏	2												否	考查	选修	人文学院	
	23 文科高等数学	2												否	考查	选修	科学技术教学部/法治信息管理学院	
	24 自然科学史	2												否	考查	选修	科学技术教学部/法治信息管理学院	
	25 科技与人文	2												否	考查	选修	科学技术教学部/法治信息管理学院	
	26 环境科学概论	2												否	考查	选修	科学技术教学部/法治信息管理学院	
	27 心理健康	2												否	考查	选修	学生处/学生工作部/武装部	
	28 习近平新时代中国特色社会主义思想概论	2												否	考查	选修	马克思主义学院	
	29 大众传播与媒介素养	2												否	考查	选修	光明新闻传播学院	
	应修学分	8																
	校公选课程	10																
	学分小计	18																
课外实践教学	1 军训	2	√											是	考试	必修	教务处	
	2 社会实践	2						√						是	考试	必修	教务处	
	3 学年论文	1					√							是	考试	必修	教务处	
	4 专业实习	5							√					是	考试	必修	教务处	
	5 劳动教育	2								√				是	考试	必修	教务处	
	6 公益劳动与志愿服务	1											√	是	考试	必修	教务处	
	7 毕业论文	8											√	是	考试	必修	教务处	
	学分小计	21	2			2	1		5	2			9					
方案要求总学分		171	26	26	0	32	21	2	7	4	5	6	9					

附录2

XX 高校英语专业（医学英语）培养方案

一、培养目标

（一）总体培养目标

坚持中西文化并举、学科交义的办学理念，培养具有良好的综合素质、扎实的英语基本功、一定的医学基本理论知识与能力、广博的人文知识背景，适应我国医学对外交流、国家与地方经济与医药卫生事业发展、医药卫生涉外行业、医学英语教育与学术研究需要的具有创新意识，应用能力强的复合型英语专业人才。

（二）专业培养目标

培养具有扎实的英语语言基础和广博的人文知识背景，掌握必要的医药卫生知识，具有较好的外语应用能力、跨文化交流能力和创新思维能力，具有职业道德、社会责任、科研思维、身心素质、沟通能力，能适应社会经济和医药卫生事业发展需要，能在医药卫生相关领域从事中医药英语翻译、学术研究、文化宣传等工作的创新型、复合型、应用型和技术技能型专门人才。

二、培养要求

（一）总体培养要求

1. 热爱祖国，拥护中国共产党，掌握马列主义、毛泽东思想和邓小平理论的基本原理；愿为社会主义现代化建设服务，为人民服务，具有崇高的理想和社会责任感；遵纪守法、团结协作、热爱劳动，具有良好的思想品德、社会公德和职业道德。

2. 掌握一定的人文社会文化和自然科学知识；掌握英语专业的基础知识、基本理论、基本技能；掌握必要的医药卫生知识，具有较好的中医文化底蕴，具有独立获取知识、提出问题、分析问题和解决问题的基本能力及开拓创新的精神，具有一定的从事本专业业务工作的能力和适应相邻专业业务工作的基本能力与素质；掌握文献检索、资料查询的基本方法，具有初步的科学研究能力；具备信息技术应用与处理能力。

3. 掌握基本的体育知识和科学锻炼身体的基本方法，掌握传统体育保健疗法，达到国家规定的体育锻炼合格标准；具有健康的体魄和良好的心理素质，能与社会和环境发展变化相协调，具备良好的人际关系、社会适应能力和交流能力；掌握基本的军事理论与军事知识，增强国防观念和国家安全意识，为中国人民解放军训练后备兵员和培养预备役军官打下基础。

（二）专业培养要求

知识：

1. 掌握英语语言知识和英语听、说、读、写、译综合技能。

2. 掌握必要的医学基本理论和基本知识。

3. 具有较丰富的人文和社会科学知识。

4. 熟悉我国国情，了解主要英语国家的历史和现状。

能力：

1. 具备较强的医学英语翻译能力、文学赏析能力、跨文化能力、思辨能力、一定的英语学术科研能力。

2. 具有一定的信息技术应用能力、自主学习能力、实践能力、创新能力。

3. 具有一定的第二外语实际运用能力。

4. 具有发现问题、分析问题、解决问题能力。

5. 具有良好的语言表达能力、沟通交流能力、团队协作能力。

素质：

1. 具有正确的世界观、人生观和价值观，具有良好的道德品质。

2. 具有中国情怀与国际视野，具有强烈的社会责任感。

3. 具有人文、科学素养，具有学科基本素养、专业职业道德。

4. 具有较强的批判思维、严谨的科学思维、开拓的创新精神。

5. 具备良好的身心素质、健康的情绪、健全的人格、良好的人际关系和适应能力。

三、毕业要求

学制四年，学位：文学学士。

学生本科阶段，须修满教学计划规定的178学分——其中通识教育课程41学分、专业课程79学分、学生自主发展课程18学分、实践教学40学分，并通过英语专业四级水平测试或大学英语六级水平测试，通过毕业论文答辩，方能获得本科毕业证书，达到学位要求者授予文学学士学位。

四、课程设置和学分要求

（一）通识教育课程（应修满41学分）

（1）思想政治理论课 14学分 必修课

序号	课程名称	课程代码	学分	开课学期
1	中国近现代史纲要		2.5	1
2	思想道德修养与法律基础		2.5	2
3	马克思主义基本原理概论		2.5	3
4	毛泽东思想和中国特色社会主义理论体系概论		4.5	4
5	思想政治实践课		2	1-4

（2）体育课 4学分

序号	课程名称	课程代码	学分	开课学期
1	体育（必修）		4	1-4

（3）军事理论与技能训练 3学分 必修课

序号	课程名称	课程代码	学分	开课学期
1	军事理论与技能训练		3	1

（4）通识素质课 20学分

通识素质课程包括文化素质课与创新创业课。文化素质课程有"六大模块"，根据课程设置的原则、目的和现有学科的特点，主要分为数学与自然科学、社会科学、哲学与心理学、历史学、艺美与文学、社会可持续发展6大基本的领域，加强学生人文素养、科学素养、职业素养的培养。总学分要求不少于12学分，学生须在每个模块各修读不少于2学分（1门课程），建议每学期修读2学分（1门课程），分6个学期修读。各专业应根据专业特点和要求设置限选课程。详见《XX高校本科生通选课汇总表》。

创新创业课总学分要求不少于8学分，分为三个阶段。第一阶段在第一、二学年，必修课，含《大学生成才与职业发展》课程，共4学分，面向全体学生，开设旨在培养学生创新创业意识、激发学生创新创业动力的普及课程。第二阶段在第三学年，是选修课，至少2学分，面向有较强创新、创业意愿和潜质的学生，开设旨在提高其基本知识、技巧、技能的专门的系列专业课程。第三阶段在第二至四学年，学生在校期间至少主持一项创新创业项目，每项为2学分，旨在培养学生创新创业实际运用能力。

（二）专业课程（应修满79学分）

1. 专业基础课（应修满10学分）

序号	模块	课程名称	课程代码	学时	学分	开课学期	备注
1	听说类课程模块	英语语音与正音		18	1	1	
2		英语口语Ⅰ、Ⅱ		72	4	1、2	
3		英语视听说Ⅰ、Ⅱ		72	4	1、2	
4	导读类课程模块	英语专业导读		18	1	1	

2. 专业核心课程（应修满69学分）

序号	模块	课程名称	课程代码	学时	学分	开课学期	备注
1	阅读类课程模块	英语读写Ⅰ、Ⅱ、Ⅲ、Ⅳ		180	10	1－4	
2		英语人文阅读Ⅰ、Ⅱ		90	5	1、2	
3		高级英语Ⅰ、Ⅱ		72	4	5、6	
4	翻译类课程模块	翻译理论与实践		63	3.5	4	
5		交替传译		36	2	7	
6	语言文化类课程模块	语言学导论		36	2	5	
7		中国文化概论		36	2	3	
8		英美文学史		36	2	5	
9	写作类课程模块	英语写作Ⅰ、Ⅱ		72	4	2、3	
10		医学英语论文摘要写作		18	1	6	
11		学术论文写作		36	2	7	

（续表）

序号	模块	课程名称	课程代码	学时	学分	开课学期	备注
12	医学类课程模块	中医学基础概论I、II		126	7	1、2	
13		现代医学基础概论		72	4	3	
14		生命科学基础概论		36	2	1	
15		临床医学概论I、II		126	7	5、6	
16	医学英语类课程模块	中医英语		63	3.5	5	
17		西医英语		63	3.5	4	
18		医学英语翻译		36	2	6	
19	其他模块	第二外语（日语、俄语或德语I）		45	2.5	4	

（三）学生自主发展课程（应修满18学分）

1. 专业选修课（应选修12学分）

序号	模块	课程名称	课程代码	学时	学分	开课学期	备注
1	语言文化选修模块	商务英语		36	2	4	
2		英美报刊选读		36	2	4	
3		高级英语视听说		36	2	6	
4		英语词汇学		36	2	6	
5		英美文学名篇选读		36	2	6	
6		欧洲文化史		36	2	3	
7		英语国家概况		36	2	3	
8		第二外语（日语、俄语或德语II）		36	2	5	
9		医学英语词汇		36	2	4	

2. 公共选修课（应选修6学分）

序号	模块	课程名称	课程代码	学时	学分	开课学期	备注
1		中医养生康复学		36	2		
2		中药材概论		36	2		
3		针灸推拿学导论		36	2		
4		中外社会医疗保健体系		36	2		
5		气功功法与养生		36	2		

五、实践（应修满40学分）

	课程名称	课程代码	学分	开课学期	学时	备注
实践教学（40学分）	跟师学习		4	1－6		
	社会实践		8	1－6	8周	
	翻译工作坊		2	4	2周	
	英语语言环境实践		6	5	1－6周	
	临床实习		4	6	1－4周	
	中医药对外交流实践		2	5－6	2周	
	模拟国际会议		4	7	4周	
	毕业实习		10	7－8	20周	

（一）跟师学习

总学分： 4学分

目的： 培养学生专业思维能力、自主学习能力和实践能力。贯穿基础阶段和高年级阶段。基础阶段重点为巩固专业观念、了解整体学业规划、根据导师安排听取学术讲座等；高年级阶段学生参与导师课题，在导师的指导下，辅助导师查阅资料、撰写论文、参与课题的研究，培养科研意识，或从事毕业论文写作的准备等。

时间安排： 1－6学期

（二）社会实践

总学分： 8学分

暑期社会实践

学分： 4 学分

目的： 培养学生的社会实践能力。学生通过参加暑期社会实践团，进行社会调查或三下乡（科技、文化、卫生）等形式进行暑期社会实践活动，以实践报告等形式进行考核。

时间安排： 4 周（大一、大二暑期各 2 周）

社区语言实践

学分： 4 学分

目的： 锻炼学生的语言应用能力和综合能力。学生通过给社区居民讲授英语课、会议志愿者语言服务或辅助医院翻译相关材料等形式，在实践中提高语言能力。

时间安排： 4 周（第 7 学期）

（三）翻译工作坊

总学分： 2 学分

目的： 结合学生专业能力需求，在教师的指导下，安排学生独立或小组协作完成相关翻译任务，帮助学生在实践中掌握翻译技能和策略。

时间安排： 2 周（第 4 学期）

（四）英语语言环境实践

总学分： 6 学分

目的： 使学生亲身体验英语语言环境，学以致用，提高英语语言实际应用能力。

时间安排： 6 周（第 5 学期 1 - 6 周）

（五）临床实习

总学分： 4 学分

目的： 使学生了解传统医学在人类社会保健及防治疾病过程中的作用与地位。

时间安排： 4 周（第 6 学期 1 - 4 周）

（六）中医药对外交流实践

总学分： 2 学分

目的： 学生到北京中医药大学汉语国际推广 - 中医药文化基地等相关机构进行专业实习，将课堂所学理论知识与实际工作相结合，培养学生中医药国际传播实务能力。

时间安排： 2 周（第 5 - 6 学期）

（七）模拟国际会议

总学分： 4 学分

目的： 学生以班级为单位，设计、组织和实施以英语、医学英语及翻译研究为主题的国际学术会议，会议日程包括开幕式、专家主题报告和学生学术报告等环节，并安排口译实践，提高学生口译能力。同时，学生可跟师参加各级各类的真实国际学术会议，进行实战口译练习。

时间安排： 4 周（第 7 学期 6 - 9 周）

（八）毕业实习

总学分： 10 学分

目的： 通过毕业前的综合实践训练，使学生检验学习成果，接触社会，了解工作性质与内涵。具体内容包括：学生运用所学英语语言知识与医学知识在对外交流系统的医疗、教学、研究、新闻出版与管理部门等机构进行毕业实践、毕业论文课题设计、调查研究、查阅文献、收集整理文献、完成论文撰写等活动。

时间安排： 20 周（第 7 - 8 学期）

六、考核

（一）课程考核

课程考核按《XX 高校学生学习成绩形成性评价实施办法（试行）》执行，以百分制评定成绩。任课教师应在开课初向学生公布课程的考核办法。

（二）本科毕业综合考核

毕业综合考核是学生完成本专业教学计划规定的课程学习和各个实践环节后的一次综合考核，是学生取得学士学位、本科毕业证书的依据之一。具体内容与要求参考《XX 高校中医学专业本科生毕业考核方案》。

附录3

XX高校英语专业（民航英语）培养方案

一、培养目标

本专业旨在培养德智体美劳全面发展，具有良好的综合素质、扎实的英语语言基本功底、系统的英语语言文学知识以及相当的民航知识，能适应我国对外交流、国家与地方经济建设和社会发展需要的复合型外语应用人才，使毕业生能够在民航、文教、科研等相关领域从事翻译、研究、教学、管理、语言服务等工作。

二、毕业要求

1. 具有正确的世界观、人生观和价值观，良好的道德品质，中国情怀和国际视野，社会责任感。

2. 具备合格的身体心理素质，具有军事素质。

3. 了解人文社会与自然科学基础知识，形成跨学科知识结构，具有人文与科学素质。

4. 掌握英语语言基础知识，具备英语听、说、读、写、译基本技能及综合应用能力。

5. 掌握英语文学知识，具备文学鉴赏能力。

6. 掌握英语语言学知识，具备分析英语语言的能力和对比英汉两种语言的能力。

7. 掌握区域与国别知识，熟悉中国语言文化知识，具备较强的语言文化敏感性和跨文化交流能力。

8. 具备民航基本知识，熟悉民航专业术语，具有民航英语语境下听、说、读、写、译的语言应用能力和现场交际能力，能够熟练运用英语处理民航相关领域的工作，具备民航相关业务能力和素质。

9. 初步掌握一门第二外语并具有一定的实际应用能力。

10. 具备一定的信息技术运用能力。

11. 具有一定的思辨能力、研究能力、创新能力、自主学习能力和实践能力。

12. 具有人际沟通能力、适应能力、组织能力、灵活应变能力、团队合作能力。

三、专业方向及毕业生去向

本专业设有民航英语专业方向和客舱安全与管理方向,毕业生去向为机场、航空公司、货运代理公司、外航、物流公司、航空服务公司等民航企事业单位或文教、科研等相关单位,可以从事翻译、研究、教学、管理、语言服务等工作。

四、课程设置体系结构

教育类型	课程分类	必修 学分	必修 学分占总学分比	学生自主与专业指导相结合修读 最低学分	学生自主与专业指导相结合修读 学分占总学分比	其中:实践环节学分
通识教育	数学与自然科学类	4.5	2.79%	1	0.62%	0
	人文素质类	16	9.91%	4.5	2.79%	2
	工程与信息技术类	5.5	3.41%	1	0.62%	0
	经济与管理类	0	0%	0.5	0.31%	0
	艺术与审美类	0	0%	2	1.24%	0
	健康与安全类	10.5	6.50%	1.5	0.93%	2
	创新创业类	0	0%	1	0.62%	0
通识教育学分小计		36.5	22.61%	15.5☆	9.61%	4
专业教育	专业基础课	72.5	44.89%	23	14.24%	32.5
	专业课	12	7.43%	2	1.24%	0
专业教育学分小计		84.5	52.32%	25	15.48%	32.5
合计学分		121	74.93%	40.5	25.09%	36.5
总毕业学分		161.5				

☆通识教育选修课学分15.5,其中,数学与自然科学类(1学分)、人文素质类(4.5学分)、工程与信息技术类(1学分)、经济与管理类(0.5学分)、艺术与审美类(2学分)、健康与安全类(1.5学分)、创新创业类(1学分),其余4学分在各类中任选。

五、主干学科与核心课程、特色课程

主干学科:英语语言文学。

核心课程:英语视听说、英语口语、英语写作、综合英语、笔译、口译实践、英语国家社会与文化、语言学概论、英国文学、美国文学。

特色课程:航空概论(英语)、空中交通服务(英语)、机场运营与管理(英语)、航空公司运营与管理（英语）、飞机与飞行（英语）、民航翻译、民航法规（英语）、航空安全与人为因素（英语）。

六、实践教学体系

1. 实践课程

英语语音、英语口语、英语演讲、英语辩论、英语视听说、口译实践、英语语法基础实训等课程。

2. 课程设计

在其他课程的教学中以第一课堂为主，兼顾第二、三、四课堂，加强对学生实践能力的培养和训练。

3. 实训、实习

（1）英语正音与朗读：安排在第1学期，通过给学生提供书面材料及视频音频资料，帮助学生纠正英语发音，第1学期末进行测试，选取表现优秀的学生组织英文朗读比赛。

（2）英语阅读实践：安排在第1学期，给学生阅读书目书单，帮助学生养成阅读习惯，提高阅读能力，第1学期末进行测试。

（3）英语短剧表演：安排在第3学期，在班导师的指导和帮助下，学生分组进行剧目选取、剧本改编、排练和演出，以提高学生对英语的综合应用能力。第4学期末进行汇报演出，选取表现优秀剧目组织英语短剧比赛。

（4）英语专业社会实践：共2周，集中安排在第4学期后的暑假。本课程的教学目标是增进学生对社会的了解，拓宽学生视野，增强学生的劳动观念、实践能力、自我管理能力和适应社会的能力；培养学生分析问题、解决问题的能力和创新能力。

（5）毕业实习：共2周，集中安排在第7学期及其后的寒假。本课程的教学目标是理论联系实际，增强学生对于社会、专业背景的了解；巩固和运用本专业理论知识，提高英语实际运用能力。

4. 创新创业类实践

依托外国语学院民航英语创新创业实践基地，通过提供丰富立体的系列英语学科竞赛和多层次跨学科的双创实践项目，强化学生的实践经验和项目体验，提升学生的创新能力、思辨能力和综合素养。

5. 毕业设计（论文）

共 8 周，集中安排在第 8 学期。本课程的教学目标是使学生综合运用所学知识，解决实际问题，加强综合训练；提高学生获取知识的能力、逻辑思维能力、英语运用能力，增强学生创新意识和创新能力。

七、毕业标准

1. 按照课程设置体系获得毕业最低学分。通识教育选修课学分 15.5，其中，数学与自然科学类（1 学分）、人文素质类（4.5 学分）、工程与信息技术类（1 学分）、经济与管理类（0.5 学分）、艺术与审美类（2 学分）、健康与安全类（1.5 学分）、创新创业类（1 学分），其余 4 学分在各类中任选。

2. 按《国家学生体质健康标准》，测试成绩合格。

八、指导性教学进程表

课程类型	课程性质	开课学院代码	课程代码	课程中文名称	课程类别	学分
公共基础课	必修课		人文素质类	思想道德修养与法律基础	理论含实践课	3
公共基础课	必修课		人文素质类	中国近现代史纲要	理论含实践课	3
公共基础课	必修课		人文素质类	马克思主义基本原理概论	理论含实践课	3
公共基础课	必修课		人文素质类	毛泽东思想和中国特色社会主义理论体系概论（1）	理论课	2
公共基础课	必修课		人文素质类	毛泽东思想和中国特色社会主义理论体系概论（2）	集中实践课	3
			人文素质类	习近平新时代中国特色社会主义思想概论	理论课	2
公共基础课	必修课		工程与信息技术类	大学计算机	有实验理论课	3.5

（续表）

课程类型	课程性质	开课学院代码	课程代码	课程中文名称	课程类别	学分
公共基础课	必修课		数学与自然科学类	高等数学D（上）	理论课	2.5
公共基础课	必修课		数学与自然科学类	高等数学D（下）	理论课	2
公共基础课	必修课		健康与安全类	体育（1）	理论课	1
公共基础课	必修课		健康与安全类	体育（2）	理论课	1
公共基础课	必修课		健康与安全类	体育（3）	理论课	1
公共基础课	必修课		健康与安全类	体育（4）	理论课	1
公共基础课	必修课		健康与安全类	大学生健康教育	理论课	0.5
公共基础课	必修课		健康与安全类	心理健康教育	理论含实践课	2
公共基础课	必修课		健康与安全类	军训	理论课	2
公共基础课	必修课		健康与安全类	军事理论	集中实践课	2
公共基础课	必修课		人文素质类	形势与政策（1）－（8）	集中实践课	2
公共基础课	必修课		工程与信息技术类	走进民航	理论课	2
公共基础课	选修课			数学与自然科学类		1
				思政教育类		1
公共基础课	选修课			人文素质类		4.5
公共基础课	选修课			工程与信息技术类		1
公共基础课	选修课			经济与管理类		0.5
公共基础课	选修课			艺术与鉴赏类		2
公共基础课	选修课			健康与安全类		1.5
公共基础课	选修课			创新创业类		1
				自选		1.5
公共基础课	合计1					52.5

（续表）

课程类型	课程性质	开课学院代码	课程代码	课程中文名称	课程类别	学分
专业基础课	必修课			综合英语（1）	理论课	3
专业基础课	必修课			综合英语（2）	理论课	3
专业基础课	必修课			综合英语（3）	理论课	3
专业基础课	必修课			综合英语（4）	理论课	3
专业基础课	必修课			英语语法	理论课	1
专业基础课	必修课			英语阅读	理论课	2
专业基础课	必修课			英语写作（1）	理论课	1
专业基础课	必修课			英语写作（2）	理论课	1
专业基础课	必修课			笔译（1）	理论课	2
专业基础课	必修课			笔译（2）	理论课	2
专业基础课	必修课			英语国家社会与文化（1）	理论课	2
专业基础课	必修课			英语国家社会与文化（2）	理论课	2
专业基础课	必修课			跨文化交际（英语）	理论课	2
专业基础课	必修课			语言学概论	理论课	2
专业基础课	必修课			英国文学	理论课	2
专业基础课	必修课			美国文学	理论课	2
专业基础课	必修课			高级英语（1）	理论课	2
专业基础课	必修课			高级英语（2）	理论课	2
专业基础课	必修课			英语学术论文写作	理论课	1
专业基础课	必修课			英语口语（1）	集中实践课	1.5
专业基础课	必修课			英语口语（2）	集中实践课	2
专业基础课	必修课			英语演讲	集中实践课	1
专业基础课	必修课			英语辩论	集中实践课	1
专业基础课	必修课			英语视听说（1）	集中实践课	1.5

（续表）

课程类型	课程性质	开课学院代码	课程代码	课程中文名称	课程类别	学分
专业基础课	必修课			英语视听说（2）	集中实践课	1.5
专业基础课	必修课			英语视听说（3）	集中实践课	1.5
专业基础课	必修课			英语视听说（4）	集中实践课	1.5
专业基础课	必修课			口译实践	集中实践课	2
专业基础课	合计2					51.5
专业课	必修课			航空概论（英语）	理论课	2
专业课	必修课			空中交通服务（英语）	理论课	2
专业课	必修课			机场运营与管理（英语）	理论课	2
专业课	必修课			航空公司运营（英语）	理论课	2
专业课	必修课			飞机与飞行（英语）	理论课	2
专业课	必修课			民航翻译	理论课	2
专业课	合计3					12
语言类课程 从以下课程中选修2学分							
专业选修课	选修课			英语语音	集中实践课	1
专业选修课	选修课			英语语法基础实训	集中实践课	1
专业选修课	选修课			英汉语言对比	理论课	1
专业选修课	选修课			英语文体学	理论课	2
专业选修课	选修课			英语词汇学	理论课	2
专业选修课	选修课			英语修辞学	理论课	2
文学类课程 从以下课程中选修2学分							
专业选修课	专选课			英语散文欣赏	理论课	2
专业选修课	专选课			英语诗歌欣赏	理论课	2
专业选修课	专选课			欧美文学导读	理论课	2

（续表）

课程类型	课程性质	开课学院代码	课程代码	课程中文名称	课程类别	学分
专业选修课	专选课			英语原著阅读	理论课	2
专业选修课	专选课			英语电影视听说	理论课	2
翻译类课程 从以下课程中选修 2 学分							
专业选修课	选修课			交替传译	理论课	2
专业选修课	选修课			联络口译	理论课	2
专业选修课	选修课			文学翻译批评	理论课	2
专业选修课	选修课			中英应用文比较与互译	理论课	2
民航类课程 从以下课程中选修 2 学分							
专业限选课	选修课			航空安全与人为因素（英语）	理论课	2
专业限选课	选修课			民航法规（英语）	理论课	2
第二外语类课程 从以下课程中选修 8 学分							
专业选修课	选修课			第二外语日语（1）	理论课	4
专业选修课	选修课			第二外语日语（2）	理论课	4
专业选修课	选修课			第二外语日语（3）	理论课	2
专业选修课	选修课			第二外语俄语（1）	理论课	4
专业选修课	选修课			第二外语俄语（2）	理论课	4
专业选修课	选修课			第二外语俄语（3）	理论课	2
文化类课程 从以下课程中选修 2 学分							
专业选修课	选修课			中国文化概览（英语）	理论课	2
专业选修课	选修课			日本文化概览	理论课	2
专业选修课	选修课			国际友人中国主题英文著述选读	理论课	2

（续表）

课程类型	课程性质	开课学院代码	课程代码	课程中文名称	课程类别	学分
商务类课程 从以下课程中选修2学分						
专业选修课	选修课			商务英语阅读	理论课	2
专业选修课	选修课			商务英语谈判	理论课	2
专业选修课	选修课			国际商务英语写作	理论课	2
创新创业类课程 从以下课程中选修1学分						
专业选修课	选修课			项目管理能力培养与提升	理论课	0.5
专业选修课	选修课			创新创业项目案例分析	理论课	0.5
专业选修课	选修课			演讲竞赛实训	理论课	0.5
专业选修课	选修课			辩论竞赛实训	理论课	0.5
专业选修课	选修课			翻译竞赛实训	理论课	0.5
专业选修课	选修课			写作竞赛实训	理论课	0.5
专业选修课	选修课			阅读竞赛实训	理论课	0.5
专业选修课	应修合计4					21
实践				英语正音与朗读		1
实践				英语阅读实践		1
实践				英语短剧表演		1
实践				社会实践		2
实践				毕业实习		2
实践				毕业设计（论文）		6
	合计5					13
	总计					150

参考文献

[1] Bourdieu, P. *Language and Symbolic Power* (Edited and introduced by John Thompson, translated by Gino Raymond and M. Adamson). Cambridge, Mass.: Harvard University Press, 1991.

[2] Byrnes, H., Maxim, H. H., & Norris, J. M. Special issue: Realizing advanced foreign language writing development in collegiate education: Curricular design, pedagogy, assessment. *The Modern Language Journal* [supplement], 2010, 94(s1): 1-202.

[3] Chomsky, N. *Language and Mind* (3rd, ed.). New York: Cambridge University Press, 2006.

[4] Crystal, D. *The Cambridge Encyclopedia of Language*. Beijing: Foreign Language Teaching and Research Press, 2000.

[5] Davies, A., & Elder, C. (eds.). *The Handbook of Applied Linguistics*. London: Blackwell, 2005.

[6] Hall, C. J., P. Smith & R. Wicaksono. *Mapping Applied Linguistics: A Guide for Students and Practitioners*. London: Routledge, 2011.

[7] Kramsch, C. *Language as Symbolic Power*. Cambridge: Cambridge University Press, 2021.

[8] Li, D., & Zhang, L. Exploring teacher scaffolding in a CLIL-framed EFL intensive reading class: A classroom discourse analysis approach. *Language Teaching Research*, 1-28. doi:10.1177/1362168820903340, 2020.

[9] Mickan, P. *Language Curriculum Design and Socialization*. Bristol: Multilingual Matters, 2013.

[10] Pinar, W. F., Reynolds, W. M., Slattery, P., Taubman, P. M. *Understanding Curriculum*. New York: Peter Lang Publishing, 1995: 848.

[11] Richards, J. C. *Curriculum Development in Language Teaching*. London: Cambridge University Press, 2001.

[12] Richards, J. C. Curriculum approaches in language teaching: Forward, central, and backward design. *RELC Journal*, 2013, 44(1): 5-33.

[13] Richards, J. C. & Schmidt, R. *Longman Dictionary of Language Teaching and Applied Linguistics* (4th Edition). Harlow: Pearson ESL, 2010.

[14] Thornbury, S. *The New A-Z of ELT: A Dictionary of Terms and Concepts*. Beijing: Foreign Language Teaching and Research Press, 2019.

[15] Urlaub, P. Second language literacy research and curriculum transformation in US postsecondary foreign language education. In N. van Deusen-Scholl & S. May (eds.). *Second and Foreign Language Education*. Heidelberg: Springer, 2017: 137-150.

[16] 蔡龙权. 从生态学看中国高校英语专业本科课程设置的基质和特色[C]. 庄智象. 中国外语教育发展战略论坛. 上海: 上海外语教育出版社, 2009: 382-401.

[17] 常俊跃. 对我国高校英语专业课程学科内容组织模式多元化的思考[J]. 中国外语, 2015（2）: 8-14.

[18] 常俊跃. 对《国标》框架下外语院校英语专业课程设置的思考[J]. 外语教学, 2018（1）: 60-64.

[19] 常俊跃、冯光武. 开展区域国别教育, 服务国家对外战略——对构建英语专业本科阶段区域国别教育核心课程体系的思考[J]. 中国外语, 2017（3）: 4-9.

[20] 陈俐. 比较文学与世界文学课程设置和教学内容体系新探[J]. 中国大学教学, 2007（9）: 52-54.

[21] 陈思和. 比较文学的课程设置探讨[J]. 中国比较文学, 2004（1）: 25-27.

[22] 陈为艳. 比较文学本科教学问题探究: 困难与方法[J]. 临沂大学学报, 2021（3）: 127-132.

[23] 董曼霞. 生态学视角下英语专业课程设置原则探析[J]. 西安外国语大学学报, 2015（6）: 59-63.

[24] 樊丽明. 新文科建设的内涵与发展路径（笔谈）[J]. 中国高教研究, 2019（10）: 10-13.

[25] 范岭梅. 高校英语专业文学课程设置的3+X原则[J]. 黑龙江高教研究, 2004（3）: 124-125.

[26] 高等学校外语专业教学指导委员会英语组. 高等学校英语专业英语教学大纲[Z]. 北京/上海: 外语教学与研究出版社/上海外语教育出版社, 2000.

[27] 高等学校英语专业基础阶段英语教学大纲制定组. 高等学校英语专业基础阶段英

语教学大纲（试行本）[Z]. 上海：上海外语教育出版社，1989.

[28] 高等学校英语专业英语教学大纲工作小组. 高等学校英语专业高年级英语教学大纲（试行本）[Z]. 北京：外语教学与研究出版社，1990.

[29] 郭军. 文学与语言学怎样相处：2002 年外国文学年会座谈纪要 [J]. 外语教学与研究，2003（2）：145-150.

[30] 何华清. 地方师范院校英语专业教师教育类课程设置与教学现状调查 [J]. 中国高教研究，2015（1）：102-106.

[31] 何玲梅. 英语专业英语课程设置的向度 [J]. 外语教学，2013（2）：76-80.

[32] 胡壮麟. 总序. 语言学与应用语言学知识系列读本 [M]. 北京：北京大学出版社，2005：1-3.

[33] 黄启兵、田晓明. "新文科"的来源、特性及建设路径 [J]. 苏州大学学报（教育科学版），2020，8（2）：75-83.

[34] 贾非. 课程设计与目标理论的导向功能：浅谈课程设置标准研究的理论意义及设计原则 [J]. 外国中小学教育，1993（4）：49-50.

[35] 蒋承勇. 走向融合与融通——跨文化比较与外国文学研究方法更新 [J]. 外国语，2019（1）：103-110.

[36] 金衡山. 问题与对策：英语文学阅读课程设置原则与实践——基于华东师大英语系文学阅读课程的实验 [J]. 外语教学理论与实践，2016（2）：14-21.

[37] 蓝葆春、张本慎.《师范高等专科学校英语教育专业英语教学大纲》整体介绍和制订说明 [J]. 外语界，1994（4）：1-7.

[38] 李正栓、解倩. 教师教育与非师范教育：师范院校发展策略研究——以外语专业为例 [J]. 河北师范大学学报（教育科学版），2016（1）：86-91.

[39] 刘倩、岑玮、任爱红. 关于高校师范类英语专业课程设置改革的调查与分析 [J]. 山东外语教学，2005（1）：48-50+56.

[40] 刘毅. 关于高校外语专业课程设置的思考 [J]. 外语界，2000（3）：12-17.

[41] 刘蕴秋、邹为诚. 教育见习课程对职前英语教师专业发展影响探究 [J]. 全球教育展望，2012（8）：88-96.

[42] 鲁子问. 国民外宣：国民跨文化能力促进国家形象建设的有效路径 [J]. 学习论坛，2012（5）：49-53.

[43] 聂珍钊. 外国文学就是比较文学 [J]. 外国文学研究，2000（4）：117-124.

[44] 潘懋元、王伟廉. 教学改革的核心地位不能动摇 [J]. 中国高等教育,1995(4):2.

[45] 舒新城(编). 中国近代教育史资料(上中下)[M]. 北京:人民教育出版社,1981.

[46] 苏源熙、何绍斌. 关于比较文学的对象与方法(上)[J]. 中国比较文学,2004(3):14-33.

[47] 孙有中. 突出思辨能力培养,将英语专业教学改革引向深入 [J]. 中国外语,2011(3):49-58.

[48] 孙有中. 外语教育与跨文化能力培养 [J]. 中国外语,2016(3):17-22.

[49] 孙有中. 振兴发展外国语言文学类本科专业:成就、挑战与对策 [J]. 外语界,2019a(1):2-7.

[50] 孙有中. 落实《国标》要求,大力提高外国语言义学类专业人才培养能力 [J]. 中国外语,2019b(5):36-42.

[51] 孙有中、金利民. 英语专业的专业知识课程设置改革初探 [J]. 外语教学与研究,2010(4):303-305.

[52] 田贵森. 师范院校英语专业的课程改革与人才培养 [J]. 大学英语教学与研究,2013(6):3-7.

[53] 王初明. 语言学跨学科研究的意义和作用. 见戴炜栋、胡壮麟、王初明、李宇明、文秋芳、黄国文、王文斌. 新文科背景下的语言学跨学科发展 [J]. 外语界,2020(4):2-9.

[54] 王宁. 比较文学在中国:历史的回顾及当代发展方向 [J]. 上海交通大学学报,2018(6):110-117.

[55] 王宁. 科技人文与中国的新文科建设——从比较文学学科领地的拓展谈起 [J]. 上海交通大学学报,2021(2):11-16.

[56] 王蔷. 坚持教师教育办学特色,创建新型英语教师教育平台——以北京师范大学为例 [J]. 外语艺术教育研究,2010(1):42-45.

[57] 王守仁. 从文学史转移到文学作品:谈英语专业高年级文学课程的设置 [J]. 山东外语教学,1991(2):17-22.

[58] 王守仁等. 英语专业人才培养模式的改革与实践 [J]. 中国大学教学,2005(11):45-47.

[59] 王向远. 宏观比较文学讲演录 [M]. 桂林:广西师范大学出版社,2008.

[60] 王向远. 打通与封顶：比较文学课程的独特性质与功能 [J]. 燕赵学术，2013（1）：157-161.

[61] 王宗炎. 序. 当代国外语言学与应用语言学文库 [M]. 北京：外语教学与研究出版社，2000.

[62] 温华. 主题书评："外国文学"课程设置与学科发展：从清末到民国. 中国图书评论，2011（10）：53-61.

[63] 文秋芳. 新中国外语教育 70 年：成就与挑战 [J]. 外语教学与研究，2014，51（5）：735-745+801.

[64] 吴晓都、蒋承勇、谢天振等. 中国学者新使命：比较文学与跨文化研究的过去、现状与未来 [Z]. 比较文学与跨文化研究，2018（1）：6-14.

[65] 夏侯富生. 新英语课程标准与我国高等师范院校英语专业教学改革 [J]. 课程·教材·教法，2005（2）：73-78.

[66] 萧红. 基于国外知名大学语言专业课程体系对中国研究型大学中文院系语言类课程设置的思考 [J]. 中国大学教学，2017（2）：40-43.

[67] 徐海铭. 近 30 年中国英语课程设计范式变革之检讨及其现实启示 [J]. 外语界，2005（5）：29-36.

[68] 杨玉珍. 本土化与主体性：本科比较文学教学探索 [J]. 广西科技师范学院学报，2018（6）：88-91.

[69] 曾艳钰.《英语专业本科教学指南》解读 [J]. 外语界，2019（6）：2-8.

[70] 查明建. 比较文学对提高外语院系学生人文素质的意义 [J]. 中国比较文学，2005（2）：114-117.

[71] 张莲. 培养服务国家战略的外语人才. 中国教育报，2021-9-30.

[72] 张莲、李东莹. CLIL 框架下语言、思辨和学科能力的协同发展 [J]. 外语教育研究前沿，2019，2（2）：16-24.

[73] 张曼、张维友. 美国外语教师教育课程研究及其启示——以西班牙语教师专业为例 [J]. 教师教育研究，2011（4）：73-76.

[74] 祝平. 新《大纲》指导下的师范院校英语专业课程设置 [J]. 山东外语教学，2001（2）：75-76.

9. 实践教学

9.1 实践教学与实践能力

实践是人们能动地改造和探索现实世界一切客观物质的社会性活动，其基本特征包括客观性、能动性和社会历史性。实践观点是马克思主义哲学的核心观点。实践决定认识，是认识的源泉和动力，也是认识的目的和归宿。对于外语类专业人才培养而言，实践意味着能做到知行合一，将扎实的外语基本功和专业知识，根据国家和地方经济社会发展需要，积极能动地运用到国家对外交流、各类涉外行业、外语教育以及学术研究领域当中。

根据《国标》定义，实践能力指的是学生能通过实践活动拓展知识，掌握技能，学会与他人沟通合作；能运用所学的理论和技能解决实际问题；能管理时间，规划和完成任务；能承受压力，适应新环境；能运用基本的信息技术。

实践能力需要通过实践教学来培养。《国标》规定：

> 实践教学环节旨在促进学生的全面发展，主要包括专业实习、创新创业实践、社会实践、国际交流。
>
> 专业实习旨在培养学生运用专业知识和技能解决实际问题的能力。各专业应根据培养方案制订实习计划，确保有明确的目标和要求、详细的内容和步骤、专业的指导和考查。
>
> 创新创业实践旨在培养学生解决问题的能力和创新创业能力。各专业应制订科学合理的创新创业实践计划，开展学科竞赛、学习兴趣小组、学术社团、创新创业项目等实践活动。
>
> 社会实践旨在帮助学生了解民情和国情，增强社会责任感。各专业应围绕人才培养目标和社会需求制订社会实践计划，开展社会调查、志愿服务、公益活动、勤工助学、支教等社会实践活动。
>
> 国际交流活动旨在拓展学生的国际视野，提升跨文化能力。各专业应根据人才培养目标、办学特色和自身条件，有计划地开展暑期国际夏令营、短期留学、国内外联合培养等形式多样的国际交流活动。

9.2 实践教学的基本原则

9.2.1 立德树人

立德树人是教育的根本目的。实践教学把校园和社会连接起来，为立德树人搭建了一个新平台。习近平总书记在给第三届中国"互联网+"大学生创新创业大赛"青年红色筑梦之旅"的大学生的回信中指出："希望你们扎根中国大地了解国情民情，在创新创业中增长智慧才干，在艰苦奋斗中锤炼意志品质，在亿万人民为实现中国梦而进行的伟大奋斗中实现人生价值，用青春书写无愧于时代、无愧于历史的华彩篇章。"外语类专业要充分认识到实践教学的育人功能，引导学生在丰富多彩的实践教学活动中认识中国，理解中国，坚定"四个自信"，筑牢理想信念，自觉成为中国特色社会主义事业的建设者和接班人。

9.2.2 创新引领

习近平总书记在党的十九大明确提出加快建设创新型国家，这是建设现代化国家的必然要求，也是贯彻新发展理念、构建新发展格局的重大任务。党的十九届五中全会提出坚持创新在我国现代化建设全局中的核心地位，把科技自立自强作为国家发展的战略支撑，为新时代建设创新型国家提供了重要遵循。

为贯彻落实国家创新发展战略，教育部出台了《关于加快建设高水平本科教育全面提高人才培养能力的意见》并强调：把深化高校创新创业教育改革作为推进高等教育综合改革的突破口，面向全体、分类施教、结合专业、强化实践，促进学生全面发展。推动创新创业教育与专业教育、思想政治教育紧密结合，深化创新创业课程体系、教学方法、实践训练、队伍建设等关键领域改革。

外语类专业应通过各类教学实践课程与活动，着力培养学生的创新能力。实践是检验真理的唯一标准，大学生通过各类社会实践可以加深对所学知识的理解，可以在运用所学技能的过程中进一步强化技能。与此同时，社会实践必然会提出新问题，这便要求学生运用所学知识和技能去创造性地解决问题，积累新的知识和技能，在此过程中培养创新素质和创新能力。在四年本科学习阶段，外语类专业大量的语言训练在某种程度上有可能制约学生的创新能力发展，因此切不可把实践教学当作可有可无的环节,而应更加重视发挥其培养学生创新能力的潜能。只有这样,外语类专业学生才能更好地适应创新型国家建设的要求。

在此意义上,外语类专业应积极把所在高校的创新创业教育资源纳入自己的培养方案,通过学分或激励机制鼓励学生参与各类专业实习、创新创业和社会实践活动,大胆探索,勇于创新,在发现和解决问题的过程中磨炼意志,增长才干。

9.2.3 产学联动

21 世纪是一个高科技日新月异的时代,高度信息化和经济全球化是新时代的特征,"互联网+""人工智能"给各行各业的发展插上了迅猛发展的翅膀。国民经济和社会发展对外语类专业人才的需求呈多元化态势,呼唤更多的"复合型"和"应用型"人才。外语类专业的实践教学应时刻关注现代产业发展的进程和特点,加强产学合作。

《教育部产学合作协同育人项目管理办法》(2020)要求各高校积极推进产学合作协同育人,鼓励通过政府搭台、企业支持、高校对接、共建共享,深化产教融合,促进教育链、人才链与产业链、创新链有机衔接,以产业和技术发展的最新需求推动高校人才培养改革。外语类专业,特别是应用型定位的外语类专业,应与相关企业、事业单位和政府部门建立稳定的专业实习基地,探索合作建设创新创业平台,合作建设实践教学课程,实现校企协同,合作育人。

9.2.4 发展导向

实践教学应着眼于学生的长远发展和终身发展,超越常规的课堂教学内容,聚焦职场所需要的综合素质和可转换的技能。

根据领英统计数据(江燕飞 2019),国内 70 余所高校 235,219 名外语类专业毕业生中,近 6 万名外语类专业人才最终成为销售部门的业务骨干,其他按人数排序毕业生从事的职业排名靠前的分别是运营、教育、市场营销、媒体传播、人力资源、金融、行政、项目管理等。可见,外语类专业毕业生就业领域分布很广。

以华为公司的翻译岗位为例,该岗位要求毕业生扮演三重角色:一是跨文化沟通者,通过有效沟通,助力解决各国各民族文化差异产生的问题;二是科技传播使者,通过传译信息+文化，成为双向使者；三是跨语言翻译者，无论口译、笔译，翻译职业涉及价值观传播、管理理念和制度、高管外事活动、技术资料、变革项目、公司国际化运作等具体任务。翻译岗位要求的能力和素质包括：专业技能，不仅要懂翻译，具备双母语翻译能力，还要懂文化，具备跨文化沟通能力；业务知识，要求懂业务，理解企业文化，熟悉工作标准、流程，精通对口业务知识（专家/准专家），如产品与解决方案、公共关系、网络安全、法务、财经等，对齐服务对象认知和要求等；此外还要具备综合素质，包括价值观、"安分&不安分"、快速学习（知识面/杂家）、大局观、"超强大脑"&逻辑思维、心理素质、沟通礼仪、执行力、组织纪律性等（江燕飞2019）。看似简单的传统翻译岗位，对外语类专业毕业生的能力和素质提出了远远超出传统人才培养目标的要求。

不同行业不同岗位对毕业生的要求虽然有很大差异，但也提出了很多共同的素质和能力要求。李开复将21世纪最需要的七种人才素质概括为：创新实践者、跨领域的人才、高情商的合作者、高效能的沟通者、热爱工作者、积极主动者和乐观向上者。还有人将21世纪人才的素质概括为"八会"，即会做人、会求知、会生存、会创造、会健体、会合作、会选择、会适应。

这些素质和能力正是实践教学应该而且能够有效培养的。当前，外语类专业对实践教学的重视远远不够，一个很重要的原因就是未能认识到实践教学不可替代的价值。无论是专业实习，还是"双创"实训，无论是社会实践，还是跨文化交流，实践教学都应明确教学目标，精心规划教学活动，认真实施和评估，最终培养学生长远发展和终身发展所需要的素质与技能。

不同类型的高校外语类本科专业的实践能力培养应该针对毕业生在就业时的真实职业需求，在设置实践类课程和具体指导学生实践、实习、见习时，应该定位明晰，突出行业和职业特点，彰显办学特色，更好地服务国家和地方经济社会发展需要，促进学生的职业发展和终身发展。

9.3 实践教学的形式与课程设置

9.3.1 专业实践课程

专业实践课程指针对外语类专业特有技能进行强化训练的课程。例如，外语语音实践训练、课外外语听说实践、课外读写实践，可在 1 – 3 学期开设，占 2 个学分；外汉 / 汉外笔译实践、外汉 / 汉外口译实践，可在 5 – 6 学期开设，占 2 个学分。商务类外语专业的实践课程如进出口业务、金融理财、跨境电商、财务会计、证券投资、银行业务、国际商务谈判、国际旅游策划等，政法类外语专业中的实践课程如模拟法庭，理工类外语专业中的实践课程如科技文献翻译实务，以及翻译专业的实践课程如计算机辅助翻译、翻译工作坊、口译工作坊、模拟国际会议、本地化业务实训，等等，这些课程大多在 6 – 7 学期开设，分别占 2 个学分。

9.3.2 专业见习

专业见习是专业实践教学的重要环节，是专业实习的基础。学生在专业见习中得到教师和业界从业专家的指导和讲解，观摩专业活动的真实场景，熟悉专业的过程、方法和规范，为专业课学习积累知识，为以后从事专业实习、独立完成专业任务、毕业后走向工作岗位积累经验。

9.3.3 专业实习

专业实习是实现学校教育与职业对接的一个重要环节，也是对学校教育过程的有机补充和拓展。学生依托校内或校外实习基地，在业界专家的参与和指导下，熟悉业界的运作过程、方法和规范，参与真实项目，以协作的方式体验从业过程，分析和解决问题。专业实习对学生了解毕业后可能从事的对口专业的工作内容、完善职业规划、熟悉职业规范具有积极的作用。各专业应根据培养方案制订实习计划，确保有明确的目标和要求、详细的内容和步骤、专业的指导和考察。

9.3.4 创新创业实践

创新创业实践旨在培养学生解决问题的能力和创新创业能力。各外语类专业应引导学生成立由学生自我管理的各种实训团队，结合专业方向和各校特色，充分对接业界所需，发挥学生的能动性和创造性，比如"演讲协会""笔译协会""口译协会""辩论协会""本地化服务队""电商企业""模拟国际商务谈判代表团""模拟涉外律师事务所""模拟科技攻关小组""模拟讲师团"等等。各专业应制定科学合理的创新创业实践计划，开展学科竞赛、学习兴趣小组、学术社团、创新创业项目等实践活动。

9.3.5 社会实践

社会实践让学生走出"象牙塔"，了解国情，了解社会，增强社会责任感和使命感。通过社会实践，学生可以正确认识自己，提高个人素养，完善个性品质；社会实践有利于理论知识的转化和拓展，提高运用知识解决实际问题的能力。外语类专业学生应主动融入社会，加深对中国道路、中国制度、中国理论、中国文化的感性认识和理性认识，为将来在国际舞台上讲好中国故事做准备。

社会实践活动包括社会调查、志愿服务、公益劳动、勤工助学、扶贫支教，等等。外语类专业应鼓励学生自发开展社会实践活动，也有必要发挥党团组织的作用，有计划有组织地带领学生开展社会实践活动。无论是自发的社会实践活动，还是有组织的社会实践活动，都应服务于外语类专业人才培养的总体目标，促进学生的全面发展。

9.3.6 国际交流活动

国际交流活动旨在拓展学生的国际视野，提升跨文化能力。根据《国标》释义，跨文化能力指的是"尊重世界文化多样性，具有跨文化同理心和批判性文化意识；掌握基本的跨文化研究理论知识和分析方法，理解中外文化的基本特点和异同；能对不同文化现象、文本和制品进行阐释与评价；能有效和恰当地进行跨文化沟通；能帮助不同文化背景的人士进行有效的跨文化沟通"。丰富多彩的跨文化交流活动是培养学生跨文化能力的最有效途径。

外语类专业应主动融入教育国际化潮流，成为中外人文交流的积极践行者。各专业在人才培养方案中应系统规划国际交流活动，如国际夏令营、短期留学、国内外联合培养、在地国际化课程，等等。外语类专业还可以利用外语优势，通过互联网与国外高校建立同步课堂，实现中外教师合作教学，中外学生合作学习。

参考文献

[1] 国务院. 国务院关于加强教师队伍建设的意见 [Z]. 国发 [2012]41 号.

[2] 国务院. 中共中央国务院关于全面深化新时代教师队伍建设改革的意见 [Z]. 国发 [2018].

[3] 国务院. 中华人民共和国高等教育法 [Z]. 国发 [1998]7 号.

[4] 江燕飞. 当前形势下的外语人才需求 [Z]. 教育部高等学校外国语言文学类专业教指委成立大会主旨发言，2019.3.16.

10. 毕业论文

《国标》对毕业论文工作的目的、毕业论文选题的要求、毕业论文写作的规范、毕业论文的形式、毕业论文撰写的语言选择、毕业论文工作管理过程等六个方面提出了明确要求：

> 毕业论文旨在培养和检验学生综合运用所学理论知识研究并解决问题的能力和创新能力。毕业论文选题应符合专业培养目标和培养规格，写作应符合学术规范，可采用学术论文、翻译作品、实践报告、调研报告和案例分析等多种形式。除翻译作品外，一般应使用所学外语撰写。各专业应制定毕业论文选题、开题、写作、指导和答辩等相关规定，明确指导教师职责、毕业论文写作过程和质量规范，指导过程应以适当形式记录。

其中，毕业论文允许采用多种形式的规定是我国外语专业教育的重要突破，它不仅为学生提供了选择和探索的空间，而且有可能对外语专业人才的培养产生巨大影响。下文针对外语专业《国标》毕业论文工作拟解决的问题及毕业论文采取的形式进行阐释，在此基础上提出落实《国标》毕业论文（设计）多样化规定的建议。

10.1 当前外语类专业毕业论文工作存在的问题

进入 21 世纪以来，我国高校外语专业教学指导机构出台了多份外语专业本科外语教学大纲（如 2000 年出版的《高等学校英语专业英语教学大纲》、2002 年出版的《高等学校俄语专业教学大纲》、2006 年出版的《高等学校德语专业德语本科教学大纲》）。这些大纲明确要求外语专业本科学生以学术论文的形式完成毕业论文。尽管另外一些语种专业教学大纲没有对本科毕业论文做出明确要求，但在工作中也往往要求学生以学术论文的形式完成毕业论文。

《教育部办公厅关于加强普通高等学校毕业设计（论文）工作的通知》（以下简称《通知》）规定：

毕业设计（论文）是实现培养目标的重要教学环节。毕业设计（论文）在培养大学生探求真理、强化社会意识、进行科学研究基本训练、提高综合实践能力与素质等方面，具有不可替代的作用，是教育与生产劳动和社会实践相结合的重要体现，是培养大学生的创新能力、实践能力和创业精神的重要实践环节。同时，毕业设计（论文）的质量也是衡量教学水平、学生毕业与学位资格认证的重要依据。（教育部办公厅，2004）

对照教育部上述文件要求，结合我国外语类专业以学术论文一种形式完成毕业论文的教育实践，外语类专业对毕业论文的要求及工作实践暴露出以下问题（唐丽娜 2012；孙文抗 2004；许晓艳 2007；郑秀恋 2009；黄源深 2010；冯雪红 2013；朱艳敏 2014；常俊跃、刘之攀 2015 等）。

第一，对毕业设计（论文）工作意义的认识不够充分，忽视了这项工作的教育价值。外语类专业仅仅将毕业论文作为"考察"综合能力和"评估"学业的方式，忽视了《通知》将毕业设计（论文）作为"实现培养目标的重要教学环节"的要求，没有重视毕业论文在育人工作中的价值。外语类专业对毕业论文工作的要求大多关注学生毕业论文的文字、思路、内容、见解，特别是语言表达能力、独立见解和创新意识，忽视了《通知》要求的培养大学生探求真理、强化社会意识、进行科学研究、提高综合实践能力与素质、教育与生产劳动和社会实践相结合、"培养大学生的创新能力、实践能力和创业精神"等诸多方面的能力和素质。

第二，对毕业论文完成形式的要求不够全面，脱离学生的需求和社会需求。《通知》允许以毕业设计、毕业论文两种形式开展，而外语类专业仅仅要求以学术论文一种形式完成毕业论文，大大压缩了学生发展实践能力、研究能力、创新能力的空间。此外，毕业论文要求论文选题关注文学作品的分析或对外语语言现象的理论解释，远离了经济社会发展对外语类专业人才培养提出的多样化需求，忽视了学生对提高外语语言实践能力及更好服务社会的渴望，忽视了学生个人兴趣、个人优势和未来发展的需要。

第三，对毕业论文的要求脱离了外语专业教育的实际，超出了多数学生的能力范围。多年来，我国高校外语类专业教育走了一条"重语言技能训练、轻专业知识教学"的道路。外语类专业教育的绝大部分学时用于听、说、读、写、译语言技能训练，只有少量学时用于语言学概论、外国文学概论、对象国概况教学，还有一部分学时用于外交、外贸等相关专业知识的教学。虽然大量的语言技能训练有助于学生语言技能的提高，但也影响了学生专业知识结构的构建及学术能力的提高，外语类专业学生对外国语言、文学、文化、国别和区域研究领域的丰富内容知之甚少，他们所获得的零散专业知识和相关专业知识难以支撑学术研究论文的写作。而学生花费大量时间进行的听、说、读、写、译训练成果又不能在毕业论文中充分体现。事实上，外语类专业本科毕业论文要求与外语类专业教育的实践严重脱节，超出了多数学生的能力范围，在一定程度上导致了学生敷衍对待毕业论文。

第四，外语类专业毕业论文指导工作存在形式主义问题，影响了学生参与毕业论文写作的积极性。由于教育部及其他高校主管部门组织的评估对毕业设计（论文）的高度关注，各高校外语类专业普遍重视毕业论文工作。但是，当前高校对毕业论文工作的形式关注过多，一味追求毕业论文文档工作的规范，而对毕业论文的内容、写作的过程、写作的质量、写作中的棘手问题关注不足。对外语类专业是否应该规定学生撰写毕业论文、学生撰写论文是否达到了预期效果、学生对毕业论文工作的反馈、教师对毕业论文工作的反映研究不够。外语类专业硬性要求所有学生撰写毕业论文，忽视了外语类专业学生学术准备不足的现实。此外，毕业论文评价缺少科学、客观的质量评价体系，在毕业论文成绩评定方面随意性大，评定的成绩难以充分反映外语类专业大纲的要求。此外，大学四年级学生毕业在即，除了有机会深造的学生关注自己的学术能力发展之外，学生普遍关注的是将自己获得的听、说、读、写、译等语言技能和所学的知识有效地对接社会需求，以便更好地应对就业对学生专业技能、专业知识、综合能力和综合素质的挑战，为未来的发展做好充分准备。而外语类专业要求学生撰写语言学、文学研究论文明显忽视了学生的现实需求，难以充分调动学生的积极性和主动性。而且，要求学生撰写的学术论文对学生的听、说、读、写、译实践能力关注不足，留给学生运用所学的语言技能和专业知识从事实践性、创新性任务的空间也不足，忽视了学生实践能力的培养，束缚了学生创造能力的发挥，挫伤了学生的积极性和主动性。

第五，外语类专业对本科学生的毕业论文指导和支持不够，毕业论文成果质量低下。由于对学生的学术论文写作教学及写作训练不足，学生对此知之甚少。教师指导的学生过多，工作量过大，教师难以为每个学生提供充分的指导。另外，部分外语类专业教师专业知识欠缺，学术研究能力不足，指导方法存在问题，难以为学生提供充分的学术指导。有的教师责任心不够，没有对学生的毕业论文写作提供应有的指导。这就导致了很多学生不懂撰写学术论文的真正意义，不知道学术规范，不知道如何撰写学术论文，最后只能应付了事。而且，外语类专业本科毕业论文选题存在过分集中于文学和语言研究的倾向，选题缺乏新意，资料堆砌严重，缺少论述和评析，成果创新性不足。另外，学生在四年级忙于求职，急于考研，准备出国，很多学生学术态度不够端正，投入到毕业论文写作上的时间和精力不足，往往通过网上下载资料，简单粘贴堆砌，最后拼凑完成毕业论文。学生毕业论文的质量无法保证。

第六，外语类专业以学术论文一种形式完成毕业论文挑战过大，导致不良风气盛行。不切实际的毕业论文工作要求、脱离现实需求的毕业论文写作、论文工作的形式主义、论文指导的严重欠缺、精力投入的严重不足，使得学生在毕业论文撰写过程中有的态度不够认真，有的剪裁硕博论文，有的摘抄拼凑，有的翻译别人的汉语论文冒充自己的毕业论文，有的甚至请人代写论文，学术不端行为普遍。面对毕业论文中的诸多问题，有的指导教师也敷衍了事，重形式不重视效果的不良学术风气广泛存在。

毕业论文采用学术论文单一形式存在的这些问题，促使外语界专家和教师进行深刻反思，最终促成《国标》明确了毕业论文多样化的规定。

10.2 外语类专业毕业论文（设计）的多样化解决方案

《国标》规定的"毕业论文"事实上指的是"毕业论文（设计）"，因为《国标》规定毕业论文"可采用学术论文、翻译作品、实践报告、调研报告和案例分析等多种形式"。对此，《普通高等学校本科英语类专业教学指南》《普通高等学校本科俄语专业教学指南》等教学指导性文件进一步予以明确，规定此项工作为"毕业论文（设计）"，这也更加符合《通知》的要求，更加符合外语专业在知识、能力、素质等多方面的培养目标和培养要求。根据《国标》规定，外语类专业本科毕业论文（设计）具有服务外语类专业人才培养目标的如下形式（常俊跃、刘之攀 2015）。

第一，服务语言实践能力培养的毕业设计。根据《国标》规定，此类毕业设计包括翻译作品、实践报告等。当前，已有的实践性毕业设计包括作品的外译汉或汉译外、专题外语视频制作、实践报告等。为了同时培养学生的实践和反思能力，可以将上述形式改造成为"作品翻译+翻译实践报告""主题视频制作+制作实践反思报告""实践活动+实践反思报告"。第一种形式要求：翻译的作品为未经过翻译的作品，翻译实践报告应阐述选择相关原文的理由、文本来源、翻译过程中发现的问题、解决问题的思路与过程、对原文和译文详细对比和评价等。第二种形式要求：视频制作要有明确的主题（如地方人文景观、产品推介、涉外单位的英文介绍等），制作实践反思报告应阐述制作动机、对象群体、技术手段、制作过程中发现的问题、解决问题的方法等。第三种形式要求：参加的活动最好和运用外语的实践有关，实践反思报告应关注实践的过程、实践的成果、存在的问题、应对问题的措施等。

第二，服务问题研究能力培养的毕业论文及研究报告。根据《国标》规定，此类毕业论文可以包括外语学术论文写作、调查研究报告等。学术论文选题可以涉及外国语言文学学科关注的外语语言、外国文学、中外语言文学对比、中外互译、外语教学、国别和区域问题、跨文化交际等。还可以包括基于研究项目完成的外语研究报告，其形式为"研究项目+外语研究报告"，项目要和外语专业有关联，研究报告要阐述研究的背景、目标、意义、问题、前人研究评述、研究方法、研究结果、结果分析等。

第三，服务学生创新能力培养的毕业设计。尽管《国标》对此没有明确的规定，但是《国标》留下了形式创新的空间。例如，"外语文学创作+创作反思报告"，创作的文学作品包括小说、诗歌、戏剧等，文学创作实践报告应该阐述创作目的和动机，说明读者对象，分析作品流派、创作手段、语言风格等。

《国标》为毕业论文（设计）的形式留出了创新的空间。外语类专业不仅可以丰富上述形式，而且不排除同时兼有能够培养实践、研究、创新能力的多种形式。例如，某高校外语类专业允许学生提交"大学期间发表涉及外语的各类作品+发表心得"作为毕业设计，包括用英语写作和发表的成果、翻译的成果，加上学生的反思。

10.3 毕业论文（设计）多样化的优势

多样化的毕业论文（设计）具有如下优势。

第一，有效调动学生参与的积极性。实施毕业论文（设计）多样化后，学生可根据自己的专业优势和个人兴趣选择自己擅长的毕业论文（设计）形式，从被动变为主动，改变此前对写毕业论文敷衍了事的态度，使学生更加积极主动地投入毕业论文（设计）工作。

第二，有效拓展学生的研究和实践空间。外语类专业本科毕业论文（设计）多样化消除了毕业设计形式单一的问题，拓宽了学生的选题范围，有利于激发学生的创造性。

第三，有效提高学生的多元能力。外语类专业允许学术论文和毕业设计的多种形式存在，学生可根据自己的兴趣和优势做出选择。有的学生侧重听、说、读、写、译实践（如外语视频宣传片的制作、新资料的翻译），有利于提高语言实践能力；有的学生撰写学术论文、开展研究项目，有利于培养研究能力；有的学生开展外语文学作品创作，有利于激发学生的创造力，提高写作创新的能力；有的学生制作专题视频，有利于提高学生的实践、创新等综合能力和素质。

第四，有效提升服务社会的意识和能力。外语类专业本科毕业论文（设计）多样化允许学生将所学的专业知识和外语技能与社会需求紧密联系，促使学生关注社会需求，提升服务社会的意识及在实践中运用所学知识技能的能力。

第五，有效改善外语教师的教风和学生的学风。外语类专业本科毕业论文（设计）的多样化尊重了学生的兴趣，与学生接受的语言训练、未来发展以及社会需求更加紧密地结合在一起，有利于调动学生的积极性、主动性、创造性，遏制敷衍、抄袭、代写等不良风气，促使教师更加认真地对待学生的毕业论文（设计）工作，更加投入地指导学生产出优秀成果。

第六，有效帮助学生产出优秀毕业成果。外语类专业本科毕业论文（设计）多样化尊重了学生的积极性、主动性和创造性，有利于学生在教师的指导下发表学术论文、翻译作品。

10.4 实施建议

第一，明确毕业论文工作改革方向。外语类专业很多教师已经习惯了传统的毕业论文形式，要帮助他们充分认识毕业论文（设计）多样化规定在促进学生个性化发展方面的优势，使他们支持并积极参与毕业论文工作的改革。

第二，制定指导流程及评价标准。师生的疑虑大多来源于对毕业论文（设计）多种形式指导过程陌生及评价标准的不确定。因此，应制定好指导流程和多种形式的评价标准，建立健全毕业论文（设计）指导规范。

第三，提高师生成果产出意识。多年来，由于师生过分关注毕业论文工作的形式，忽视了学生所具有的潜力，很少会有教师期望本科生通过毕业论文产出优秀成果。毕业论文（设计）多样化尊重了学生的兴趣和特长，有助于挖掘出学生的实践、研究、创新潜力。教师应以产出优秀成果为目标，做好指导工作，培育优秀成果，同时也为学生成果的发表、转化提供必要的帮助。

第四，建立激励机制。毕业论文（设计）多样化有助于激发学生的积极性和创造性，学生也迫切需要教师给予更多、更充分、更专业的指导。为了做好指导工作，教师在毕业论文（设计）多样化的过程中会投入更多的时间和精力，他们的劳动应得到适当的补偿和激励。

参考文献

[1] 常俊跃、刘之攀. 外语专业本科毕业设计（论文）多样化的现实思考 [J]. 东北亚外语研究，2015（1）：54-58.

[2] 冯雪红. 英语专业本科毕业论文写作中现存问题分析 [J]. 常州工学院学报（社科版），2013（1）：118-120.

[3] 高等学校外语专业教学指导委员会德语组. 高等学校德语专业德语本科教学大纲 [Z]. 上海：上海外语教育出版社，2006.

[4] 高等学校外语专业教学指导委员会俄语组. 高等学校俄语专业教学大纲 [Z]. 北京：外语教学与研究出版社，2002.

[5] 高等学校外语专业教学指导委员会英语组. 高等学校英语专业英语教学大纲 [Z]. 北京/上海：外语教学与研究出版社/上海外语教育出版社，2000.

[6] 黄源深. 英语专业课程必须彻底改革——再谈"思辨缺席" [J]. 外语界，2010（1）：11-16.

[7] 孙文抗. 英语专业学士论文写作现状分析 [J]. 外语界，2004（3）：59-64.

[8] 唐丽娜. 英语专业本科毕业论文写作要略 [J]. 长春理工大学学报，2012（8）：129-130.

[9] 许晓艳. 论英语本科专业毕业设计改革的必要性 [J]. 考试周刊, 2007（10）: 8-9.

[10] 郑秀恋. 英语专业本科毕业论文选题的问题及对策 [J]. 浙江理工大学学报, 2009（3）: 436-440.

[11] 朱艳敏. 英语专业本科毕业论文写作的指导策略探析 [J]. 湖北经济学院学报（人文社会科学版）, 2014（1）: 166-167.

11. 教师队伍

"双一流"建设是党和国家在新的历史时期对我国高等教育发展做出的战略部署，其中五大建设任务中起关键支撑作用的就是师资队伍建设。2018年1月中共中央、国务院颁布的《关于全面深化新时代教师队伍建设改革的意见》指出："兴国必先强师。"要"全面提高高等学校教师质量，建设一支高素质创新型的教师队伍。着力提高教师专业能力，推进高等教育内涵式发展。""加强院系教研室等学习共同体建设，建立完善传帮带机制。""重点面向新入职教师和青年教师。"教师队伍建设的重要性和紧迫性已成为政府和学界的高度共识。《国标》第六部分专门对"教师队伍"做出明确规定，涉及师资结构、教师素质和教师发展三个方面。本章分别对这三个方面展开阐释。

11.1 师资结构

11.1.1 生师比

生师比是指一个教育机构在一定的时间段内折合后的全日制学生数量与专任教师数量之比。生师比是反映师资资源分配的一个指标，与办学规模、办学效益及教学质量有比较紧密的关联。生师比升高，办学规模、办学效益会提高，但教学质量就难以保证；相反，生师比降低，办学规模、办学效益会下降，但有利于教学质量提高。考虑到全国外语类专业的多样性，《国标》采用了教育部对生师比的合格要求，即不超过18∶1。外语类专业的生师比应控制在这个比例之下。

目前国内外语类专业生师比情况因地因校而异。如果按语种来看，目前大语种、中语种师资数量相对稳定，绝大多数非通用语种教师还比较缺乏。建议各高校针对本校师资短缺的问题，因地制宜制定招聘政策，对师资严重缺乏但国家急需的语种专业，可适当放宽学历、职称等要求，先从数量上满足教学需求，然后进行在职培养，同时积极引进外教充实师资队伍。

11.1.2 学历结构、职称结构、年龄结构和学缘结构

学历结构指师资队伍中教师的学历学位构成状况。学历水平是衡量教师专业能力的重要依据，是师资队伍整体素质的反映。目前，从通用语种专业的情况来看，博士学位已成为教师入职的基本条件。职称结构指师资队伍中不同级别职称的教师数量构成比例，它反映了教师队伍的整体实力和可持续发展潜力。不同类型的高校应具有不同的职称结构，研究型高校应比教学科研型高校具有更高的高级职称比例，教学科研型高校应比教学型高校具有更高的高级职称比例。

年龄结构是指同一个时期各个年龄段教师的组合比例。合理的年龄结构成正态分布，形成老、中、青年龄梯队，年龄35－50岁的人数应当处于高峰。例如，在美国的一些一流大学中，年龄在60岁以上的教师仅占教师总数的10%，而年龄在50岁以下的教师占教师总数的70%，教授的平均年龄为50多岁，副教授的平均年龄为40岁左右，整体平均年龄大都在40岁左右。这样的年龄结构分布均匀，形成了老中青学科梯队，实现了可持续发展（刘莉莉 2010）。

学缘结构指学历来源的结构，主要是教师队伍中本校毕业生和非本校毕业生的比例，其本质是满足师资多样性的要求。合理的学缘结构有利于人才交流、学科交叉和优势互补。世界一流高校大多数建立了有效的机制来保证教师来源于同一学校的最高比例不超过30%，而且声望越高的高校来源于同一学校教师的最高比例也越低（姜远平、刘少雪 2004）。

《国标》规定：外语类专业应有一支合格的专任教师队伍，形成教研团队。教师的年龄结构、学缘结构、职称结构应合理。有条件的高校应聘请外籍教师。应用型专业应聘请行业指导教师。各专业专任教师应不少于6人，一般应具有博士学位；非通用语种专业专任教师不少于3人，具有硕士、博士学位教师比例不低于30%。

目前，我国高校外语教师群体拥有博士学位者比例不高，高级职称比例偏低（王守仁 2018）。非通用语师资队伍在这两个方面问题更严重，年龄整体趋于年轻，尚未形成老、中、青年龄梯队，40－50岁之间的学科引领性人才相对不足。与此同时，高校之间师资分布不均衡。由于历史与地缘优势，高学历、高职称的教师多集中在东部和南方大城市高校。当然，不同语种的师资结构差异也较大。以某高校为例，意大利语、波兰语等老牌外语专业有博导，老教师也会带着青年教师发展。但像挪威语这

样的专业,只有两名年轻教师,职称都是讲师,这种不合理的年龄、学历、职称结构不利于教师发展。关于学缘结构,由于很多语种开设的院校少,有些语种甚至只在一所学校开设,所以后备师资往往只能来源于本校。

针对以上问题,各外语类专业应把师资队伍建设放在专业发展的首要位置。首先,制定师资队伍的中长期发展规划,系统谋划师资队伍的年龄结构、职称结构、学历结构和学缘结构,有计划地进行对外招聘和在职培养。第二,在教师考核和评价方面,对于新兴语种专业在职称晋升政策上要有所倾斜,大力扶持。第三,对于没有老教师的新兴语种专业教师的可持续发展,可以安排大语种有经验的老教师引领,通过建立教师学习共同体的方式促进教师发展。

11.2 教师素质

何谓教师素质?这是一个看似简单实际上非常复杂的问题,学术界一直未能取得一致的看法。许明(2002)提出,教师素质所反映的是一定社会特定历史时期社会对于合格教师的总体要求;从横向上看,教师素质是多元的,包括对教师在知识、技能、意向和表现等方面的要求;从纵向上看,教师素质是多层次的,即素质在合格教师和优秀教师身上的体现是不尽相同的;对教师素质的界定应十分注重可测性。史耕山、周燕(2009)提出英语教师素质内涵主要包括师德(思想修养、道德修养)、情感(热爱教育和学生)、自我发展(危机意识、终身学习)和专业能力(语言素质、教学能力和知识面)。他们提出,国内外在讨论教师素质时,主要强调的是教师专业素质。吴一安(2005)将外语教师的专业素质界定为教师学科教学知识和能力的体现,受职业观与职业道德、外语教学观的影响,是教师长期在教学中不断学习如何教学实践的结果,表现为课堂行为。外语教师的专业素质框架由四个维度构成:1)外语学科教学能力,2)外语教师职业观与职业道德,3)外语教学观,4)外语教师学习与发展观。仲伟合、王巍巍(2016)提出英语类专业教师能力由专业技能、专业知识、专业素质三个维度构成。

《国标》提出专任教师应具备以下素质:1)符合《中华人民共和国教师法》和《中华人民共和国高等教育法》规定的资格和条件,履行相关义务;2)具有外国语言文学类学科或相关学科研究生学历;3)具有丰厚的专业知识,熟悉外语教学与学习的理论和方法，对教育学、心理学等相关学科知识有一定了解；4）具有扎实的外语基本功、教学设计与实施能力、课堂组织与管理能力、现代教育技术和教学手段的应用能力，以及教学反思和改革能力；5）具有明确的学术研究方向和研究能力。外籍教师的聘任应根据岗位需要，达到上述条款中所有适用标准。

根据《国标》规定，我们认为外语类专业教师能力应涵盖4个方面，即职业道德、教学能力、研究能力和学科知识（孙有中、张虹、张莲2018）。其中，职业道德是对教师（包括高校外语类专业教师）的普遍要求，倡导教师在职业生涯中"德高为范"，做"有理想信念""有道德情操""有仁爱之心"的教师。教学不是一项简单的技术工作，同时承载着立德树人的责任。应把教师职业理想、职业道德教育融入培养、培训和管理全过程。

教学能力是教师为实现教育教学目标顺利实施教学的能力。外语类专业教师的教学能力构成要素包括关于学习、学习者、语言、二语习得、文化和教学环境等方面的知识，教师自身的语言能力以及课程设计、实施与评价的能力和外语教育技术运用能力等。但是，面向未来，外语类专业教师仅有外语教学能力是远远不够的。更为重要和紧迫的是，他们还必须具有语言与学科内容融合式教学能力、跨文化外语教学能力、思辨外语教学能力等。外语类专业教师应善于将"技能课程知识化"和"知识课程技能化"，在语言技能和专业知识课程的教学中同步提高学生的语言能力、跨文化能力、思辨能力、人文素养和学科素养。

研究能力包括专业研究能力与教学研究能力。前者指对外语类专业某一学科领域的专门研究，如语料库语言学研究、莎士比亚研究、翻译能力研究、美国研究、跨文化交际研究等；后者指结合教学实践进行的研究，这里有必要特别提倡外语教学理论与实践、外语教材编写、工具书编纂、精品课程建设等直接服务于人才培养的实践性教学研究。总体看来，我国高校外语类专业教师普遍需要大力提高研究能力，这不仅是教师职业发展的需要，而且关系到外语类专业创新型人才培养的成败。

学科知识是高校教师的基本素养。外语类专业教师的学科知识构成外语类专业教师的学科背景，主要涉及外国语言学、外国文学、翻译学、国别与区域研究、比较文学与跨文化研究、国际商务研究等领域。当前，我国高校外语类专业还存在一大批没有学科背景和研究方向的纯语言教师，他们的职业发展遇到瓶颈，同时在某种程度上也制约了外语类专业高层次、国际化、复合型人才的培养。

11.3 教师发展

11.3.1 外语类专业教师专业发展概念界定

教师专业发展是师资培养使用的表达法之一，是取代"教师培训"的一种表达。教师专业发展，作为一个名词，是伴随着西方教师专业化运动出现的，该运动从追求对教师专业地位的社会承认，演变为提升教师专业水平的自我努力。外语类专业教师专业发展与教师培训的区别在于：第一，它受到认知主义和建构主义的影响，不再把学习看作简单的外在行为，而是将其看成复杂的信息加工和认知建构过程；也强调教师的知识基础，尤其是教师知识的学科特定性和教师知识的实践默会性；第二，关注教师作为"人"的主体性和能动性，强调教师在专业发展活动中的主动参与，包括参与课程开发、教学决策和学校变革；第三，倡导反思实践和行动研究，将教学看作是一个不断实践－反思－再实践的往复过程，以此形成批判性的自我意识。教师可以通过观察自己的课堂行为、积极反思自己的教学、评估自己的教学效果以促进自身的教学发展。

外语类专业教师专业发展与教师学习也有较密切的联系，后者是更晚近的一种表达。其基本假定包括：1）教师学习以已有知识和理念为基础，强调教师的个人背景和理念系统对有效学习的影响；2）理论输入需要和具体的情境相联系，反对抽象的知识传授和脱离情境的技术训练；3）教师自身的反思实践有助于知识建构和重构；4）教师所处环境对教师认知有极大的影响，促进对话和协商有助于教师学习；5）教师学习是一个长期发展的过程，同时存在个体差异。

基于新的理念，以教师为中心的教师专业发展策略层出不穷，如反思性教学、合作行动研究、探究性实践课例研究等。外语类专业教师专业发展这一概念的提出，使外语类专业教师培养发生了本质性变化，教师的角色从纯粹的知识传递者转换为教师研究者。高校外语类专业教师应"树立教研相长的观念"（孙有中等 2017），"坚持教学与研究平行发展，让学术研究促进人才培养，成为教学与研究双优型教师"（同上）。

11.3.2 外语类专业教师专业发展途径

11.3.2.1 自上而下的教师发展途径

关于教师发展，《国标》从学校和教师两方面提出明确要求。从学校层面来说，"应制定科学的教师发展规划与制度，通过学历教育、在岗培养、国内外进修与学术交流、行业实践等方式，使教师不断更新教育理念，优化知识结构，提高专业理论水平与教学和研究能力。"这一规定要求学校相关部门，如教师（教学）发展中心或外语院系针对教师发展进行顶层设计，自上而下地为教师发展创造条件，提供全方位支持，其目的是要促进教师在职业道德、教学能力、研究能力和学科知识四方面实现可持续的全面发展。

（一）专业学习共同体

教师专业学习共同体指由教师自愿参加，以促进自身的专业学习和发展为导向，通过持续不断的互动、合作、反思，共同探究教学和研究问题的解决方案，从而促进成员共同发展的教师合作共同体（文秋芳、任庆梅、张虹 2021）。要想做好教师发展工作，进而提高教学质量，专业学习共同体（Professional Learning Communities, PLCs）的建设十分重要。那么，学校或院系如何建设专业学习共同体，形成可持续发展的机制，促进教师发展呢？

我们以北京外国语大学许国璋语言高等研究院应用语言学方向 PLC 为例，介绍该共同体的政策型"拉-推"和任务型"拉-推"两类机制（文秋芳、张虹 2019）（见图 11.1）。从逻辑上说，在这两类机制中，第一类机制应先于第二类机制的运行；在每类机制中，"拉"应先于"推"，情感上的"拉-推"应先于制度或认知上的"拉-推"。在共同体运行的过程中，它们之间需要共同合力，形成良性互动，此时我们就难以分出先后顺序。

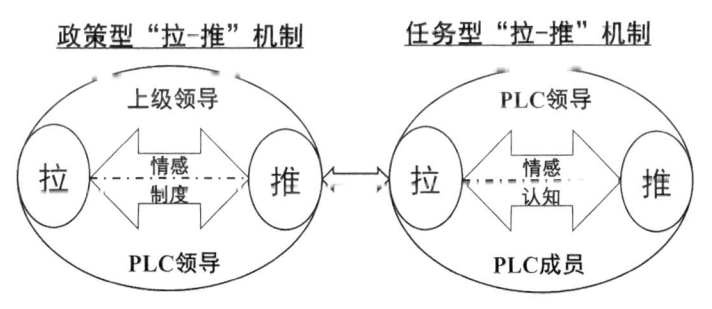

图 11.1 两类不同的"拉—推"机制（文秋芳、张虹 2019：13）

政策型"拉-推"机制用于校、院、系领导与PLC领导之间。一方面,情感上的"拉"指校、院、系机构领导在配备PLC负责人时,要体现诚意和信任,要亲自邀请,并说明理由。情感上的"推"就是让PLC负责人感受到,这是一份光荣使命,也是一份责任,必须完成任务。制度上的"拉"主要体现在从制度层面给予支持。制度上的"推"指的是每学期学校对PLC运行情况进行检查与督促。

任务型"拉-推"机制主要发生在PLC负责人与成员之间,体现在情感和认知两个方面。情感上"拉"首先体现在PLC领导成员身上。他们对PLC成员真诚相待,超越同事间的一般关系,充满亲情和友情,关键是营造"安全、互信、互助"的集体氛围,树立"我为人人、人人为我"的风气。要让每个成员感受到,在这样的PLC中互相学习、共同进步是一个赋能增效的好机会,每人都在为自己的进步而付出。另外,情感上"拉"还指PLC成员之间在精神上的相互支持、理解、鼓励等。同时PLC成员对PLC领导小组也有"拉"的作用。随着PLC领导小组对PLC成员的了解,他们的敬业精神、敢于接受挑战的勇气、坚持不懈的努力深深感动着PLC领导小组,促使PLC领导更愿意为他们提供帮助。

情感上的"推"主要包括两方面。首先体现在PLC领导小组对PLC成员的严格管理上。参与活动须签到,随便迟到、缺席应感到内疚;同伴之间应互相帮助,取长补短,自私自利应遭到摈弃。这些做法本身就促使PLC成员形成集体荣誉感和责任感。另外,同伴之间会相互推动。例如,别人都按时提交了"作业",未完成任务的人就自动形成了"同伴压力",就会努力跟上研究进程。需要说明的是,PLC成员没有明显地从情感上"推"领导小组成员,但存在着隐性的"推"。领导小组必须履行对学校和PLC成员的承诺。

认知上的"拉"包括三方面。首先,负责人把PLC的大目标分解为可完成的小任务,每个小任务的完成有清晰的程序,让每位成员感到有能力完成;另外,认知上的"拉"包括PLC集体领导小组给成员提供学术资源、细致耐心地指导成员的学术发展。第二,PLC成员也在认知上"拉"着领导小组成员。比如,领导小组成员从成员那里学到各个国家的国情和文化,扩充了知识等。最后,同伴之间也会相互在认知层面"拉"动彼此。小组成员发挥各自不同的优势,通过相互阅读彼此的论文,共同研讨、相互修改文章等方式互相帮助。

认知上的"推"包括三方面。首先是指PLC领导小组对每项任务的完成设定明确的课题目标、安排具体任务、设置截止时间和质量上的要求，对成员的严格要求和"一个不放弃"的态度。其次，PLC 成员也会对 PLC 领导小组成员形成"推"的力量。比如，成员每次准时交来阶段性成果时，领导小组就必须及时阅读、反馈，这样才能推动工作进展。由于要带领整个共同体做各项课题研究，这一责任推动着领导小组也要不断学习，这样才能给予 PLC 成员比较恰当的指导。最后，成员之间交流时也会督促彼此要尽力、按时完成各自的研究。

在政策性"拉－推"机制和任务型"拉－推"机制中，我们强调先"拉"，后"推"，目的就是要强调先提供情感支持和切实的帮助，再提要求，这就不会把未从事过正规研究的成员吓跑。简言之，认知上的"拉－推"要边拉、边推，边推、边拉；每次步子要小，但节奏要快，"拉－推"之间的力度要恰当，过度"拉"，滋长依赖性；过度"推"，损伤自尊心。当然，这里"拉－推"力度的均衡，并没有数学公式计算，靠的是人与人之间的交流与感受。

（二）课例研究[1]

课例研究（lesson study）源于 19 世纪 70 年代兴起于日本的"授业研究"（じゅぎょうけんきゅう，jugyou kenkyuu），指基于课例（research lesson），集教师合作、反思、教学改进于一体的教师专业发展途径。课例研究大致涵盖可循环的 3 个步骤：1）教师团队研究课程，围绕学生学习、教学方法等讨论教学实践有待提高之处，确定课例的研究问题，针对问题集体备课；2）团队中一名教师进行第一次授课，其他教师进行课堂观察、课后围绕课堂教学访谈学生，收集学生的反馈；3）基于观察和访谈数据，教师团队再次集中讨论、反思如何改进教学、促进学生学习。尽管课例研究在日本已有 140 多年的历史，但其真正进入国际视野的标志是 Stigler 和 Hiebert 于 1999 年出版的《教学差距：为改进课堂教学来自世界教师的精彩观点》（*The Teaching Gap: Best Ideas from the World's Teachers for Improving Education in the Classroom*）。此书基于"国际数学与科学学习趋势研究"（Trends in International Mathematics and Science Study, TIMSS）的测验结果，对比美国、日本和德国的数学课堂教学，肯定了日本的课例研究在丰富教师专业知识、提高其教学技能和促进学生

---

[1] 本部分内容见《中国外语》张虹、何宇恒、朱惠莲（2020）《国内外课例研究述评（2009－2019）：现状与展望》一文。

学习方面的作用。自此，课例研究开始在世界范围内引起关注。很多研究者开始寻求课例研究本国化的经验。早在20世纪50年代，我国就开始开展有关课例的研究。进入21世纪以后，在教育部的推进下，中小学教师开始借鉴国外经验，探索具有国际认同意义的课例研究（袁丽、胡艺曦2018）。近十年来基础英语的课例研究得到长足发展，课例研究已经成为提升英语教学水平，促进英语教师专业发展的有效途径。2018年，以"课例研究与教师教育：国际对话"为主题的第12届世界课例研究大会首次在中国召开。此次会议的召开肯定了课例研究的中国经验。

北京外国语大学英语学院近几年成立课例研究团队，由资深教授组建和指导，一批有兴趣的教师参与。教师围绕精读、写作、口语等技能课程集体备课、研讨、基于数据进行课堂教学改进（参考林岩2020；邱瑾2020；伊蕊2020），不仅促进了一批教师教学效果的提升，同时促进了教师在教学和研究两方面的发展（王蔷2020；Zhang, 2021）。我们建议各高校的外语院系聘请教学经验丰富的教师做顾问，组织教师参加，促进教师与同事之间分享教学体会，讨论教学问题，给教师提供充分的听课和评课的机会，使教师在参与课例研究的过程中提高自己的教学能力和专业水平。

（三）短期专题式教师发展研修班

外语院系可以采取"走出去，请进来"的方法为教师提供专家讲座和工作坊的学习机会。培训形式多种多样，如可以根据特定教师群体的科研需求，提供多次短期的对某一具体研究方法（如行动研究、质性研究）的介绍和实例分析；也可以利用寒暑假支持教师参加教学和研究能力提升的研修班。院系管理者应鼓励和支持教师深度参与培训，即要让教师们带着自己在教学中遇到的问题或自己感兴趣的研究问题去参加学习，然后将研修所学运用到教学实践和研究之中，促进自身的可持续专业发展。

11.3.2.2 自下而上的教师发展途径

教师发展不仅是学校对教师的要求（Bowen, 2004），更重要的是教师自身的责任和义务。因此，从教师个人层面而言，《国标》要求："教师应树立终身发展的观念，制定切实可行的发展计划，不断提高教学水平和研究能力。"可见，合格的外语类专业教师应自下而上地自主、持续发展，不仅应精于教学，而且应善于研究，做到教研相长（孙有中、张虹、张莲2018）。下文介绍几种主要的教师自主发展途径。

（一）行动研究

行动研究（Action Research）是教师在教学的过程中，对自己的教学观念、所采用的教学方法以及由此所产生的教学效果进行反思，在反思中重新审视自己的教学观念，探讨、研究和改进教学方法，以进一步提高教学效果。它是一种系统的、反思性的探究活动，其核心是自我反思。社会工作者和教育工作者通过这种方式来提高他们对自身所从事的社会或教育事业的理性认识和正确评价，对自己工作过程的理性认识和正确评价，以及对自己的工作环境的理性认识和正确评价。对教师来说，其目的是改进自己的教学实践，使教学达到最佳的效果，同时提高行动研究者自身对教育教学过程的理解和认识。

行动研究是一个循环往复的过程，其研究流程主要包括以下环节：发现并确认问题／发现一个新观点或新方法－文献综述－制定行动方案－实施和监控行动方案－评价与反思－发现新问题。

与传统教育研究相比，行动研究有其独特之处：1）行动研究更关注教师在教学实践中遇到的实际问题，解决复杂的社会和教育环境下的某一个特定问题，对教育的不可预测性和公平性有更强的适应能力。2）教师本人即研究者，教师在研究中行动，在行动中研究。3）行动研究的对象是教师自身的教育教学活动，通过发现问题，采取对策，达到改进工作以及提高教师自身批判反思能力的目的。4）检验这种研究的效果的标准是：教师的观念和行为是否有所改进，教师的教育教学质量是否有所改善，教师的自我发展意识和专业信心是否有所提高。

目前从事行动研究的高校外语教师还不是很多，但在数量上有所增加。外语界的一些核心期刊也开始发表行动研究的论文。我们希望越来越多的高校外语教师立足自身的教学实践，发现教学中的真问题，通过行动研究这一路径解决问题，改进教学，进而促进自身的专业发展。

（二）反思性教学

专业发展具有主动性，需要教师通过反思从经验中学习，需要从看似理所当然的日常教学实践中提出问题，解决问题。反思性教学指教师在教学过程中通过教学内省、教学体验、教学监控等方式，辩证地否定主体的教学观念、教学经验、教学行为的一种积极的、持续的认知加工过程，是教师教育、教学认知活动的重要组成部分。外语教师发展领域自20世纪90年代开始关注反思，Michael J. Wallace将反思性教学引入外语教师教育领域，提出反思模式是促进外语教师专业发展的主要途径之一。Farrell（2007）提出反思性语言教学。反思性语言教学是一种自下而上的教师专业发展过程，在此过程中，教师有意识地、系统地、基于证据地思考教学。反思性教学的目的在于通过调整教师信念与教学实践的不一致来改善教师的教学，通过提高教师的教学水平教会学生如何学习，促进学生的发展和教师可持续的专业发展。

目前高校外语教师反思存在以下五方面的问题（孟春国 2011；颜奕、罗少茜 2014）。1）对反思教学的理解：停留在"经验总结"层面。2）反思内容：囿于课堂教学与学生学习，对自身专业发展和教育环境的反思还有待增强。教师可以通过阅读、同伴互助、专业引领等方式拓展自身的反思广度。3）反思层次：以实践性为主，技术性层次的反思也占了一定比例，但批判性层次的反思还有较大提升空间。反思各层次并无优劣之分，需要根据教师的不同发展阶段进行适当的协助和引导，达到反思各层次的平衡及融会贯通。4）反思过程：以被动地应对问题为主，缺少问题意识。多数教师能够对问题进行细致描述，厘清个人理论，并建构新的理论，仅少数教师在行动中检验了新理论。反思应是一个有计划、有基础的系统探究过程，而非泛泛经验总结和有感而发。目前高校外语教师对问题的敏感度有待提升，其有的放矢、发现问题的能力亟待养成。5）反思方式：和同事一起谈论即"谈一谈"是高校外语教师最常用的反思方式（50.5%），"读文献"次之（19.4%），其他依次为"想一想"（16.2%），"做研究"（7.4%），选择"写日记"的最少（6.5%）。

针对以上问题，我们建议教师采用多样化的教学反思方法，例如：实施小规模的课堂研究、参加学术会议、阅读相关文献、建立电子档案夹、组建教师讨论小组并与同事及专家交流、找到批判性同事、进行课堂观摩、分析教案和课堂录像、撰写教学日志、征询学生意见。

值得指出的是，教师反思不应只是简单的"谈一谈"教学，而是基于数据进行反思并基于反思结果不断改进教学。这需要广大外语类专业教师首先要具有开放的心态和乐于反思的品质。此外，教师要学习收集和分析数据的方法，使反思的基础更加科学。最后，我们建议教师反思的层次要逐步提升，从教学方法运用效果这种最基本的技术层面的反思，逐步过渡到关注教学情境对于教学意义的制度和情境反思，最后上升到关于教育本质和人的发展的道德伦理层面的反思。

（三）课堂观摩

课堂观摩是教师专业发展的重要途径之一，指在课堂中对教师的教学实践和学生的学习行为展开的正式或非正式的观察。如果是研究导向的课堂观摩，观摩者需要在观摩的过程中通过记录观察笔记、课堂录音或录像的方式收集数据。如果是学习导向的课堂观摩，则强调教师通过观摩的方式学习其他教师如何开展教学活动以及如何处理教学过程中常见的难题等。同时，被观摩的教师可获得客观的评价和及时的反馈。教学观摩的目的和出发点不同，观摩者在课堂中关注的侧重点也会不同。无论是新手教师还是经验丰富的教师都可以从课堂观摩中获益，它为教师提供了相互学习、交流有效教学理念、教学策略和教学方法的机会，能够加深教师对教学过程和课堂互动等方面的理解，促进教师自我反思和不断完善，进而优化教学。

课堂观摩的方式分为结构型观摩、半结构型观摩和开放型观摩。结构型观摩通常会在观摩时依据某一观摩目的制作有具体观摩维度的课堂观摩量表，观摩者可以边观摩边在观摩表上进行记录。半结构型观摩也会用记录表，但表格内容维度没有结构型观摩表细致，更多依靠观摩者的观摩目的主观进行记录。开放型观摩往往没有聚焦的观摩点，而是泛泛地记录观摩者在课堂中看到、听到和感受到的现象。无论是哪一种观摩方式，都需要观摩者在观摩过程中实时记录自己对观摩内容的理解和评价，即自己对观摩内容的反思。

目前教师观摩同事的课堂较为常见，对此，我们从观摩伦理的角度提醒教师尽量不要给被观摩教师的正常教学带来过多影响。首先，观摩前，观摩者需要征求被观摩者的同意，不要不打招呼就随便进入别人的课堂；其次，在观摩过程中，观摩者要尽量降低对教师和学生的影响，比如不要跟另外的观摩者或坐在旁边的学生交谈，更不能不经同意私自对课堂进行录音和录像；最后，观摩后，观摩者不能随意对外议论教学效果或授课教师，即便和授课教师进行观摩后的讨论，也是为了学习或研究，而不是评价，因此讨论的内容和方式要针对教学本身，而不是教师本人。

参考文献

[1] Zhang, H. Lesson study as a catalyst for university language teacher development. *TESOL Quarterly*. 2021, 55 (2): 621-632.

[2] 姜远平、刘少雪. 世界一流大学教师学缘研究 [J]. 江苏高教, 2004（4）: 106-108.

[3] 林岩. 英语演讲教学中的思辨能力培养——"说服策略"单元课例研究 [J]. 中国外语, 2020（3）: 63-69.

[4] 刘莉莉. 高校师资队伍结构优化及其对策研究——基于世界一流大学的经验分析 [J]. 东南大学学报（哲学社会科学版）, 2010（6）: 126-129.

[5] 孟春国. 高校外语教师反思教学观念与行为研究 [J]. 外语界, 2011（4）: 44-54.

[6] 邱瑾. 英语专业记叙文写作教学中的思辨能力培养——"人物刻画"单元课例研究 [J]. 中国外语, 2020（6）: 48-54.

[7] 史耕山、周燕. 老一代优秀英语教师素质调查 [J]. 外语与外语教学, 2009（2）: 26-29.

[8] 孙有中、张虹、张莲.《国标》视野下外语类专业教师能力框架 [J]. 中国外语, 2018（2）: 4-11.

[9] 孙有中、张薇、郭英剑, 等. 教研相长, 做学者型优秀教师 [J]. 外语电化教学, 2017（5）: 3-8+22.

[10] 王蔷. 课例研究——植根于课堂的外语教师专业发展途径 [J]. 中国外语, 2020（6）: 55-61.

[11] 王守仁. 关于高校外语教师发展的若干思考 [J]. 外语界, 2018（4）: 13-17.

[12] 文秋芳、张虹. 跨院系多语种教师专业学习共同体建设的理论与实践探索 [J]. 外语界, 2019（6）: 9-17.

[13] 文秋芳、任庆梅、张虹. 高校外语教师专业学习共同体建设研究 [M]. 北京: 北京大学出版社, 2021.

[14] 吴一安. 优秀外语教师专业素质探究 [J]. 外语教学与研究, 2005（3）: 199-205.

[15] 许明. 美国关于教师素质的新界定 [J]. 教育评论, 2002（1）: 49-52.

[16] 颜奕、罗少茜. 高校外语教师反思性语言教学研究——一项关键事件问卷调查 [J]. 中国外语, 2014（2）: 4-9+38.

[17] 伊蕊. 高校英语专业精读课思辨能力培养课例研究——以《大学思辨英语教程精读 3: 社会与个人》第六单元为例 [J]. 中国外语, 2020（3）: 70-76.

[18] 袁丽、胡艺曦. 课例研究对促进教师专业发展的作用、不足与改进策略——基于

文献的考察[J]. 教师教育研究，2018（4）：99-105.

[19] 张虹、何宇恒、朱惠莲. 国内外课例研究述评（2009－2019）：现状与展望[J]. 中国外语，2020（3）：55-62.

[20] 仲伟合、王巍巍. "国家标准"背景下我国英语类专业教师能力构成与发展体系建设[J]. 外语界，2016（6）：2-8.

12. 教学条件

教学条件是高等学校办学条件的重要组成部分，是人才培养过程中组织和开展各项教学活动所必备的一切条件的总和，是保证和提高教学质量、实现专业人才培养目标的基本需要。教学条件大致分为硬件和软件两方面。硬件主要指能满足教学活动正常运行所需要的师资队伍、教学设施、信息资源、实践教学、教学经费投入等条件，软件主要指"教学组织和教学机构设置、各种资源要素的配置及其管理方式和手段、教学规章制度和质量标准等教学运行与管理机制"（刘建凤、樊顺厚 2008）。

作为外语类专业准入、建设和评估的基本依据，《国标》依据《普通高等学校基本办学条件指标（试行）》（以下简称《指标》），结合外语类专业特点，在师资队伍、教学设施、信息资源、实践教学和教学经费等方面提供了指导性原则和基本指标要求，确保外语类专业教学的基本需要，为教学条件的改善提供指导。各办学点要在此基础上，根据学校办学层次、专业人才培养定位和发展目标，创造符合学校办学层次、专业人才培养定位和发展目标的教学条件，制定相应的运行和保障机制。

12.1 教学设施

教学设施指高等学校专业办学所需的物理场所和物资资源，是专业教学和科学研究的基本条件。具体讲，教学设施包括场地和设备两个大类，场地又包括教学场地和实践（训）场所，设备包括用于专业教学和科学研究的仪器设备。

> 教学场地和实践场所在数量和功能上应满足教学需要，并配备专职人员对教学设施进行日常管理和维护。根据国家教育部对本科专业设置的要求，生均教学行政用房面积一般不小于9平方米；生均教学科研仪器设备值不低于3000元；每百名学生教学用计算机不少于10台，每百名学生多媒体教室和语音室座位数不少于7个。

这是《国标》对外语类专业办学提出的教学设施要求，包括：1）原则性要求；

2）基本指标要求。原则上，办学点需要有在数量和功能上满足专业教学所需要的教学场地与实践场所，并配备对教学场地与实践场所进行日常管理和维护的专职人员。具体要求是外语类专业"生均教学行政用房面积一般不小于9平方米，生均教学科研仪器设备值不低于3,000元，每百名学生教学用计算机不少于10台，每百名学生多媒体教室和语音室座位数不少于7个"。这些数据是依据《指标》对语言、财经、政法类院校设定的基本办学要求设定的，体现外语类专业的文科属性。除以上基本教学设施以外，专业点还需要针对外语类专业的语言教学需要和不同专业特点配备相应的教学设施。比如，要有能满足语言教学需要的语言实验室，商务英语专业还需要实训中心和商务模拟实训室，翻译专业则需要口译、同传实验室，并尽量配备翻译技术实验室，语言学专业要配备各种语言（语音、词汇、句法、语言习得等）实验的设备。复合型外语类专业还要依据复合对象配备相关专业教学所必需的实验室和设备，体现专业的跨学科特色。无论是教学场地还是教学设施，都需要一定数量的专职人员进行日常管理和维护，专职人员需要了解场地结构与功能、掌握设备的功能、原理和操作程序，以确保场地的正常运转和设备的正常运行。

12.2 信息资源

信息资源是指以文字、图形、图像、声音、影像等形式储存在一定的载体上并可供利用的信息，和办学所需的物理场所和教学科研设备一样，也是专业教学和科学研究的基本条件。《国标》规定：

> 图书资料能够满足学生的学习和教师的教学与科研所需；管理规范，共享程度高；生均图书不少于100册，并有一定比例的外文图书和报刊；生均年进书量不少于4册。

> 拥有本专业相关的电子资源；拥有覆盖学习及生活场所的网络系统；具备开发和运行网络课程的基础条件。

这是《国标》对外语类专业提出的信息资源要求，包括传统图书资料和电子资源两种类型。就传统图书资料来讲，基本原则是数量上要能够满足学生学习和教师教学与科研需要，同时要有专职的管理人员和合理有效的管理规范，确保图书资料的高效利用和高度共享。在满足图书资料基本要求的基础上，外语类专业教学还需要一定数量和比例的外国语言文学学科的图书资料，其中要包括国外出版的原版图书、学术期刊和报纸。具体数量与比例和书刊的选择要根据专业点的办学定位和办学特色、各外语语种专业特点以及科学研究需要适当调配。这些图书资料一般藏于大学图书馆，有条件的专业设置点可以配备专门的相关专业（尤其是非通用语专业）的外文图书室，形成以外国语言、外国文学、翻译学、国别与区域研究、比较文学与跨文化研究为主要资料的藏书特色，满足本专业学生学习和教师科学研究需要。

电子资源已经成为高等学校办学的基本需要，包括电子图书、期刊、报纸、各种学习型、学术型和应用型数据库和检索这些信息资源所需要的工具。电子资源不受图书馆物理空间、时间的限制，是名副其实的"全天候、不关门"的信息资源库。由于外语类专业涉及语种多，除各专业共享的电子资源以外，还要根据所设语种专业优化配置相关语种电子资源，形成满足相关专业建设和科学研究需要的电子资源。覆盖校园的无线网络系统是为了更有效地利用以上信息资源，并使信息获取、线上咨询、线上辅助教学和线上小组讨论等在整个校园范围内，在任何时间和地点都能够实现。网络课程（包括慕课、微课、私播课等）是课堂教学的必要补充，网络系统是开发和运行网络课程的基础条件，使网络课程不仅能在校园网运行，也能架设在互联网上，既能保证本校师生访问，又可以实现全球范围内的交流与共享。

12.3 实践教学

实践教学是本科教学的重要组成部分，实践教学条件是开展实践教学的前提和基础，是人才培养的重要保证和支撑，是衡量专业办学水平的重要标志。实践教学条件主要包括各类实验和实习场所及其配套设备和器材。《国标》规定：

> 各高校应具有满足人才培养需要的相对稳定的实践教学条件；应根据专业特点和需要建设专业实验室、实训中心、校内外实践教学基地等；应充分利用各种资源建设大学生创新创业教育平台。

这是《国标》对外语类专业教学提出的实践教学条件要求。第一，实践教学条件以满足人才培养需要为基本原则，以符合专业特点为基本要求，以实验室、实训中心、实践教学基地以及学生创新创业教育平台为主要内容，以培养创新创业能力为目标。第二，实践教学条件要对接外语类专业的实践教学内容，包括专业实习、创新创业实践、社会实践和国际交流。第三，实践教学条件要校内校外结合，建立一定数量的校内专业实训中心和创新创业实践平台、校外实习与社会实践基地和国际交流项目。应用型外语人才培养定位要高度重视产教融合和校企合作的实践教学平台，尤其是校外实践基地建设。第四，实践教学条件要有专人（教师或学生）负责，以保持相对稳定和有效运行。第五，实践教学条件也要适时调整，以适应学校人才培养定位和办学特色的调整。

12.4 教学经费

教学经费是开展专业教学和提高人才培养质量的财力保障，包括教学所需经费和科研所需经费。《国标》规定：

> 教学和科研经费有保障，总量能满足教学需要。根据教育部对本科专业设置的要求，生均年教学日常运行支出不低于1000元，并应根据不同地区不同类型学校的实际情况，合理提高教学经费的投入。

这是《国标》对外语类专业教学提出的教学经费要求。教学经费投入的总体原则是要满足教学需要，基本要求是生均教学日常运行支出每年不低于1,000元，基本方向是合理提高教学经费投入。生均教学日常运行支出最低标准是核定年度招生规模的基本依据。投入增幅首先需要和学生数量增幅同步，因为学生数量的增加意味着教学设施的扩容、信息资源和教学实践条件需求的增加，同时也要和学校所在区域的经济发展水平、学校的整体定位和专业建设目标相适应。专业教学的总体经费通常由学校划拨，专业所在学院建立健全教学经费的具体使用规划，根据专业建设和发展需要合理调配。

以上是《国标》对外语类专业教学条件在教学设施、信息资源、实践教学和教学经费等方面的基本要求。这些要求和培养目标、培养规格、课程体系和师资队伍一样，都是专业准入、建设和评价的基本依据。各外语专业点要高度重视教学条件建设，在建设过程中把握"先行性、充分性、针对性、预见性四个原则"（刘建凤、樊顺厚 2008）。总之，教学条件是开展外语类专业教学的前提，要未雨绸缪，提前规划；教学条件是外语类专业人才培养的根本保障，要以充分满足教学需要为基本原则，以提高人才培养质量和教师科研能力为根本目标，以促进专业教学改革、突出外语类专业特色与优势为基本建设路径。

参考文献

[1] 教育部. 普通高等学校基本办学条件指标（试行），2004.

[2] 教育部. 教育部等部门关于进一步加强高校实践育人工作的若干意见，2012.

[3] 刘建凤、樊顺厚. 加强高等学校教学条件建设与保障的若干思考 [J]. 中国冶金教育，2008（4）：72-74.

13. 质量管理

13.1 教学与评价

13.1.1 教学要求

《国标》规定教学应达到如下要求：

（1）遵循本专业教学大纲；（2）融合语言学习与知识学习，以能力培养为导向，重视语言运用能力、跨文化能力、思辨能力和自主学习能力的培养；（3）因材施教，根据教学目标和内容选择合适的教学方法，重视启发式、讨论式和参与式教学方法的使用，促进学生的全面发展和个性发展；（4）合理使用现代教育技术，注重教学效果。

下文将据此展开阐释。

13.1.1.1 为何"融合"？

"教学要求"首先强调的是"融合语言学习与知识学习"。我们知道，所谓语言学习，主要指与语言技能有关的，即通常所说的听、说、读、写、译的技能训练。而所谓知识学习，则主要指外语类专业的知识课程的学习。《国标》为什么要强调两者的"融合"呢？

经过改革开放40多年的历程，中国高校的外语类专业一直行驶在快速发展的轨道上，已经成为我国高校最大的专业之一。与此同时，外语类专业尤其是英语类专业显露出来的问题也越来越多，主要表现在重语言技能训练，轻专业知识学习，导致英语类专业毕业生走上工作岗位后上手快，但发展后劲不足。同时，英语类专业的知识课程设置也严重不足，导致无论是学生还是社会大众都认为英语专业就是学说英语的专业。这种现象长期存在，成为英语类专业的软肋。

为了解决学科知识基础薄弱的问题，外语类专业有必要增加专业知识课程，为学生搭建合理的知识结构。然而，在课程设置总学时有限的情况下，增加专业知识课程，就意味着减少语言技能课程，其结果将导致学生语言能力的下降。解决这一问题的最终办法只有"融合",也就是胡文仲、孙有中(2006)在《突出学科特点,加强人文教育》一文中所提倡的"技能课程知识化,知识课程技能化",即在语言技能课程的教材选用和课文讲解中融入专业知识和人文知识的拓展,而在专业知识课程的教学中又融入英语听说读写译的训练。这样,语言学习与知识学习融为一体,贯穿始终。这个策略实际上就是欧盟的外语教学所倡导的"语言与内容融合式学习"(CLIL)。

必须认识到,英语类专业教学与零起点的其他语种专业的教学之间存在很大差异。在倡导语言学习与知识学习融合的时候,应该考虑到双方在两类课程的比例以及语言学习与知识学习的融合策略上的多样性。

13.1.1.2 为什么要突出"能力培养"?

"教学要求"提出了"以能力培养为导向"的方针,并特别强调了语言运用能力、跨文化能力、思辨能力和自主学习能力四个方面的能力培养。

随着人类文明进入信息时代和知识经济时代,高等教育的理念发生了重大变化,教学的重点由传授知识转向培养能力,学习的最终目的不是系统掌握知识,而是使用和创造知识。《国家中长期教育改革和发展规划纲要(2010 – 2020年)》明确提出了"坚持能力为重"的教育改革"战略主题"。《中国教育现代化2035》进一步提出要"加强创新人才特别是拔尖创新人才的培养"。对于新时代的外语类专业来说,"以能力培养为导向"是时代的呼唤。

长期以来,外语类专业把主要精力集中在语言能力的培养上,而语言能力的培养往往又主要是通过模仿和记忆的方式来实现的,少数几门专业知识课程往往专注于知识的传授而非能力的培养,这使得外语类专业在思辨能力培养上先天不足,更谈不上创新能力的培养。外语类专业面向未来,必须在思辨能力与创新能力的培养上取得实质性突破,这需要在教材内容、课程设置、教学方法、测试、实践教学等方面进行系统改革。有关思辨能力培养的教学策略,可参阅本书6.4。

与此同时,外语类专业还必须重视跨文化能力和自主学习能力的培养,这两种能力的重要性和教学策略在本书6.3和6.8两个章节已分别阐释,在此不再赘述。

此外,着眼于学生的终身发展,外语类专业还应该加强培养多种"可迁移能力"(transferable skills),包括:进取精神、团队精神、主动精神、时间管理、目标设定、制定计划、IT能力、演讲能力、书面沟通、协调能力、领导能力、决策能力、执行能力、变通能力、解决问题、多任务处理、调研能力、关注细节、自我评价，等等。这些技能直接关系到学生的就业和可持续发展，并不是天生具备的，需要通过课堂教学活动与任务设计、精心策划的课外活动、专业实习与社会实践来有针对性地培养，应该在培养方案中明确提出，统一规划。

13.1.1.3 怎样"因材施教"？

"因材施教"作为教学方法，是老生常谈，但《国标》对此做出了新的阐释，强调要重视使用"启发式、讨论式和参与式教学方法"，目的是为了"促进学生的全面发展和个性发展"。

所谓启发式、讨论式和参与式教学方法，要求教师采用启发学生思维的方式去进行教学，同时也对学生提出了要求，不但要求他们参与到教师所提问题的讨论中，还要求他们参与到学生之间的讨论之中，最终达到学生主动参与教学、取得最佳教学效果的目的。具体而言，教师应要求学生在课前课后主动查阅相关资料从而对所学知识有全面和深入的理解；在课堂教学中，要设计富有挑战性的任务或项目，引导学生进行合作探究，相互讨论和辩论，培养发现问题、分析问题和解决问题的能力（郭英剑 2017a）。

关于如何提高课堂教学的质量和效果，这里有必要提请教育管理者和一线教师们关注《教育部关于一流本科课程建设的实施意见》（2019）提出的评价一流课程的"两性一度"标准，即高阶性、创新性和挑战度。

高阶性要求：课程目标坚持知识、能力、素质有机融合，培养学生解决复杂问题的综合能力和高级思维。课程内容强调广度和深度，突破习惯性认知模式，培养学生深度分析、大胆质疑、勇于创新的精神和能力。

创新性要求：教学内容体现前沿性与时代性，及时将学术研究、科技发展前沿成果引入课程。教学方法体现先进性与互动性，大力推进现代信息技术与教学深度融合，积极引导学生进行探究式与个性化学习。

挑战度要求：课程设计增加研究性、创新性、综合性内容，加大学生学习投入，科学"增负"，让学生体验"跳一跳才能够得着"的学习挑战。严格考核考试评价，增强学生经过刻苦学习收获能力和素质提高的成就感。

"两性一度"不仅对教师提出了更高要求,而且对学生提出了更高要求。在此,有必要特别强调一下学生在学习中"责任感"的培养。教学管理一般都强调教师的责任,但事实上教师和学生是教育的一体两面。谈教师的"责任"时,也不能忘记学生的"责任"。对学生,我们往往更多的是谈"要求",而较少谈"责任"。但对于大学生而言,学习就是其主要职责。在当代以学生为中心的教学模式中,仅仅站在高校和教师的层面对学生提出诸如好好学习、认真听课、完成作业等泛泛的要求,既无法适应时代的要求,也无法实现课堂教学的最佳效果。之所以要强调"责任",是因为"要求"意味着"被动"和"接受",而"责任"则基于学生的"主动"和"进取",更彰显"主体意识"。在课堂教学中,如何培养学生的"责任意识",怎样使学生意识到自己所承担的"责任",从而真正对学习的整个过程与学习的最终结果担负起责任,值得我们高度重视(郭英剑 2017b)。

总之,外语类专业要不断创新教育教学的理念与方法,最终促进学生的"全面发展"与"个性发展"。

13.1.1.4 达到怎样的"效果"?

进入 21 世纪以来,课堂教学发生的巨变之一就是现代信息技术的深度参与。传统课堂上,教师在黑板上板书,学生在下面听讲专心记录;现在课堂上,这样的场景几乎不复存在,取而代之的是教室内不仅有电脑、多媒体等设备,教师也更多地利用 PPT(演示文稿)和各种高科技设备。当然,教室内还必须有网络,从而保证师生随时进入互联网调取所需的各种资源。利用这些高科技的教学设备,教师可以更加专注于教学活动,而寻求各种工具与资源则纯粹是为了使教学更有效率(郭英剑 2015)。近年来,在高校课堂里几乎很难看到不用 PPT 的场景了,而且,使用各种高科技手段已出现泛滥的趋势。在现代信息技术日新月异的时代,教师如何驾驭技术而不是被技术驾驭,已成为一个很现实的问题。

对此,《国标》明确提出:"合理使用现代教育技术,注重教学效果。"也就是说,教学效果是评价教学手段的最终标准。这就要求教师既要重视对技术的学习和使用,创造性地利用技术为教学赋能,但又不要迷信技术,让技术在课堂上喧宾夺主。

13.1.2 评价要求

评价是专业建设的一项重要内容，是确保专业质量、实现培养目标的关键举措，对于专业建设各个环节的良性循环具有重要意义。《国标》第8.1.2节对外语类专业本科教学提出了以下评价方面的具体要求。

> 评价应以促进学生学习为目的，根据培养方案确定评价内容和标准，选择科学的评价方式、方法，合理使用评价结果，及时提供反馈信息，不断调整和改进教学。评价应注重形成性评价与终结性评价相结合。

下文旨在界定《国标》评价部分所涉及的核心概念，阐释《国标》所倡导的评价理念，构建外语类专业本科教学中的评价框架，分析促学评价的基础和保障，并指出评价中有待解决的问题，以帮助广大外语类专业教师和学生在教学实践中更有效地开展评价活动，充分发挥评价对教学的促进作用。

13.1.2.1 核心概念

《国标》第8.1.2节涉及评价方面的三个核心概念，即教学评价、形成性评价和终结性评价。本节首先对这些概念进行界定，为第二部分对评价理念的阐释奠定基础。

（1）教学评价

教学是课程体系最重要的组成部分，教学评价是课程体系建设的一项重要内容。教学评价关注的是教学、学习和测评的过程和结果，是教学质量的保障机制，也是改进和提升教学质量的手段之一。教学评价的目的是根据专业建设的总体目标和课程大纲规定的具体教学目标，对教学的过程和结果进行监测和评估，为教学提供决策依据，同时为改进课程设计和实施提供反馈信息。从评价对象来看，教学评价既包括对教师的教学开展评价，也包括对学生的学习进行评价。鉴于《国标》是为外语类专业本科制定的培养标准，因此这里的评价主要指对学生学习所开展的评价，包括对学习过程的形成性评价和对学习结果的终结性评价。

从评价方式来看，针对本科生开展的评价主要有内部评价和外部评价两种方式。内部评价包括教学过程中教师开展的形成性评价以及学生的自我评价和学生之间的互评，还包括学校自主开发和实施的入学后分班、期中和期末等校本考试；内部评价的目的是帮助教师和学生了解学习进展，调整教学和学习计划，提高教学质量，促进学生发展。外部评价是指第三方评价，如由专业机构设计和实施的全国性、地区性或校际联合的学生外语能力考试。外部评价被认为是更加客观的评价方式，能够更全面、准确地为教学和学习提供决策依据，但是外部评价需要结合特定的教学环境来分析问题，如生源、师资、培养目标等，才能对评价结果做出合理的解释，并更恰当地使用评价数据。

（2）形成性评价

20世纪60年代美国教育评价学者Scriven（1967）针对终结性评价的不足，提出了形成性评价的概念。之后的三十多年间，语言教育领域不断地探索形成性评价的理论、方法和工具。进入21世纪以来，我国外语教育领域的形成性评价研究也取得了丰硕成果，并在教学实践中得到了实际运用（袁树厚、束定芳 2017）。但是，由于学界使用的术语不统一，国内和国外学者对术语的定义也不一致，因此，形成性评价仍缺乏十分明确的概念界定。有些将之等同于教师在课堂上实施的即时评价或动态评价；有些将之与标准化测试形成对比，强调评价方式的灵活性；有些将之与终结性评价相对比，强调对教学过程的跟踪和评价。

目前，学界对形成性评价达成的基本共识是：1）评价目的是帮助教师调整教学计划，指导学生改进学习策略和方法，提高学习效率；2）采用灵活多样的评价方式，对教学和学习过程开展不间断的系统性评价，为教师和学生提供有益的、丰富多样的反馈信息；3）评价与课堂教学密切结合，与教学内容和进度保持一致；4）重视对学习和教学过程的动态评价；5）教师和学生既是评价的主体也是评价的对象，应积极、主动地参与形成性评价活动，才能获得更好的促学效果（参见 Genesee & Uphsur, 1996；王华、富长洪 2006；李清华、曾用强 2008）。

（3）终结性评价

终结性评价是对学习阶段性成果的评价，与形成性评价在目的、方法和用途上互为补充。终结性评价主要用于判断学习结果，并将学习者按照能力划分等级、分配到合适的班级或者提升级别。以终结性评价为目的的学生能力测试主要采用标准化考试，包括分级考试、学业测试（或称为成绩测试）、水平考试等（桂诗春 1986）。不同目的的测试需要达到的测量精度不同，所采用的测量手段和方式也有所不同。例如，升学考试对测量信度要求很高，因此较多采用客观评价的选择性作答题，以减小评分误差，确保测试的公平性；学业测试对测量内容与教学要求的衔接和匹配要求较高,以考查学生对某门课程整体或部分单元内容上的掌握程度;水平考试要求测量的内容有较好的概括性和代表性,从知识、技能和能力多个维度全面考核学生语言综合运用能力,满足构念相关性和代表性的要求,而且水平考试对试题难度等值和分数的解释性有较高要求。

终结性评价特别是统一实施的外部评价关乎学生升学、毕业或就业等重大决策,因此备受教育管理者、教师、学生以及家长等利益相关者的关注。此类高风险考试对教学往往会产生比较强烈的反拨作用,测试标准甚至会成为事实上的教学要求。因此,对此类终结性评价需要特别重视其对教学产生的反拨作用。

13.1.2.2 促学评价的理念与框架

《国标》评价部分明确提出评价"以促进学生学习为目的"。可见,外语类本科专业教学评价倡导的是促学评价,并且鼓励评价者采用形成性与终结性评价相结合的方式,实现促进学生发展、推动教师改进教学实践的目标。本节将阐释促学评价理念,分析影响促学评价的因素,并提出实现促学评价的保障和条件。

(1)基本理念

促学评价的目的是通过评价的设计和实施来调整学习的理念、策略、态度、内容等,以实现提高学习效率和效果的最终目标。自从20世纪80年代交际语言测试得到广泛认可和应用以来,语言测试学研究者开始关注考试对教学的影响,尤其是考试对教学产生的负面影响。例如,学习者热衷于应试训练,希望通过应试策略得到更高的分数,而不是通过语言知识的学习和技能的训练来提高交际能力。20世纪90年代至21世纪初,为了实现考试对教学的预期后效,同时帮助教师更好地开展课堂评价,英国测评改革项目组开展了形成性评价的理论和实践探索,出版了"暗箱系列",从提问、反馈、自评、互评等多个实际操作层面为教师开展形成性评价提供指导。该项目组对测评改革的重要贡献是区分了"对学习的评价"(assessment of learning)和"促进学习的评价"(assessment for learning)。前者为传统评价的方式,重视对学习结果开展终结性的评价;后者侧重学习过程中的评价,强调反馈对促进学习的作用。之后,在大量的教学和评价实践基础上,学者们构建了促进学习的形成性评价理论体系(Black et al., 2004; Black & Wiliam, 2012)。

但是,教育学领域的相关研究发现,形成性评价理论体系在运用中仍有不足之处，如形成性评价中的反馈方式和意义不够凸显，导致评价无法充分地促进学习；又如，教师和学生未能积极、主动地参与教、学、测的各项活动，未能建立学习共同体的意识，限制了自评和互评等促学作用的发挥；此外，该体系对形成性和终结性评价的本质区别阐述得不够透彻。为此，有学者提出了面向学习的评价理论（learning-oriented assessment, LOA）。LOA 与形成性促学评价的主要区别在于出发点不同。形成性评价以评价理论为出发点，强调评价对学习的反馈作用；而 LOA 则以建构主义学习理论为基础，从学习的视角出发，将测评融入学习系统中，从而更全面、充分地发挥评价对学习的每个阶段和各个环节的促进作用；而且 LOA 对形成性和终结性评价同样重视，认为两者尽管在实施的方法、频率或时间等方面有所不同，但都可以融入学习系统，发挥促学的作用（Carless, 2009; Turner & Purpura, 2016）。

近年来，有学者从更加宏观、系统化的视角，提出 LOA 生态系统理论（Jones & Saville, 2016）。该理论认为，测评必须与学习深度融合，才能真正实现促学的目的。生态系统理论重视对学习者语言能力发展的全面、细致的描述。一方面，教师运用语言能力量表描述学习者语言能力的纵向发展，使评价更准确，分数更有解释力；另一方面，教师对每个发展阶段中学习者语言能力作定性描述，并关注学习者在认知能力、学习经历、学习需求等方面的个体差异，为学习者提供个性化的评价反馈。为了更清晰地描述评价的促学作用，该理论提出了一个由学习者、教育、社会和评价组成的"四个世界"学习模型。这几个世界相互作用，互相影响，评价是连接不同世界的纽带，通过评价推动系统内各要素的沟通和发展，从而构成一个完整的学习世界。LOA 生态系统的运行依靠有真实交际目的、有意义的任务（task），评价者在任务设计中融入交际语境，并体现不同语言水平的典型特征。通过与任务的对标，不同的世界连接成一个有机的学习系统。首先，在社会环境中，职场或人际交往的需求为任务设计提供了交际的语境；其次，在教育世界中，教学目标通过任务的要求具体体现出来，任务是课堂教学或课外练习的主要内容，教师根据学习者的任务表现不断调整教学；最后，学习者通过参与有目的、有意义的交际任务，不断提高语言能力和认知能力。

（2）理论框架

为了阐释促学评价的理念，学者们开始探索影响 LOA 有效性的各方面因素。例如，评价任务与学习任务之间的衔接和转化；学习者在评价活动中的参与度；反馈信息的及时提供和有效使用等。基于对这些影响因素的分析，Carless（2009）提出LOA需遵循三项原则：1）评价任务设计须以推动学生的主动学习为目标；2）学生应积极参与评价标准制定、自评和互评等各类评价活动；3）评价反馈须及时且能够为学生发展提供具体指导。

课堂评价是教学评价中最主要的一项内容。为此，有学者针对语言教学的课堂评价提出了一个更加丰满的LOA理论框架（Turner & Purpura, 2016）。该框架从七个维度阐述了影响LOA有效性的因素：1）评价环境，包括宏观环境（如社会政治、文化环境）和微观环境（如教师的教学理念和经验等）；2）评价任务，即采用启发式的任务采集丰富的语言样本，为反馈奠定基础；3）语言能力理论，包括评价者对语言能力的理解和语言能力发展轨迹的描述，从而对学习目标、进度等有更清晰的认识；4）学习理论，包括语言学习和认知发展理论、反馈理论和自我调节；5）教学因素，如教师的语言知识、专业知识和教学知识对学习和评价的影响；6）交互模式，即师生或学生之间的交互模式对反馈有效性的影响；7）情感因素，特别是学生的参与度，这将直接导致促学评价的成功与失败。

LOA理论认为，无论是考试还是课堂评价，如果能遵循一定的原则，都能推动学生积极、主动地学习。Jones & Saville（2016）基于剑桥考试中心数十年的大规模考试研发经验，把促学评价理论体系从形成性评价拓展到大规模考试，并且依据"四个世界"的学习模型，分别构建了宏观和微观两个评价模式，前者适用于大规模考试的促学评价，后者针对课堂教学中的促学评价。在宏观评价模式中，语言能力标准（如《欧框》）为教学目标设定提供了参照的标准，使教学与现实生活中的语言能力运用紧密衔接；大规模考试通过与语言能力标准的对接，进一步明确测量目标，更清晰地解释测量结果，使教师和学生了解学习者在不同发展阶段的能力，制定或调整教学或学习目标和计划。在微观评价模式下，评价者依据教学目标，设计真实、有意义的交际活动作为课堂练习；教师评价学生在任务中的表现，记录学生的能力发展，提供反馈信息，并调整教学计划；学生根据自己的任务完成程度，了解自己的能力发展，并根据教师反馈，调整学习计划。无论宏观还是微观评价，教学目标和评价标准都与语言能力标准对接，以确保所有相关者（如教师、评价者、学习者）对语言能力构念的理解和对学生语言能力的要求保持一致，且与社会所需要的交际能力衔接，从而形成一个以评价为纽带的LOA生态学习系统。

13.1.2.3 外语类专业本科教学评价实践

下文将依据促学评价的理念,阐释外语类本科专业教学评价的指导性框架,分析保障促学评价的基础和条件,并指出促学评价中有待解决的主要问题。

(1)指导性框架

《国标》第 8.1.2 节对评价提出了具体的要求,包含以下几项内容:第一,评价以促进学生的学习为目的;第二,依据培养方案确定评价内容和标准;第三,评价应采用科学的方法;第四,合理使用评价结果。基于《国标》的要求,结合前文对促学评价理念的解释和分析,我们构建了外语类专业本科教学评价的指导性框架(见表13.1),从评价目的、内容、方法、使用以及保障等五个维度提出了 13 个评价要素,并逐一阐释各个要素的含义。

表 13.1 外语类专业本科教学评价指导性框架

评价维度和要素	释义
评价相关者理解评价目的是促进学生的学习	
评价基础	以建构主义学习理论为基础,将评价置于探究、合作的学习氛围中
核心理念	引导师生参与评价活动,开展师生、学生间互动,构建学习共同体
评价目的	通过评价促进学习,使评价真正成为学生进步和发展的动力和契机
评价设计者依据培养方案确定评价内容和标准	
评价内容	重视语言运用能力、跨文化能力、思辨能力和自主学习能力的培养
评价标准	参照《国标》培养目标和规格,兼顾各校办学实际和人才培养定位
评价设计者 / 参与者设计和采用科学的评价方法	
评价任务	设计有意义的交际任务,使评价与学习融为一体,评中学,学中评
评价模式	形成性与终结性评价相结合,采集丰富多样的量化和质化评价数据
评价反馈	及时提供易于理解、生动有趣、个性化、可操作的评价结果和反馈
评价设计者 / 参与者合理使用评价结果和反馈	
教学调整	切实将反馈落实到教学调整中,如教学目标、内容、方法、安排等
学习调整	切实将反馈落实到学习调整中,如学习目标、内容、策略、安排等

（续表）

评价维度和要素	释义
系统发展	通过反馈和调整，使评价连接学习系统各要素并推动系统和谐发展
政策制定者和教学管理者提供评价所需的保障	
政策保障	政策支持，以获得评价所需的资源，并确保评价质量和可持续发展
评价素养	提高教师评价素养，鼓励学生参与评价，真正发挥评价的促学作用

（2）基础和保障

指导性框架旨在为外语类专业本科教学的评价实践指出方向和目标。根据该框架，设计和开展评价实践活动涉及一系列的利益相关群体，包括教育政策制定者、教学管理者、评价设计者和实施者以及参与评价的学生。这些利益相关者对促学评价理念的理解和认同以及对评价活动的支持或参与是保障促学评价有效性的基础。为此，该框架将评价保障作为一个独立的维度，并在本节中作更细致的分析。

首先，外语类专业本科教学中的评价需要得到教育政策制定者和教学管理者的理解和支持。只有在政策和制度上得到保障，评价者才能调动必要的资源，聘请具有教学管理经验和评价专业知识的人员，设计与教学环境相适应的评价方案，切实将评价融入教学的每个环节，并确保评价质量和评价的可持续发展。

其次，教学评价的实施需要教师主动参与评价并具备基本的评价素养。研究发现，有评价优于无评价，多种形式的评价优于单一形式的评价；在多种形式评价中，教师评价更具优势，并且中国学生从情感和认知上更能接受教师的评价（文秋芳 2016）。只有当教师真正成为评价主体，才能避免以考代评或者学生对教师评价"视而不见"等现象。当然，评价素养的内涵和外延很丰富，提高评价素养并非易事。外语教师需要理解和使用大规模考试，开发和实施学业测试和课堂评价，关注我国外语教育改革动态，探索新的教育测量和信息技术，才能在实践中不断提高评价的有效性（金艳 2018）。

此外，学生参与度是促学评价的重要影响因素之一。Turner & Purpura（2016）构建的 LOA 框架将学生参与度纳入情感维度，认为学生能否积极参与评价是导致促学评价成败的关键。周季鸣、束定芳（2019）基于一项大学英语课堂的同伴互评研究发现，只有当学生积极参与评价，教师根据学生的参与体验及时调整评价的每一个环节，评价才能充分发挥促学的作用。

（3）有待解决的问题

LOA 理论使评价与学习融合为一个完整的体系。但是，从理论到实践还有很长的路要走。在现阶段，外语类专业本科教学评价仍有一些亟待解决的问题。

首先，如何制定契合教学实际的评价标准？在我国的教育体系中，标准分为不同层级，从国家标准到课程标准再到校级标准。其中，校级标准的研制是国家标准实施中亟待解决的问题之一（潘鸣威、冯光武 2015）。高校外语类专业人才培养目标各不相同，生源和师资也有很多差异，高校须从各自的实际情况出发，制订符合实际的教学和评价标准。在课堂评价中，教师需要对接校级标准，自行设计更为细致的课堂评价目标。这些具体的操作层面标准对于实现评价的促学功能尤为关键。但是，评价标准制定是一项专业工作，需要制定者具有教学管理、教学实践以及评价等多方面的专业知识和实践经验。此外，评价领域对于外语能力和专业知识已有较成熟的评价标准，但是对于跨文化能力、思辨和创新能力、自主学习能力等还没有清晰的界定，因此，其评价标准的制定面临一定的困难。

其次，如何设计与教学环境相适应的评价模式？文秋芳（2016）在分析产出导向教学法的评价模式时，提倡采用"师生合作评价"：教师先对典型样本进行详批，在教师专业引领下生生合作和师生合作评价典型样本；学生课后自评或互评他人作品，然后机器评价；最后，教师检查学生的评价表现和教学目标的实现情况。该模式很好地诠释了 LOA 理念，评价被置于探究、合作的学习氛围中，师生在学习共同体中参与评价活动并有多种互动。但是，设计如此专业的评价模式需要专业知识和教学经验，而且，该评价模式的可行性和有效性有待付诸实践才能得到全面的检验。此外，评价设计还需考虑其他诸多环境因素，如生源、所授课型、教学模式（如在线教学、混合式教学、远程教育）等。即便教师采用现成的评价模式，在评价实践中仍会遇到各种问题。例如，在合作式评价中，是否有必要对每个参与者进行独立评价？如有必要，应该如何评价并给予个性化的评价反馈？

此外，在受考试文化影响的教育环境中如何开展促学评价？在 Jones & Saville（2016）提出的 LOA 生态系统中，大规模考试与课堂评价被视为两个平行的子系统。大规模考试通过与国际或国家标准的对接，将抽象的目标体现在考试任务和分数解释中，为宏观层面的教育决策提供依据，同时帮助学校层面的标准制定者明确评价目标。我国的教育体系长期以来受考试文化的影响，信赖有权威性的外部评价（如大规模考试），但是大家关注的往往是对个体的评价结果，而忽视了考试的评价作用。与考试相比，微观系统中的课堂评价远未受到应有的重视，尤其是课堂上的即时、动态评价（杨华、文秋芳 2013）。原因之一是教师缺乏课堂评价的意识和能力；另一方面，评价研究者尚未能有力地证明并清晰地阐释课堂即时评价的促学原理。

评价是基于证据的价值评判，评价参与者的价值观制约着评价实践，包括系统化的证据采集、分析、反馈和基于评价的决策过程（黄嘉雄 2010）。因此，教学评价的过程是实现教育价值的过程，是达到教育目的的手段。教育和信息技术的发展为评价手段的创新以及证据的采集和分析提供了有力的支持，但是评价理念比方法更为重要，只有在正确的价值观指导下，评价才能帮助教育实现其最重要的价值，即赋予学习者终身学习的态度和能力。目前，我们对促学评价的理论体系和实践运用已经有所探索，但是尚未系统地将促学评价的理念付诸实践。因此，外语类专业教师应秉持社会建构主义的学习观，尝试构建外语类专业本科教学的生态学习系统。当评价成为学习系统的助推器和黏合剂时，学生才会将学习视为一个自身不断改进和完善的过程，评价才能真正发挥其促进学习的作用。

13.2 质量保障体系

21 世纪以来，教育范式转向产出导向和目标导向，各类人才的培养目标需以当代社会发展的需求为导向，教育效果的评价需以教育目标的达成度为衡量尺度。构建教学质量的各项机制，提升教学管理水平，改革教育与教学模式，是高等教育得以内涵式发展的迫切需求，也是实现人才培养目标、提高人才培养质量的重要保证（张燕杰、姜欣童 2020）。这就需要我们建立教育教学质量监控与保障体系，加强对教学活动、教学过程、教学效果的评估与监控。

《国标》针对外语类专业的人才培养提出了新要求，标志着外语类专业进入新的发展时期（冯光武 2020）。《国标》明确了教学质量保障体系建设的有关要求，指出外语类专业建设"应建立教学过程质量监控机制"，各教学环节应有明确的质量要求，要定期开展课程设置和教学质量评价；"应建立毕业生跟踪反馈机制以及社会评价机制，对培养方案是否有效达到培养目标进行定期评价"；"应建立完善的持续改进机制，确保教学过程质量监控结果、毕业生跟踪反馈结果和社会评价结果及时用于专业的持续改进"。

虽然国内外多学科领域的专家学者（如李庆丰、章建石 2008；Noda, 2021；Li, 2010；李庆钧 2021）围绕中国高等教育的质量保障体系建设展开了相关研究，但外语教育界对这一领域的关注相对较少。近几年的外语界各类学术研讨会很少涉及这项议题，发表的文章屈指可数，相当一部分的一流专业申报书也存在相关内容浅尝辄止、流于形式、实质内容少、顾左右而言他的现象。这些情况表明，有关外语类专业质量保障体系和评价机制建设的探索和思考严重缺失，亟需更深入和更全面的探讨。本章以《国标》为依据，分析外语类专业质量保障体系建设方面的问题与不足，探讨建设途径，并就如何构建完整质量保障体系提出建议。

13.2.1　问题与不足

《国标》将专业建设质量管理列为重要的组成部分，从内部保障机制、外部评价机制、持续改进机制等方面就教学质量保障体系建设提出了指导性意见，突出了学生中心、产出导向、持续改进三大理念。然而，在实际的落实环节中，尚存在一些现实问题和不足之处。

第一，"以学生为中心"的评价理念有待强化。随着高等教育的重点逐步从规模增长转变到高质量发展上，人才培养质量成为衡量高校办学成效的首要标准，而学生的学习和发展变化才是衡量高等教育质量首要的、直接的、最重要的指标（韩建华 2020）。但现有的教学质量评价多用"教"的质量来衡量，忽视了从学生的学习与发展的角度来理解，有关讨论也较多地从体制、教学资源和教学条件建设、管理者、教师的角度加以分析（朱海燕、王琪 2016）。

第二，质量保障体系和机制不够完善。各高校普遍存在着外部保障机制不全、内部保障作用不强和内外沟通互动不够等问题（徐玉玲等 2017）。不少院校教学管理制度建设方面还存在不足，教学管理及其改革方向的研究成果较少。定期开展质量监控不到位，尚未形成成熟的持续改进机制，专业建设和教学质量的内外部评估机制不够完善有效。教学督导员配备不足，对教学过程的管控和督导的效果及作用有限。

第三，常态化管理不尽如人意。有些院校尽管有内部、外部监督等多种教学质量控制方法，但定期开展质量监控方面不到位，尚未形成成熟的常态化管理和持续改进机制。学生实际评教工作中可能出现由于认识不到位而产生评教的随意性；教师对日常教学质量的常态化反思、诊断和改进的意识还不够强；教学督导的频次和主动开展监控的积极性不高，影响了教学反馈的效果和质量评价的效度。

第四，教学管理的参与度不够高。受语种多、班级多等客观因素的影响，全国范围的外语类专业本科教学管理涉及的情况较为复杂，分管教学的院系领导在负责本科教学管理的同时，往往需要承担繁重的教学和科研任务；部分教师也存在不重视教学评价和质量管理的情况，院系缺乏有效的激励机制；受制于岗位编制，不少院系的本科教务人员、辅导员人数短缺，导致部分管理工作缺位，保障措施跟进不到位，持续改进机制的落实效果不够理想。

13.2.2 原则与路径

要解决上述问题和不足之处，切实落实《国标》的有关要求，需要制定完善的规章制度作为基础保障，构建严格的质量监控体系，实施多层级多渠道的质量监控，注重质量评价的多元化、过程性、常态化，确保信息反馈的全面性、动态化、诊断性，坚持问题导向，持续改进质量。具体而言，需要从如下几个方面着力。

13.2.2.1 闭环设计

高校和院系应制定系列本科教学管理制度和规范，形成完善的多层级教学质量保障体系。质量保障的目标要清晰，任务要明确，机构要健全，责任要到人，形成"标准－执行－检查－评估－反馈－改进"的闭环设计，建构有效的教学质量保障机制。

具体而言，应制定严格的规章制度，组建由专业责任教授、系主任、教学督导、课程团队（群、组）负责人为成员的教学质量管理团队，构建由校、院、系、督导组、课程团队、课程群组、学生信息员等多层级构成的立体化监控渠道，推进教学检查、随堂听课、教学巡查、试卷清查、毕业论文抽查、学生座谈会、教学调研全程监控、常态监控与专项监控。定期在学生中进行教学信息问卷调查，发挥各自工作职责，共同做好教学质量保障工作；不定期召开专题会议研究本科教学工作，确定年度教学工作重点，研究解决本科教学中遇到的突出问题；召开本科教学年度工作会议，围绕重点工作开展研讨，推进教学改革和教学基本建设。

此外，应构建院系、学生、用人单位联动机制，发挥学生、同行、督导、用人单位等相关人员的多元评价主体作用，落实在线教务系统、新兴自媒体、教学管理团队、教学督导、教学质量专题分析报告和工作简报的质量闭环反馈机制。在此基础上，坚持问题导向，制定整改方案和任务清单，逐一检查反馈。学院及时向学校教学基本状态数据库录入和填报相关数据，定期形成分析报告，反映教学运行状态和走向。学院将学校教学情况调查报告及时反馈给各个专业，各专业根据报告形成整改办法，编制自查报告，对存在的问题加以解决，并将整改措施和改进效果上报学院，接受监督。

13.2.2.2 过程管理

要确保教学监督体系的效果，就需要坚持过程取向，在各个教学环节做到教学规范化管理，提高教学监控质量。例如，校、院、系要组织人员定期抽查教案、讲稿与多媒体课件，规范指导教案等的撰写，合理提出建设性的修改意见；要不定期检查课堂教学，考察教师教学内容、教学模式和教学手段等教学环节的执行情况，及时与教师交换听课意见，解决教学中存在的问题；要全面分析学生对课堂教学的反馈意见，了解学生对课堂教学的要求，不唯学生评教打分，客观评价任课教师的教学效果；监督、检查以教学小组为单位的教学研究活动，促进各项教学研究活动的有效开展。

教材使用方面，需要严格、科学地选用新版教材、优秀教材和外文原版教材，促进教学质量的不断提高。课程考试要求内容科学、方法恰当、保证考试结果公平、公正，真实反映教学情况。教学档案的管理也要规范到位，学院需有专人负责归档各类教学档案，辟有专门房间保管教学档案。

13.2.2.3 全员参与

提高人才培养质量需要依靠所有相关者的共同努力，单纯靠某一部门或少数人的努力无法实现（李庆钧 2021）。因此，要落实各项教学质量保障制度，需要打造一支完备的教学质量保障和管理队伍，其中包括学院领导（院长、书记、教学副院长、分管副书记）、教学指导委员会、专业负责人、课程责任教授与课程组组长、教学督导组、教学秘书、辅导员、学生信息员等，定期开展相应工作培训和研讨，树立全员参与教学质量管理和监控的意识。

例如，可以通过召开本科教学会议、评估专项会议，印发教学管理注意事项等措施，组织全体教职工对教育教学质量有关规定进行深入学习，做好教学活动开展前的预保障工作。学院教学指导委员会对每学期教学计划进行审议，课程责任教授与课程组组长选聘任课教师、确定课程教材、对课程考试命题进行审核。每学期开学初、期中、期末教学检查期间，院领导、督导组、教学指导委员会、课程组负责人均需参与其中，发动全体教师开展相互听课活动，学工管理干部定期到课堂进行学风督查，把握学生学习状态，了解课堂教学秩序。

此外，还需要重视学生评教活动，加大学生评教的宣传和组织，通过调查问卷、座谈会等方式，组织学生针对学院本科教学工作提出建议；每年评选"我最喜爱的老师"，在应届毕业生中评选出在校期间最喜爱的课程，及时将结果反馈给相应教师和教学团队；建立院级信息员小组，设立多位学生信息员，定期搜集同学们的意见和建议，由院教学管理干部负责传达和反馈。

13.2.2.4 上下联通

分层次建立质量监督与评价组织，从教学投入、质量标准、制度建设、组织架构等方面，建立基于课程、专业、学院、学校的"四层次、全覆盖"教学质量保障体系的纵向联动机制。在校、院层面成立本科教学指导委员会、学位委员会、学术委员会，设立校、院两级教学督导员，建立教学指导委员会制度、教学督导制度、听课制度、学生评教制度及以赛促教、立项促教改的机制。充分发挥校院两级督导员作用，形成教学过程常态化监控机制，定期对教学质量评估评价信息进行综合分析，有效使用分析结果，持续改进专业人才培养质量。

学院领导、教学督导员、专业负责人、信息员等不定期听课，撰写听课记录、督导总结，重点检查学生评教有问题的教师，确认问题并进行教学指导，定期通报内部质量监控结果，及时处理师生反映的问题。及时发布外部质量监控信息，动态调整培养方案和课程设置。此外，在学院内部建立教师－学生双向监督制度，促进教学反馈的上下联动。一方面及时与学生沟通，了解学生对教学的真实反馈，结合学生的反馈与任课教师协商调整教学进度，力争实现最优化的教学效果；另一方面可选派具有丰富教学经验的资深教师随机听课，结合学生反映的情况，及时向任课教师反馈听课情况并提出意见与建议。

13.2.2.5 内外互动

教学质量保障作为一种管理活动，必然涉及利益相关者之间的沟通和对话（李庆钧 2021），因此，有必要在强化内部质量监控的同时，实施外部质量监控，实现内外监控的相互促进。建立用人单位定期走访制度，了解用人单位的需求；进一步加强与校友、业务部门的联系，积极听取他们对于教学质量的意见和建议，并将其反映到未来的课程设置、教学改革之中；建立毕业生跟踪评价制度，及时跟踪和调查学生的培养质量，了解毕业生对学院课程设置、教学内容和方法的意见建议，形成良好的信息共享机制和共赢发展模式，实现学校、教师、学生、用人单位的良性互动。具体而言，就是要"改变以往学校参与评价多、社会参与评价少的现象，形成教师、学生、管理人员，以及本校毕业生、具有权威性的校外学术机构或团体、本校毕业生参加工作的单位、接受本校毕业生进一步深造的高校或研究所等多方参与的多元化评价主体"（朱海燕、王琪 2016）。

13.2.2.6 持续改进

教学质量保障目标的实现取决于学校、学院、专业等教学管理者和师生员工的通力协作，也需要将教学全过程的所有环节及活动构成为一个有效的整体（李庆钧 2021），只有形成持续改进机制，才能有完善的质量保障体系。因此，需要定期开展自我评估及外部评价，形成追求卓越的质量文化，将教学评价的结果反拨到教学过程的改进中，将毕业生的意见体现到教学方案的修订中，将用人单位的意见建议用于人才培养机制的全面优化。坚持"没有最好，只有更好"的质量理念，推进以持续改进为核心的质量文化建设。

例如，可以通过开展专题研究了解学生学情，形成学院的生源质量报告，为教学过程、分类选拔提供借鉴和参考。通过日常检查和督促，检查课程建设和使用效果，评价课堂教学效果，形成本科教学质量报告。开展教学相关调研，起草就业质量报告，结合学生就业情况和用人单位满意度将相关调研结果反馈给招生和培养过程，形成闭合循环。学校汇总学生的评教信息和毕业生、用人单位的评价反馈，形成分析报告并及时反馈给学院。学院针对分析报告组织研讨，分析与人才培养目标、毕业要求的对接性，与培养方案和教学大纲、课程设计的对接性，与教育教学改革的对接性，与教师教学发展的对接性，根据内外需求的变化，改进培养目标、培养方案、教学活动、资源保障和教学评价，提高师资队伍的教学水平，支撑培养过程，保障质量水平，从而实现产出导向和质量提升的目的。

13.2.3 思考与建议

当前我国高等教育正处在质量提升的关键时期，如何树立正确的人才培养质量观，形成有利于多样化创新人才培养的长效质量保障体系，是高校战略发展中迫切需要回答的问题（陈慧等 2007）。

第一，学校层面。要大力强化体制机制建设，制定严格的质量标准和完善的保障体系。从教育学的角度看，影响教学质量的因素包括教育者、教育影响和受教育者三大因素，其中，教育者包括教师、行政管理人员和服务人员等，教育影响包括静态的校园文化和动态的教学活动（李庆丰、章建石 2008）。因此，提高教学质量是全校的系统工程，需要多部门、多组织协调联动。

为此，需要全面落实"以学生为中心""以产出为导向""质量持续改进"理念，完善学生指导服务体系，推进素质拓展计划，落实"三全育人"，建立课程、专业、学院和学校四层次质量监控体系，建立全天候、全覆盖的教学质量督导和反馈改进机制，将教学业绩纳入职称晋升和岗位考核、学院教学质量管理考核，建立毕业生、用人单位、学情调查和反馈改进机制，建立学院教学质量报告和专业教学状态报告制度，形成良好的教学质量文化。

如图 13.1 所示，学校层面的教育教学管理制度要进一步完善，专业质量保障体系要科学有效，各主要教学环节质量要求要清晰明确，教学质量监控与评价机制要健全，各主要教学环节质量全程监控要常态化。同时，注重对校内外的评价结果进行综合分析和合理使用，健全毕业生持续跟踪反馈机制，形成追求卓越的质量文化。在此基础上，学校根据办学定位和人才培养总目标，科学制定专业建设标准、课程标准、教师工作规范标准、课堂教学质量评价标准、成绩评价标准等。有效的保障体系有助于学校充分彰显办学特色，有利于学校在教育目标、课程体系、管理机制、师资队伍和教学条件等方面实现协同发展。

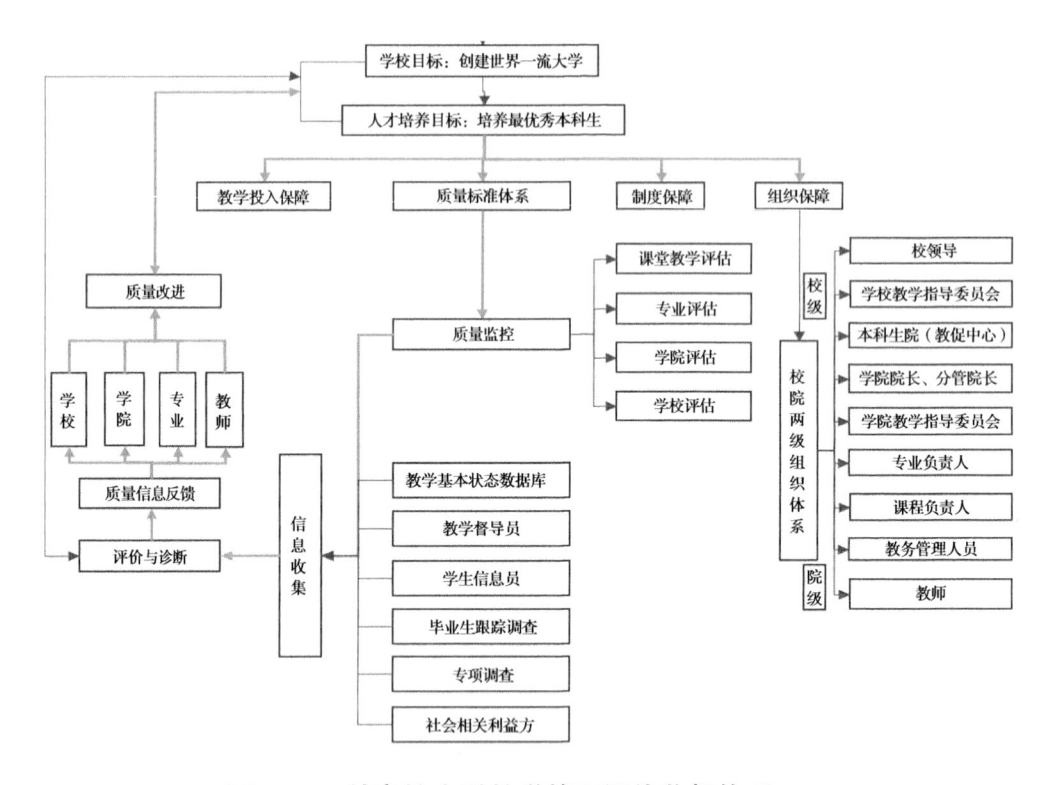

图 13.1　某高校本科教学管理评价监督体系

第二，学院层面。要制定完善的教学标准体系和完善的教学评价机制（见图 13.2）。首先教学标准要健全，要切实落实《国标》各项要求，紧紧围绕人才培养定位、培养目标、培养方案和教学大纲，制定涵盖课程质量、课堂教学、实习实践、毕业论文等全部教学环节的教学质量标准，在教学管理、课程设置、教学组织、课堂管理、毕业要求等方面提出可量化的明确要求。其次，要完善学院和专业质量保障机制，形成系统完整的监督机制，做到任务明确，责任到人。加强对教学管理改革的研究，为科学、规范的教学管理提供必要的理论支撑和依据。建立由专家评教、同行评教、院系领导评教、学生评教构成的完善的教学评价机制和质量监控体系。修订教学管理文件，切实落实各项规章制度，对操作性不强的条款进行修改。修订学院相关规定，聘任每个语种一位教学督导员。加快制度建设，对教学过程各环节都建章立制，使教师教学有章可循，学生学习有据可查。

需要强调的是，学院要设立院级教学指导委员，为学院把握教学发展和教学改革方向、提高教学质量和办学效益提供咨询，指导各专业开展专业建设、课程建设、教材建设、实验室建设、社会实践、大学生创新活动、文化素质教育、教学质量评估与检查等工作；参与评议教学质量监控效果、人才培养质量和教学管理部门的工作，审议学院重大教育教学改革方案、专业设置与调整、教学管理规章、质量评价标准与评价方法、教学规范等。

此外，还要充分发挥教学督导员的积极作用。教学督导员多为资深教师，熟悉本专业教学工作，教学经验丰富，教学或教学管理水平较高。他们通过深入教学一线，了解学院教学运行和各门课程的教学效果，并对授课效果进行反馈；参加学院组织的学生座谈会，收集学生对教学工作提出的建议；指导学院青年教师开展教学竞赛，帮助青年教师提升教学水平；开展毕业论文抽样检查，保障毕业论文质量；组织试卷档案专项检查工作，规范试卷管理工作等。

英语专业教学质量保障体系

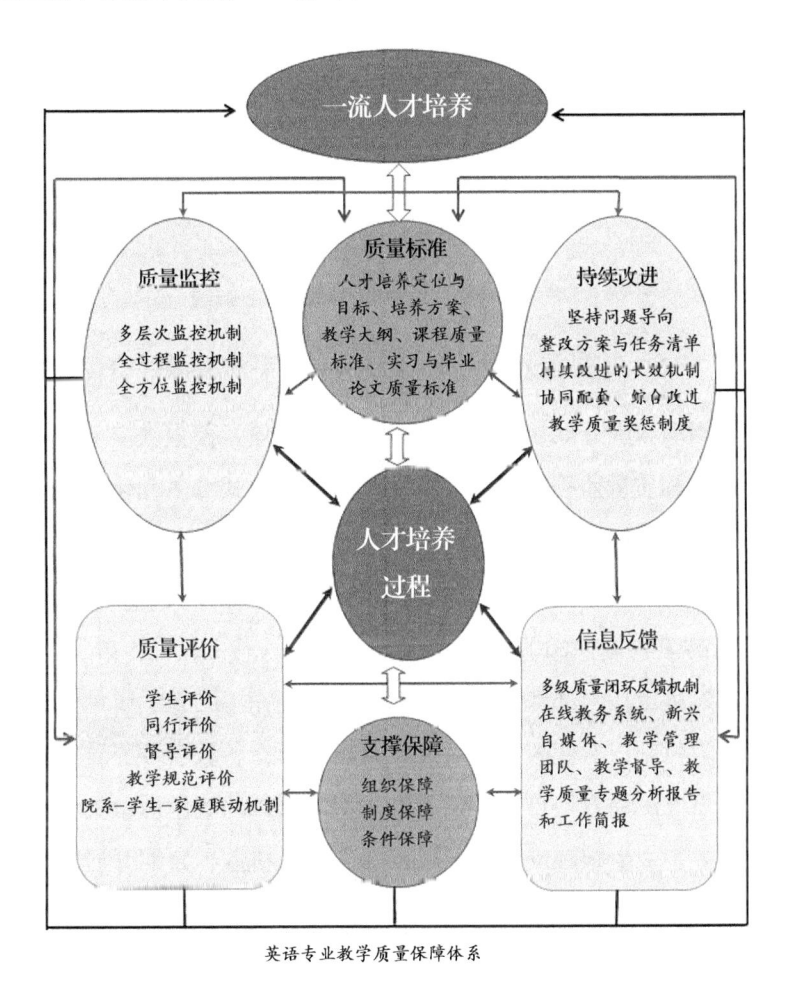

图 13.2　某高校外国语学院本科教学评价机制

第三，基层教学组织层面。建立健全运行机制，开展丰富多样的教学评价活动，提高教师的自我评价素养。例如，可以建立"学院－系－教学团队－教学小组－教学模块"的组织模式，以教学团队为单位，定期开展教研活动，交流教学理念，修订教学计划，协调教学方案，有效盘活师资存量，开发更好的教学资源。

如图 13.3 所示，可以通过建立常态化的质量监控运行机制，进行内部质量监控，建立听课制度、学生评教制度及以赛促教、以立项促教改的机制，系主任、专业带头人、教学团队负责人全程参与教学质量管理，每个学期开展月度、期中和期末等多次收集学生和督导员的意见和建议，形成滚动式反馈和纵深式评价机制。

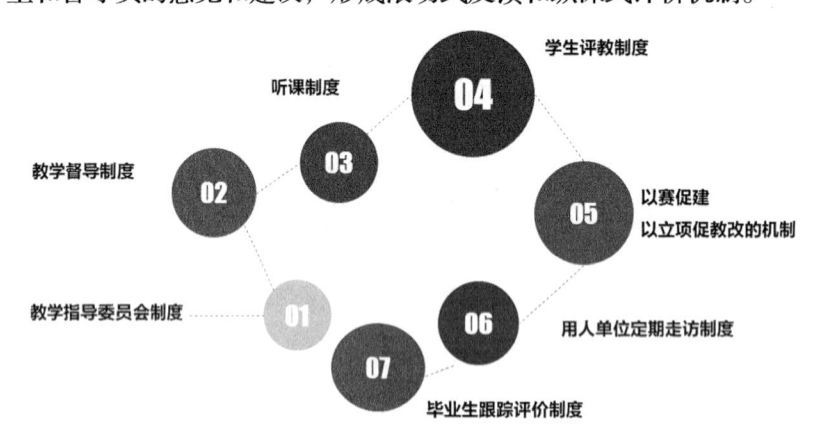

图 13.3　某高校外国语学院应用英语系的教学评价运行机制

学院应组织教师开展自我评估，监控教学质量，覆盖教学全过程。教师广泛开展日常教学评价和质量监控，实现评价主体和评价方式的多元化，突出教学评价的诊断性功能，使教师的自我评价成为教学过程的有机组成部分。

教育教学质量是高校发展的生命线，提高人才培养质量是教育改革发展的核心任务，是建设高等教育强国的基本要求（王珊、吕君 2014）。外语类专业质量保障体系建设任重道远。在内部保障机制方面，要建立完善的教学质量标准体系和校院两级教学质量保障机制；专业教学质量保障目标清晰，各教学环节质量标准科学明确；开展常态化质量监测和专业自我评价，形成追求卓越的教学质量文化。在外部评价机制方面，要建立毕业生跟踪反馈机制以及社会评价机制，定期开展毕业生和用人单位调查；对培养方案是否有效达到培养目标进行定期评价。在持续改进机制方面，要建立完善的持续改进机制，根据专业建设需要定期对校内外评价结果进行分析，确保教学过程质量监控，毕业生跟踪反馈和社会评价等分析结果及时用于专业的持续改进。

参考文献

[1] Black, P., Harrison, C., Lee, C., Marshall, B. & Wiliam, D. Working inside the black box: Assessment for learning in the classroom. *Phi Delta Kappan*, 2004, 86 (1): 8-21.

[2] Black, P. & Wiliam, D. Developing a theory of formative assessment. In John Gardner (ed.). *Assessment and Learning*, 2nd ed., pp. 206-229. Los Angeles: Sage, 2012.

[3] Carless, D. Trust, distrust and their impact on assessment reform. *Assessment & Evaluation in Higher Education*, 2009, 34 (1): 79-89.

[4] Genesee, F., & Upshur, J. A. *Classroom-based Evaluation in Second Language Education*. New York: Cambridge University Press, 1996.

[5] Jones, N. & Saville, N. *Learning-oriented Assessment: A Systematic Approach*. Cambridge: Cambridge University Press, 2016.

[6] Li, Y. Quality Assurance in Chinese Higher Education?[J]. *Research in Comparative and International Education*, 2010 (1): 58-76.

[7] Noda, A. The relationships between internal quality assurance and learning outcome assessments: challenges confronting universities in Japan and [Chinese] Taiwan [J]. *Quality in Higher Education*, 2021 (1): 59-76.

[8] Scriven, M. The methodology of evaluation. In R. Tyler, R. Gagne, & M. Scriven (Eds.), *Perspectives of curriculum evaluation. AERA Monograph Series on Curriculum Evaluation, No. 1* (pp. 39-83). Chicago, IL: Rand McNally, 1967.

[9] Turner, C. E. & Purpura, J. E. Learning-oriented assessment in second and foreign language classrooms. In D. Tsagari, & J. Banerjee (Eds.), *Handbook of Second Language Assessment*. Berlin: DeGruyter, 2016: 255-272.

[10] 陈慧、张晓珠、李小梅，等. 研究型大学本科教学质量的长效保障体系研究 [J]. 中国大学教学，2007（4）：63-66.

[11] 冯光武.《国标》与新时期外语类专业定位 [J]. 外语教学与研究，2020（6）：919-928.

[12] 桂诗春. 标准化考试——理论、原则与方法 [M]. 广州：广东高等教育出版社，1986.

[13] 郭英剑. 技术改变课堂：从传统到高科技 [N]. 中国科学报，2015-05-21.

[14] 郭英剑."外国文学经典"教学中，我们应该持有怎样的立场？——以"美国文学"教学为例 [J]. 外文研究，2017a（1）：42-25.

[15] 郭英剑. 教学中，学生的"责任"何在 [N]. 中国科学报，2017b-03-28.

[16] 韩建华. 普通本科高校内部质量保障体系建设的成效、问题与对策——基于 31 所普通本科院校学年度"本科教学质量报告"的文本分析 [J]. 高教学刊，2020（2）：187-189.

[17] 胡文仲、孙有中. 突出学科特点，加强人文教育——试论当前英语专业教学改革 [J]. 外语教学与研究，2006，38（5）：243-247.

[18] 黄嘉雄. 课程评鉴 [M]. 台北市：心理出版社，2010.

[19] 教育部. 教育部关于一流本科课程建设的实施意见，2019.

[20] 金艳. 外语教师评价素养发展：理论框架和路径探索 [J]. 外语教育研究前沿，2018，1（2）：65-72+93.

[21] 李清华、曾用强. 外语形成性评估的效度理论 [J]. 外语界，2008（3）：82-90.

[22] 李庆丰、章建石. 高校内部教学质量保障体系理论构建 [J]. 中国高等教育，2008（11）：33-35.

[23] 李庆钧. 基于"以学生为中心"理念的高校教学质量保障体系研究 [J]. 扬州大学学报（高教研究版），2021（8）：1-7.

[24] 潘鸣威、冯光武. 质量是核心，评价是关键——论《高等学校英语专业本科教学质量国家标准》中的评价要求 [J]. 中国外语，2015，12（5）：11-16.

[25] 王华、富长洪. 形成性评估在外语教学中的应用研究综述 [J]. 外语界，2006（4）：67-72.

[26] 王珊、吕君. 高等教育教学质量保障机制建设探究——以内蒙古财经大学为例 [J]. 内蒙古师范大学学报（教育科学版），2014（11）：13-16.

[27] 文秋芳."师生合作评价"："产出导向法"创设的新评价形式 [J]. 外语界，2016（5）：37-43.

[28] 徐玉玲、刘达玉、胡一冰，等. 质量管理视角下的高等教育教学质量保障体系构

建研究 [J]. 教育与教学研究，2017（5）：45-49+63.

[29] 杨华、文秋芳. 课堂即时形成性评估研究述评：思考与建议 [J]. 外语教学理论与实践，2013（3）：33-38.

[30] 袁树厚、束定芳. 我国外语教学中的形成性评价研究：回顾与思考 (2002-2016) [J]. 外语教学理论与实践，2017（4）：51-56.

[31] 张燕杰、姜欣童. 高等教育教学质量保障与评价体系建设研究 [J]. 决策探索，2020（11）：89-90.

[32] 中共中央国务院国家中长期教育改革和发展规划纲要工作小组办公室. 国家中长期教育改革和发展规划纲要（2010 – 2020 年）[M]. 北京：人民出版社，2010.

[33] 周季鸣、束定芳. 同伴互评中的教师实践与学生认识互动研究 [J]. 外语界，2019（5）：64-71.

[34] 朱海燕、王琪. 基于"以学生为中心"理念的高校教学质量保障体系构建研究 [J]. 教育评论，2016（3）：51-54.

14. 国外高校一流外语类专业培养方案特色与启示

高等外语教育的创新发展是一个全球性议题。国外特别是西方发达国家伴随着其现代化进程和全球扩张需要，较之中国更早开始探索高校外语类专业的办学规律。研究和借鉴国外高校一流外语类专业的培养方案，有利于我国高校加快建设世界一流的外语类专业，培养国家推进中外人文交流和参与全球治理所急需的高层次外语人才。本章将深入考查英、法、德、俄、美等国全球知名外语类专业的培养目标与课程设置，深入分析其办学特色，揭示其可资借鉴的办学经验。

14.1 英国牛津大学法语专业课程设置

牛津大学法语系是英国最大的法语系，每年招收 200 名左右本科生，50 名左右研究生。其所在的现代语言学院在 QS 专业排名中多次名列第一。

从其毕业生去向可以看出，牛津大学法语专业致力于培养国际法律、商务或金融、外交与情报、新闻、国际非政府组织等领域的高层次人才。

该系为本科生提供了可供选择的三套培养方案。其一是法语语言文学专业方向，该专业课程包括法语语言系列课程，以及法国哲学、语言学、文学理论、电影研究、文化研究等领域的课程。其二是双语专业方向，即法语 + 另一种语言，通常是西班牙语、德语、意大利语、希腊语、葡萄牙语、俄语、捷克语、阿拉伯语、希伯来语、土耳其语、波斯语，等等。其三是双专业方向，学生用一半的时间修读法语语言文学，另一半时间从英语、哲学、历史学、古典学、语言学中选择一个方向修读。上述第一种培养模式是我国高校法语专业的基本路径，其知识课程设置相当系统、专深。后两种培养模式就是我们所说的复语型和复合型人才培养模式。需要指出的是，牛津大学的复语培养模式所要求的第二种语言学习大大超过了我们所说的第二外语学习，前者是两种语言平行学习，各占一半学时；而我们所说的二外只不过是一门开设 2 到 4 学期的课程。

牛津大学法语语言文学专业方向的课程设置彰显文学和文化特色，具体构成如下：

（1）基础阶段

  a) 法语语法、翻译与基础写作

  b) 无准备法译英

  c) 有准备法译英

  d) 名著选读

  e) 法国小说

  f) 法国电影研究导论

  g) 法国文学理论导论

  h) 法国思想经典

  i) 语言中心的技能强化课程

（2）高级阶段（荣誉学士课程）

  a) 法语的历史

  b) 现代法语

  c) 法国文学（1530年前）

  d) 法国文学（1530至1800）

  e) 法国文学（1715至今）

  f) 早期文献选读

  g) 现代作家（上）

  h) 现代作家（下）

  i) 专题研究：法国女性作品；法国诗歌：超现实主义至今；欧洲电影，等等

14.2　俄罗斯圣彼得堡国立大学英语专业课程设置

  俄罗斯圣彼得堡国立大学是俄罗斯历史最悠久的大学，与莫斯科国立大学并列俄罗斯最高学府。其英语专业显示了应用型外语人才培养定位，致力于培养拥有多元能力的从事跨文化和跨语言交流、翻译和英语教学的专业人才，属于以语言学习为主的传统英语专业类型。这一定位重视外语基本功的训练和实用翻译能力培养，同时要求学生熟悉对象国基本知识。其主要课程如下表14.1：

表 14.1 俄罗斯圣彼得堡国立大学英语专业主要课程

第一学期	英语实践（基础语法知识）、书面实践（基础语音知识）、口语实践、英语语音实践、听力、英国概况
第二学期	英语语法实践、书面实践、口语实践、英语语音实践、听力、美国概况
第三学期	英语语法实践、书面实践、口语实践、英语语音实践、听力、澳大利亚/加拿大/新西兰概况、课外阅读
第四学期	英语语法实践、书面实践、口语实践、英语语音实践、听力、课外阅读
第五学期	英语语法实践、书面实践、口语实践、英语语音实践、商务英语、听力、课外阅读
第六学期	英语语法实践、书面实践、口语实践、商务英语、听力、课外阅读
第七学期	英语语法实践、书面实践、口语实践、新闻、商务英语
第八学期	英语语法实践、书面实践、口语实践、商务英语、课外阅读

14.3 法国国立东方语言文化学院中国学专业课程设置

法国国立东方语言文化学院始建于 1669 年，历史悠久，是一所享有极高国际声誉的专门研究东欧、非洲、南亚、东南亚和东亚语言与文明的国立高等教育与科研机构。其教授语种数量全球领先，达到 100 多种。研究范围涉及历史学、人类学、民俗学、社会学、考古学、艺术、文献学、经济学、传媒等诸多人文与社会学科。

该校注重培养学生的三种能力。其一是语言能力：能够使用中文进行口头和书面交流，研究和翻译各类中文文件和文本。其二是文化能力：了解语言对象国的历史、文化和社会常识，了解对象国当前的主流文化与社会交际规范，能进行跨文化沟通。其三是学科能力：将对象国语言和文化知识置于欧洲的区域框架内，结合当今世界的主要问题，培养基本的学科能力，以便学生毕业后进一步深造学习。

为此目标，该校外语类专业不仅要求学生掌握一门外语，熟悉对象国文化，而且在某一学科领域有所专攻。该校为外语类专业提供了不同方向内容丰富的主题和学科方向选修课程菜单，要求学生必须选择其中一个模块比较系统地学习一个学科的专业知识与研究方法：

（1）人类学

    a) 人类学概况 1：专题、方法、人类学面临的挑战

    b) 人类学概况 2：大专题与新问题

    c) 人类学概况 3：基础理论阅读

    d) 人类学概况 4：生态人类学

    e) 人类学概况 5：分析方法与相关著作

    f) 人类学概况 6：世界宗教现象中的人类学

（2）国际政治热点

    a) 环境经济学导论

    b) 世界民主变革

    c) 少数族群（种族、宗教、社会）

    d)（法国视角下的）国际问题研究

（3）环境学

    a) 生态批评学导论：生态学（或环境保护）和文学

    b) 人类学概况 4：生态人类学

    c) 环境地理学中的水资源：交叉热点和跨学科视角

    d) 全球化背景下的环境公共政策

（4）性别学

    a) 两性建构

    b) 文学与纪录影片中的两性

    c) 性别与遗传

    d) 性别与宗教

（5）世界历史

    a) 世界历史 1：世界人口

    b) 历史学方法论概况 1

    c) 世界历史 2：全球化起源

    d) 历史学方法论概况 2

    e) 世界历史 3：1500 年前孤立的世界

    f) 世界历史地理学：历史评注；非洲、亚洲、美洲和大洋洲的历史书写

g) 世界历史 4：14 世纪以来的世界

h) 历史人类学导论

i) 东方研究史

(6) 语言学

a) 世界语言（语言的分类：语族、语言类型、语言区域）

b) 语言和应用（编码、语级）

c) 社会语言学导论

d) 形态句法学

e) 语义学和词汇构成

f) 语音学和音位学

g) 社会语言学工具

h) 语句描写工作坊

i) 句法结构（基础：形态句法学）

j) 语言类型学概况

k) 语言接触动因

l) 语言历史动因

(7) 文学、艺术与翻译

a) 文学理论导论 1

b) 文学理论导论 2

c) 文学与纪录影片中的两性

d) 文化历史学导论

e) 生态诗学导论：文学与环境

f) 法国文学翻译理论导论

g) 比较文学

(8) 口传文学

a) 口传文学：理论方法

b) 口传文学与文化人类学

c) 口传文学比较研究

14.4 剑桥大学亚洲与中东研究学院中国学专业课程设置

剑桥大学的语言专业并不以语言命名,而是称为对象国研究,如日本研究或日本学(Japanese Studies)、阿拉伯研究或阿拉伯学(Arabic Studies)。其中文专业的官方名称是中国研究或中国学(Chinese Studies)。这不仅是字面上的变化,而且是办学理念上调整,表明该专业并不只是学习语言的专业,而是通过掌握语言最终实现研究对象国的目的。在此意义上,剑桥大学中国学专业不仅致力于培养良好的中文写作与口语能力,在古汉语和中国文学上奠定坚实基础,而且让学生深刻理解丰富多彩的中国文化。剑桥大学中国学专业的课程设置如下表14.2:

表14.2 剑桥大学中国学专业主要课程

一年级		现代汉语翻译与写作、现代汉语选读、中国文学1、东亚历史概论
二年级	必修课	现代汉语翻译与写作、现代汉语选读、中国文学2
	选修模块1(选一)	中国古代史、中国的全球化
	选修模块2(选二)	中国古代史、中国的全球化、日本历史、日本文学、日本社会、日本政治、东方电影、结构与意义
三年级	短期留学	
四年级	必修课	现代汉语翻译与写作、现代汉语选读
	选修课(选二)	中国文学、中国传统、中国艺术与视觉文化、中国文化史(960-1911)、现代中国文学、当代中国社会、国际秩序中的中国

剑桥大学中国学专业的课程基本上是由语言-文学-文化三个板块构成。其课程门数并不多,但每一门课程要求学生做大量的阅读和研究,内容十分厚重,加上三年级的9个月在中国高校浸泡式学习,学生不仅应该具备扎实的中文交流能力,而且对中国文化和社会的历史与现状拥有比较专深的知识。

14.5 哈佛大学东亚语言与文明系课程设置

哈佛大学的东亚语言与文明系是东亚研究的全球重镇,拥有近60人的师资队伍,所开设课程涉及中国、日本、韩国、中亚国家的语言、文学、宗教、哲学、历史、艺术史、大众文化。该系的东亚研究专业在其主页显著位置表明自己是"人文社会科学的跨学科专业"。从其描述的毕业生就业去向来看，该专业培养如下领域的人才：国际经济、法律、建筑、外交、教育、电影产业、新闻、传媒产业、文学创作、社会工作、非政府组织、语言教育、技术研发、公共卫生、政府工作、游戏开发、咨询、艺术鉴赏。不难看出，哈佛大学东亚研究专业的人文通识型人才培养定位彰显了哈佛大学作为世界一流综合型大学的特色与优势，为其毕业生进入广阔的职场领域奠定了坚实基础。

哈佛大学东亚研究专业的课程设置由 5 个板块构成。第一板块为语言课程，每周 5 课时，分布在一年级到四年级。

第二板块为历史概论课程（Historical Survey Courses）：

- 古代中国的生与死：10 – 19 世纪的社会史
- 美国与中国
- 佛教为什么要建塔
- 现代世界的朝鲜和韩国
- 权力与文明：中国
- 战后日本兴衰
- 现代东南亚
- 东亚与美洲：移民
- 东亚与美洲之间：移民、侨居、帝国
- 日本艺术概论
- 日本传统文学：从神话到现代性
- 朝鲜传统文学与文化
- 现代日本：1600 年以来

第三板块为区域研究课程（Area Courses）：

- 人文汉语（Chinese in humanities）
- 明清文化史
- 商周文献导读（研究生共享课程）
- 禁忌浪漫与现代中国
- 华语文化圈专题：边缘地带的现代中文小说（研究生共享课程）

- 唐代文学专题（研究生共享课程）
- 上海与北京：双城记
- 中国改革开放的政治经济（研究生共享课程）
- 东亚媒体研究
- 日本的媒体混合：表现与意义
- 东亚的经济治理
- 东亚的主要宗教文献
- 东亚人文：数字工具与方法
- 佛教、日本艺术与文化
- 动画、漫画与电影中的日本宗教
- 医学与自我：中西比较
- 中国的政治地理
- 明末清初的文学与思想
- 现代中国的政治经济
- 禅宗与生活的艺术
- 东亚电影
- 法律、政治与贸易政策：东亚经验
- 生活伦理：东西哲学比较
- 中国的崛起与中美关系
- 政治学与中国（研究生共享课程）
- 成吉思汗和他的后继者们：蒙古征服后的艺术
- 古代中国的生态中心艺术
- 雪舟等杨与古代日本水墨画（研究生共享课程）
- 与中国做生意（研究生共享课程）
- 藏传佛教（研究生共享课程）
- 中国现代建筑与城市主义（研究生共享课程）
- 东亚科学的社会生活
- 日本史专题（研究生共享课程）
- 比较法学：法律是干什么的？中国经验

- 中国与国际法律秩序
- 20－21世纪的日本宗教
- 近代日本文学与文化（研究生共享课程）
- 近代朝鲜史专题（研究生共享课程）
- 超越交流工具：朝鲜语中的意识形态
- 日语的时态与体
- 古代中国伦理
- 亚裔美国宗教（研究生共享课程）
- 多维视角下的佛教三世轮回
- 佛经导读

第三板块是小组研讨课（Tutorials）。哈佛大学东亚研究专业要求本科生在二年级必须修读一门东亚研究导论类型的小组研讨课，给学生提供东亚地区特别是中、日、韩的文化、文学、哲学、宗教、历史、社会等方面的背景知识，让学生了解东亚研究领域跨学科的主要概念与方法，为专门研究奠定基础。该专业三年级还要求学生修读一门小组研讨课，帮助他们确定毕业论文选题并学习研究方法。最后是四年级全年的个性化的毕业论文写作指导。

第四板块是独立研究（Independent Study）。学生可以根据个人兴趣设计研究课题，经申请批准后在导师的指导下开展田野研究或学术研究。每名学生最多可申请4门独立研究课程，获得相应学分。

哈佛大学的东亚研究专业属于典型的研究型大学的研究型本科专业。学生在语言学习的基础上开展关于对象国的研究性学习，在此过程中建构跨学科知识结构，掌握人文社会科学研究方法，具备独立研究能力。该专业课程资源的丰富和师资力量的雄厚在全球范围内可以说绝无仅有。

为学生提供跨学科学习机会，搭建复合型知识结构的案例还有伦敦大学亚非学院。以该校的中文专业为例，学生在掌握中文语言，了解中国文化、政治、经济、社会等相关知识的基础上，还可以选择另一个跨学科的专业进行复合，这些专业包括：发展研究、经济学、历史学、艺术史、考古学、法学、语言学、音乐学、政治学、社会人类学、宗教研究，也可以选择语言专业进行复合，如印度尼西亚语、日本学、韩国学。

14.6 国外高校一流外语类专业的多元能力培养

世界一流外语类专业还有一个共同特点，就是他们普遍重视通过各种教育教学设计培养学生的可迁移能力和终身发展能力。

牛津大学的东方学专业历史悠久，可以追溯至 1546 年该校第一个东方学教授职位的设立，其东方学学科和专业的正式建立是 1871 年。该专业师资力量雄厚，教授语言包括阿拉伯语、中文、日语、土耳其语、希伯来语、波斯语、梵语等，研究领域涵盖语文学、语言学、历史学、考古学、文学、宗教、哲学、社会科学、人类学。该专业重视学生能力培养，特别是可迁移能力，包括：

- 搜集、整理并使用信息
- 利用获取的信息思考并分析复杂问题，对其他文化的行为规范和传统具有想象力和敏感度
- 独立开展工作，不仅有很强的自主意识，而且能够与他人进行建设性合作
- 具备有效组织和表达观点的多样化的口语能力和写作能力
- 有效计划和管理时间，能在压力下按时完成任务
- 具备高级语言运用能力

加州大学伯克利分校中东语言与文化系成立于 1894 年，无论从教授语种数量还是从研究实力来评价，该系在美国高校的中东语言与文化学科领域都名列前茅。该系本科各专业均重视在语言学习的基础上，为学生奠定宽广、深厚的语言对象国历史和文化背景知识，进而引导学生对文学文本进行深入研读，培养思辨能力和研究能力。该系为各本科专业设定了如下培养目标：

- 具有所学语言的听说和写作能力
- 了解所学语言的主要文学体裁和作品
- 了解所学语言的主要历史与文化时期和地理特点
- 熟悉整个中东地区古代至当代历史
- 认识中东地区在当今全球社会的重要性
- 能进行基于证据的条理清晰的论述
- 能对本领域的学术文献进行批判性阅读与分析
- 能进行笔头和口头交流

伦敦大学东方与非洲研究学院（School of Oriental and African Studies, SOAS），一般简称为伦敦大学亚非学院。亚非学院是英国唯一一所专门研究亚洲、非洲与中东的人文及社会科学学术机构，成立于1916年，培养了多位国家元首、政府首长、大使、外交官、大法官、一位诺贝尔奖得主，以及为数众多的各领域领袖，享有全球声誉。根据2020年QS世界大学排名，亚非学院人文艺术学科名列第49，发展研究第6，人类学第13，宗教研究第42，政治学第18，地理学第39，历史学第45，其他如社会学、语言学、现代语言、传播学等学科都在100位以内。亚非学院高度重视人才培养，将能力培养放在特别突出的位置，详细规定了多元能力的具体指标与培养路径。以其中文专业为例，培养目标描述如下：

专业培养基本目标
- 具有出色的语言运用能力
- 掌握语言对象国文化与社会知识以及相关专业技能
- 积极采取非欧洲中心视角，促进跨文化理解

学习结果：知识
- 高级汉语（普通话）输入输出能力
- 某一人文或社会科学学科（特别是与中国相关）的高级能力
- 文言文和旧白话文基本阅读能力，包括对常用词典和工具书使用的掌握
- 理解古代汉语和现代汉语的语言结构
- 不同体裁现代汉语文本的熟练的阅读与翻译能力
- 有关中国历史、发展、当代文化状况，特别是文学与哲学等方面的知识

学习结果：思辨能力
- 思辨推理，特别是从非欧洲中心视角
- 在口语和书面语中运用语言学、文学和哲学概念，以及所选辅修学科的核心概念
- 在写作中清晰界定问题、假设、方法和结论
- 能进行独立思考

学习结果：专业相关能力
- 从多种文献资料中检索和筛选信息
- 计划并开展基于文献和田野调查的研究，报告研究结果

- 阅读文言文和旧白话文文献
- 体验在中国的学习和生活

学习结果：可迁移能力
- 从非欧洲中心视角看问题，提高跨文化意识和理解力（1）
- 具备有效组织和表达观点的口语能力和写作能力（2）
- 建设性参与小组活动（3）
- 独立开展工作（4）
- 搜集信息，使用信息技术（5）
- 自立自强（6）
- 评价他人观点的相关性和重要性（7）

伦敦大学亚非学院的培养方案不仅清晰界定培养目标和分类学习结果，而且还具体规定了实现上述培养目标和学习结果的教学方法和评测方法。以可迁移能力为例，其相关典型教学方法描述如下：

- 短期留学和本院独特的多元文化背景的师资构成，是提供此类学习体验的关键因素，以积极培养学生的跨文化意识和非欧洲中心视角（可迁移能力1）；
- 可迁移能力2、4、5、7主要在完成研究任务（课程作业、论文等）和进行课堂讨论的过程中习得；
- 可迁移能力3和6是全部学习体验的重要组成部分，在出国学习一年期间尤为突出。

可迁移能力的评测方法如下：

- 可迁移能力1、2、4、5、6通过多种多样的作业和研究任务进行评测；
- 对可迁移能力1、3、6、7的鼓励也是课堂学习体验以及指导教师的个性化反馈与交流的关键要素。

14.7 借鉴

以上对多所国外高校一流外语类专业的考查表明，《国标》对外语类专业属性的界定具有国际性和前瞻性。《国标》规定如下：

> 外语类专业是全国高等学校人文社会科学学科的重要组成部分，学科基

础包括外国语言学、外国文学、翻译学、国别与区域研究、比较文学与跨文化研究，具有跨学科特点。外语类专业可与其他相关专业结合，形成复合型专业，以适应社会发展的需要。

国际一流的外语类专业培养方案基本上体现了这一学科定位。《国标》对外语类专业提出的"知识要求"是：

外语类专业学生应掌握外国语言知识、外国文学知识、区域与国别知识，熟悉中国语言文化知识，了解相关专业知识以及人文社会科学与自然科学基础知识，形成跨学科知识结构，体现专业特色。

国际一流的外语类专业课程设置也大体上体现了这一跨学科的专业特点。所不同的是，《国标》要求外语类专业学生"熟悉中国语言文化知识"，这一点是着眼于培养中国学生的"文化自信"，具有中国特色。对处于文化强势地位的西方国家外语教育来说，对本国文化学习、传承与传播的特别强调显然没有必要。

综合起来看，国外高校一流外语类专业人才培养模式有三个方面的特点值得我们思考和借鉴。其一，重视区域与国别知识。从课程设置可以看出，美、英、法等国的一流外语类专业比我国高校外语类专业更加重视开设比较系统的对象国历史、宗教、艺术、政治、经济、社会等方面的课程，再加上一年的对象国留学，让学生真正全面、立体地认识语言对象国。哈佛大学东方语言与文明系的区域与国别知识课程设置尤为突出，其专深程度、知识广度和历史与当代的纵向贯通，均领先其他高校。反观国内高校外语类专业的课程设置，往往用一门概论性的英语国家社会与文化课程就打发掉了《国标》所要求的"区域与国别知识"。对语言对象国的一知半解不利于外语类专业学生的职业发展和终身发展，更谈不上培养国家参与全球治理的国际化人才了。国内高校致力于一流专业建设的外语类专业应尽快补上这一短板。

其二，畅通跨学科复合或辅修渠道。外语类专业应高度重视区域与国别知识课程建设，让学生通语言，晓国情。不仅如此，外语类专业还应进一步为学生提供学科训练的机会，培养学科思维，把学科的理论与方法和区域与国别知识嫁接起来，培养学生发现问题与解决问题的能力，为他们的学习深造和终身发展奠定坚实基础。法国国立东方语言文化学院的办学理念便体现了这一追求，该校中国学专业学生在学习中文语言和文化的基础上，还有机会在多个"专题与学科研究方向"之中进行选择，在某一知识领域进行比较系统的专业训练。如果学生对纯粹学术的方向不感兴趣，他们还可以选择一个应用性专业方向，如国际贸易、传播学与跨文化教育、语言教学法、国际关系、自然语言处理。需要指出的是，这些学科方向的课程由学校统一建设，主要用母语（即法语）开设。对于我国综合性大学和多学科大学的外语类专业而言，一个很便利的解决办法就是建立跨学科辅修机制。目前，已有不少外语类专业打通了这一渠道，这是应该鼓励的改革方向。

其三，落实多元能力培养。在这个知识更新加速发展和行业生态日新月异的时代，全球高等教育都把多元能力特别是可迁移能力培养放在突出位置。《国标》要求外语类专业培养9种关键能力：外语运用能力、文学赏析能力、跨文化交流能力、思辨能力、研究能力、创新能力、信息技术应用能力、自主学习能力、实践能力。这与世界一流外语类专业的要求是一致的。需要强调的是，这些能力的培养必须落实到外语类专业人才培养的全过程之中，确保每一种能力通过具体的教学环节或活动设计得到不断强化，并能够进行客观测评，确保多元能力培养落到实处。

参考文献

[1] Harvard University, https://eas.fas.harvard.edu/（2022年5月1日读取）.

[2] Harvard University, https://eas.fas.harvard.edu/area-courses（2022年5月1日读取）.

[3] Harvard University, https://eas.fas.harvard.edu/ways-concentrate（2022年5月1日读取）.

[4] Institut National des Langues et Civilisations Orientales, http://www.inalco.fr/formations/formations-diplomes/accueil-formations-diplomes/licences/licences-parcours-thematiques（2019年9月18日读取）.

[5] Saint Petersburg State University, https://english.spbu.ru/admission/programms/undergraduate/english（2019年9月20日读取）.

[6] University of California, Berkeley, https://melc.berkeley.edu/ug-goals-for-majors.html（2022年5月8日读取）.

[7] University of Cambridge, https://www.ames.cam.ac.uk/study-us/prospective-undergraduates/what-can-i-study/chinese（2022年5月5日读取）.

[8] University of London, SOAS, https://www.soas.ac.uk/cia/programmes/bachinese/2018.html（2022年5月5日读取）.

[9] University of Oxford, https://weblearn.ox.ac.uk/access/content/group/modlang/general/handbooks/index.html（2022年5月3日读取）.

[10] University of Oxford, https://resources.orinst.ox.ac.uk/sites/default/files/osintranet/documents/media/oriental_studies_undergraduate_handbook_v1.3_2021-22.pdf?time=1646731963962（2022年5月3日读取）.

15. 国内高校一流外语类专业培养方案分析与评价

  2018年，教育部在成都召开了新时代全国高等学校本科教育工作会议。在会议期间举行的"以本为本、四个回归、一流本科建设"论坛上，150所高校联合发表《一流本科教育宣言（成都宣言）》，提出建设一流本科教育，培养一流人才。《一流本科教育宣言》标志着我国高等教育进入全面提高人才培养能力的新阶段，在中国高等教育史上具有划时代意义。"质量为王、标准先行。"同年，教育部颁布各专业类《国标》，为高等学校各类本科专业准入、建设和评价提供了基本依据。教育部随后启动一流本科专业建设"双万计划"和一流本科课程建设"双万计划"，引导高校进一步夯实专业建设基础，推进专业改革发展，达成人才培养能力提升的任务目标。为贯彻落实《国标》的各项原则和规定，外指委于2020年春发布了外语类各专业《指南》。"标准为先、使用为要。"各高等学校外语类专业建设点在外指委及各分指委推动下积极行动，依据《国标》和《指南》并结合本校实际，制订适应社会发展需要、体现本校定位和办学特色的外语类专业人才培养方案，开启了外语类专业教学在新的历史阶段开展规范建设、科学改革和创新发展的新格局。

15.1 人才培养目标与培养规格

  理论而言，课程设置是一个基于实践、目标统领的演绎过程。其出发点和直接依据是专业人才培养总体目标和具体规格，其过程是将总体培养目标分解为涵盖多维要素的培养规格，再将规格所含要素分解为课程结构与体系。《国标》所制订的外语类专业人才培养总体目标是："具有良好的综合素质、扎实的外语基本功和专业知识与能力，掌握相关专业知识，适应我国对外交流、国家与地方经济社会发展、各类涉外行业、外语教育与学术研究需要的各外语语种专业人才和复合型外语人才。"就人才培养规格而言，《国标》基于4年基础学制（3－6年弹性学制）提出，外语类专业学生完成学业后须达到素质、知识和能力 3 个向度[1]的要求，分别称为"素质要求""知识要求"和"能力要求"。其中：1）"素质"向度具体包含"具有正确的世界观、人生观和价值观，良好的道德品质，中国情怀与国际视野，社会责任感，人文与科学素养，合作精神，创新精神以及学科基本素养"等 10 个方面；2）"知识"向度包含"掌握外国语言知识、外国文学知识、国别与区域知识，熟悉中国语言文化知识，了解相关专业知识以及人文社会科学与自然科学基础知识"等 7 个方面，要求"形成跨学科知识结构，体现专业特色"；3）"能力"向度涉及"具备外语运用能力、文学赏析能力、跨文化能力、思辨能力，以及一定的研究能力、创新能力、信息技术应用能力、自主学习能力和实践能力"等 9 个方面。理论而言，上述 3 大规格要素的所有方面具有同等重要地位。基于上述人才培养总体目标和 3 大规格要素的 26 方面要求，《国标》构建了外语类专业的课程体系，确立了其"总体框架"，界定了"课程结构"，为各语种专业教学指导分委员会据此编制《指南》提供了基准，也为各专业建设点建构适合本校情况的课程体系提供了参照。

15.2 外语类专业课程体系总体要求

《国标》的出发点是人才培养目标，核心内容是课程体系。培养目标分解为人才规格后，如何达成前述素质、知识和能力 3 个向度上的规格要求，具化为课程体系以支撑目标的达成。在我们看来，课程体系既反映一定时期内社会发展对人才规格的现实要求，深层次上亦体现了国家意识和文化传统历时发展对人才规格的当代要求。

《国标》课程设置由通识教育课程、专业核心课程、培养方向课程、实践教学环节和毕业论文 5 部分构成。此 5 部分所体现的内容结构和逻辑关系如图 15.1 所示：

---

[1] 张文忠（2021）提出以"向度"命名人才培养规格的要素所代表的维度，解读为既有培养方向，也可对这些要素进行测量，以更符合术语要求。

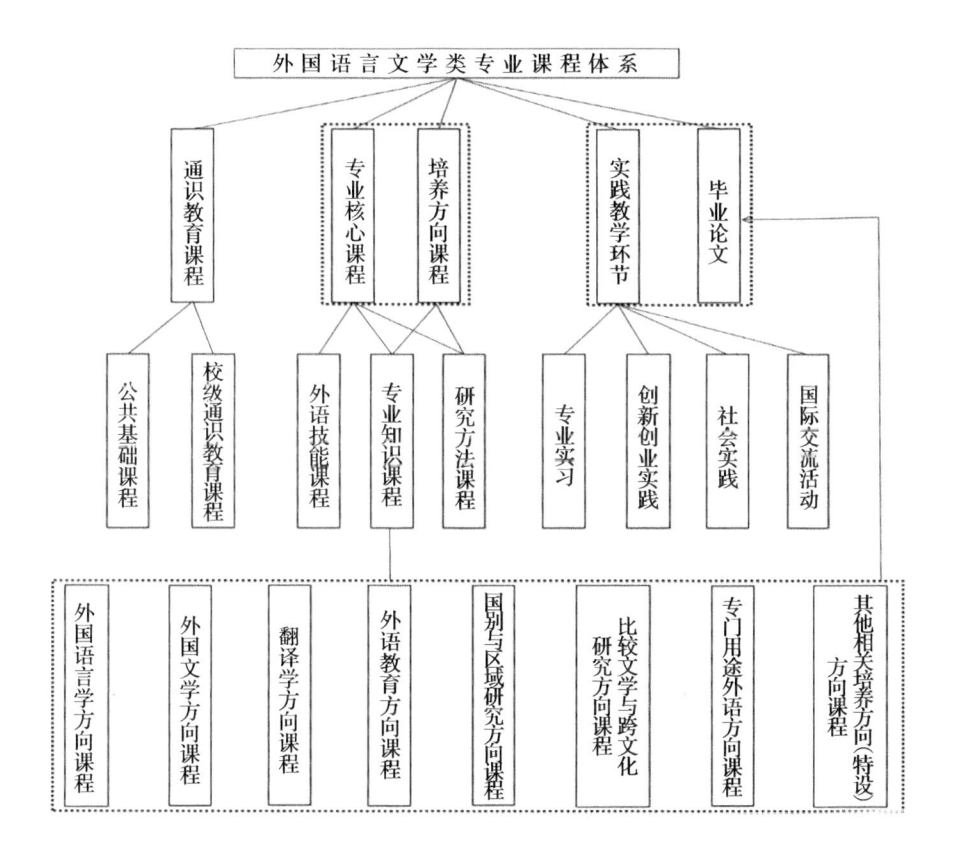

图 15.1 外国语言文学类专业课程体系

15.2.1 面向共性要求的"通识教育课程"

此大类课程为我国高等教育统一做出的基础设计,由两部分构成:一为国家统一规定、各专业须遵照执行的"公共基础课程",二为国家统一要求、各高校灵活实施的"校级通识教育课程"。

(1) 公共基础课程。此为我国高等教育对全体大学生(包括外语类专业大学生)的共性要求,设计有思想政治理论、信息技术、体育与健康、军事理论与训练、创新创业教育、(第二)外语等课程。本类课程一方面体现人才培养须具有服务国家的意识,满足国家大政方针要求,另一方面须贯彻"以人为本""以本为本"要求。可以认为,设置本类课程是对"为谁培养人?培养什么样的人?"这些根本问题的初步回应。

(2) 校级通识教育课程。各高校为提升学生知识素养、道德品质与身心素养,均开设人文社会科学和自然科学课程，目标为人才的全面、均衡、健康发展。外语类专业作为人文社会科学学科的重要组成部分，希望其培养的人才同时具备所在高校自身定位和办学特色带来的特质。《国标》要求各专业根据培养规格，有计划地充分利用学校通识教育课程资源，帮助学生搭建合理的知识结构。本类课程是对"培养什么样的人？"这一问题的部分回应。

15.2.2 体现外语类专业内在本质的"专业核心课程"

此为外语类专业人才培养区别于其他专业人才培养、为外语人才装备专业内核、养成外语类专业独特性和外语专长的基础体系。以此观之，确立"专业核心课程"类别并设置具体课程体系是对"培养什么样的人？"这一问题的根本性回应。本大类课程由外语技能和专业知识两类核心课程构成。

（1）外语技能课程。外语技能可谓外语专业人才最显而易见的特征，必须依托外语技能课程加以强化。这些课程针对外语语言知识体系和分项语言技能及综合运用能力培养，包括听说读写译和语言综合类课程。技能课程的设置遵从外语教学规律，既考虑我国外语教学的学情，重视大中小学衔接，亦强调作为外语专业人才须具备的坚实语言基本功。

（2）专业知识课程。为更好地服务国家和社会发展，满足国家对外交流及参与国际事务的需要，我国高等外语人才培养调整了专业基础内容的构成。《国标》在传统的语言学、外国文学和翻译学3大领域课程的基础上适时增加了两项内容，建构为包含外国语言学、翻译学、外国文学、国别与区域研究、比较文学与跨文化研究5个明确领域的基础课程体系，并保持了覆盖各方向的论文写作与基本研究方法课程。正是由于外语类专业的学科基础涉及广泛，外语类专业具有鲜明的跨学科特点。按此要求，外国语言文学类专业学生对位列专业核心课程的5大领域的知识以及基本研究方法与论文写作均应涉猎，为进入专业方向培养阶段打下初步的知识和技能基础。

除多语种专业外，外国语言文学大类下设有两个从英语专业母体分离出来的专业——翻译和商务英语；与以语种命名的专业相比，翻译专业和商务英语专业具有更为鲜明的应用性。《国标》因此特别规定，这两个专业可设置具有本专业特色的核心课程体系。

15.2.3 体现外语人才特色的"培养方向课程"

按我国高等学校专业设置的实际操作,上述"专业核心课程"涵盖的外国语言学、外国文学[1]、翻译学、国别与区域研究、比较文学与跨文化研究5大明确领域所涵盖内容归入外语类专业人才的应有知识内涵。此5大领域自然成为外语类专业人才培养方向,亦必然需要相应的课程体系支撑各个方向。进入21世纪以来,由于全球化进程加快和"一带一路"建设推进实施,各类涉外需求激增,也衍生出相关的外语类人才培养方向和课程。例如,《国标》特别设置了"相关培养方向"类别的课程,鼓励各外语专业根据学校定位和特色优势,灵活而合理设置特色培养方向及课程。同时,由于外语教育为我国教育的基本国策,从基础教育到高等教育均对外语师资(尤其作为"国际共同语"的英语)有强劲需求,且各行各业(尤其是经济、科技、外交等)均对外语有一定程度的依赖,《国标》也特别设置了"外语教育"和"专门用途外语"培养方向课程类别[2]。"培养方向课程"的设置部分地回应了"培养什么样的人?"和"怎样培养人?"的问题,同时,各专业点也正是借此类型课程彰显其特色和优势。

值得说明的是,由于翻译和商务英语两个专业的培养方向在语言实践内容、业务领域方面与以语种命名的专业有一定差异,其"专业核心课程"必然异于以语种命名的专业,其各自的"培养方向课程"亦必然自成一体。

15.2.4 "做学用合一"的实践教学环节

"实践教学环节"与前述3大课程类别具有同等地位,且在外语类专业人才培养中不可或缺。《国标》强调实践,要求各专业在实践中培养学生的实践能力,"促进学

---

1 在我国学科和专业划分体系中,语言学和文学共同构成语言文学学科,相应地,学科和专业名称为中国语言文学学科和外国语言文学学科、汉语言文学专业和外国语言文学类专业;在以欧美高校为代表的西方高等教育体系中,二者分属于不同学科。

2 《国标》所列"外语教育""专门用途外语"和"相关培养方向"并未获"培养方向"地位,但实际上众多师范类高校开设了"英语教育"方向,理工类高校开设了"科技英语"方向,财经政法类高校开设了"法律英语"方向等。常俊跃(2018)曾建议开拓专业方向(如外语教育)和专业方向课程。本文主张将"外语教育""专门用途外语"和"相关培养方向"与前述外国语言学等5类方向等视之。如此,则《国标》实际提出了外国语言文学类专业(尤其是英语专业)下的至少8类培养方向。应该指出的是,"相关培养方向"留下了广阔的空间,不同类型高校可设置不同"相关"培养方向,彰显各自特色。

生的全面发展"。实践教学环节可理解为"做学用合一"的专业类实践,据《国标》对实践教学环节的界定,其主要包括专业实习、创新创业实践、社会实践、国际交流4类实践。

（1）专业实习。此为直接与专业相关的业务或实务类实践,旨在培养学生运用专业知识和技能解决本专业实际问题的能力,为承担本专业实务和相关业务积累经验。为使专业实习获得实效,《国标》要求各外语类专业根据培养方案制订实习计划,确保有明确的目标和要求、详细的内容和步骤,且需有专业的指导和评估考查。

（2）创新创业实践。此为21世纪以来外语类专业回应国家和社会对于创新人才的需求而引入专业教育的一类实践活动,旨在培养学生解决问题的能力和创新创业能力。《国标》要求各专业制订科学合理的创新创业实践计划,并明确要求以学科竞赛、学习兴趣小组、学术社团、创新创业项目等多种形式开展实践。

（3）社会实践。此为外语类专业对过去外语教育"脱离社会"和"学用两张皮"的纠偏,亦是对外语类专业学生"学外国多,察本国少"的纠偏。社会实践旨在促进学生了解民情、社情和国情,增强社会责任感,将来更好地服务国家。《国标》要求各专业围绕人才培养目标和社会需求,制订社会实践计划,开展社会调查、志愿服务、公益活动、勤工助学、支教等社会实践活动。

（4）国际交流。此为外国语言文学类专业教育应创造条件开展的实践,旨在拓展学生的国际视野,做到知己知彼,提升跨文化能力。《国标》要求各专业根据人才培养目标、办学特色和自身条件,有计划地开展国际夏令营、短期留学、国内外联合培养等形式多样的国际交流活动。

《国标》所规定的4类实践是对"如何培养人?"这一问题的重要回应。所列4类实践并非任意选择项,而是全选项。《国标》并未对这4类实践作时间设定,但须理解为这些实践应贯穿外语类专业教育全过程,且贯穿前述3大类型课程始终。

15.2.5 体现专业教育成效的"毕业论文"

毕业论文旨在培养和检验学生综合运用所学理论知识研究并解决问题的能力和创新能力。对于外语类专业本科生而言,毕业论文是其大学学业的集中体现,也是最大的外语写作和思辨能力、创新能力训练任务。《国标》将"毕业论文"单列为课程框架中的一个大类，与前述通识教育课程等类型相提并论，意在强调其对外语类专业人才培养的基础地位和重要价值。与此相匹配，《国标》《指南》在必修的"专业核心课程"部分设定了"论文写作与研究方法"课程。在毕业论文形式上，《国标》提供了学术论文、翻译作品、实践报告、调研报告和案例分析等 5 种选择，并建议一般用所学外语撰写。《国标》亦就毕业论文过程提出了选题、开题、写作指导和答疑的规范环节要求，同时明确了指导教师在其中的职责，以保障本部分训练效果。

在课程体系框架中，毕业论文是最大的单项教学任务。如果追问"外语专业教育成效如何？"，作为外语类专业人才培养体系重要组成部分的毕业论文即为对这一问题的间接回答。

15.3 《国标》要求落实情况检视

《国标》颁布前后，参与制订过程和关注外语教育政策的部分专家学者从不同侧面、不同角度对《国标》建议的课程体系进行过解读（如蒋洪新 2018；孙有中 2020），并提出过不少总体及多个培养方向的体系建构（如孙玉华 2010；庄智象等 2012；常俊跃、赵永青、赵秀艳 2013；贺学耘、曾燕波 2013；王巍巍、仲伟合 2017；常俊跃 2018；王卓 2019），真知灼见迭出。外指委落实《国标》的第一步便是于 2020 年春出台的依据《国标》研制的外国语言文学类各语种专业的《指南》，为各专业对照《国标》实施内涵发展、多元发展和创新发展提供行动路线和解决方案。《国标》和《指南》这两份外语类专业纲领性文件（尤其是《国标》）出台之前已有广泛宣传，对"标"建设早已成为共识。《国标》《指南》颁布实施后，全国各高校外语类专业建设应与时俱进，依据《国标》《指南》原则与要求，并基于各专业的本地规划，适时对原有培养方案进行修订，重构课程体系，规范小学，提升人才培养质量文化，全方位提高外语人才培养能力。

《国标》和《指南》出台以来，伴随教育部一流本科专业建设"双万计划"的实施，其具体落实情况如何？其推进外语类专业建设和人才培养体系改革的效果如何？有必要对这些问题开展深入考查和检视。考查《国标》《指南》的原则与要求是否落实，须检视各外语类专业建设点（以下简称为"专业点"）所制订的人才培养方案是否与《国标》和《指南》的原则和要求相吻合，尤其需要重点评价其课程体系设置是否体现了《国标》和《指南》的新精神。本章将《国标》和《指南》课程结构中的每个大类称为模块,提出重点检视的内容即为各专业点的课程模块设计,具体讨论问题如下:

(1)各专业点所建构的专业核心课程体系是否符合《国标》《指南》的规定?

(2)各专业点所建构的培养方向课程系统是否符合《国标》《指南》精神?是否能起到示范作用?

(3)《国标》《指南》设置的实践教学环节要求贯彻情况如何?

(4)《国标》《指南》有关毕业论文的要求贯彻情况如何?

本文以 2019 年首批立项为国家级一流本科专业建设点的部分外国语言文学专业为例,考查《国标》原则与要求的落地情况。首批共有 84 所高校 167 个外语类专业点获批国家级一流专业建设点,涉及 23 个语种,含翻译和商务英语在内计 25 种专业。其中中央赛道首批确定 79 个一流专业建设点,地方赛道 88 个。北京外国语大学、北京大学等 17 所高校占据 100 席,外国语类院校中北京外国语大学、广东外语外贸大学和上海外国语大学分别以 20、13 和 10 个一流专业建设点名列前三。综合类院校中北京大学以 7 个一流专业建设点独占鳌头。英语、翻译和商务英语三个英语类专业获 85 个一流本科专业建设点,占比约 51%;朝鲜语和泰语等 16 个非通用语种类专业共获批 28 个一流专业建设点,占比约 17%。首批外国语言文学类国家级一流专业建设点按语种专业分布情况汇总如表 15.1。

表 15.1 2019 年外国语言文学类国家级一流专业建设点按专业分布情况

语种/专业	英语	俄语	日语	法语/德语	翻译	商务英语	朝鲜语/阿拉伯语	西班牙语	泰语	缅甸语/印地语/波兰语/越南语	阿尔巴尼亚语/保加利亚语/匈牙利语/意大利语/罗马尼亚语/马来语/波斯语/葡萄牙语/土耳其语/僧伽罗语
数量	70	14	11	各9	8	7	各6	5	4	各2	各1

首批共有 8 个语种 10 个专业获批 5 个及以上一流本科专业建设点,包括 3 个英

语类专业和俄语、日语、法语、德语、朝鲜语（亦作韩国语）、阿拉伯语、西班牙语专业，这些是布点最多的外语类专业。其中朝鲜语由于既属于中国少数民族语言，也是紧邻邦交朝鲜和韩国的民族语言和官方语言，地位较为特殊，在《国标》和《指南》中与其他所有外语语种一起归入"非通用语种类专业"。

需要说明的是，重点检视的问题并未涉及第一类课程：通识教育课程。如此决定的原因，一是因为该类课程为学士学位必修的基础课程，有着毋庸置疑的重要性，因而面向全体大学生而非仅仅面向外语类专业学生，无灵活操作的可能性；二是因为这些课程通常由各校教务处统一安排相关专业的教师开设，汉语讲授。尽管不做重点检视，本文仍会涉及与之相关的讨论。

总体而言，首批获批国家级一流本科专业建设点的 25 种专业 167 个专业点均在国家规定的通识教育课程的前提下按模块设计各自的课程体系，力求最大限度与《国标》和《指南》保持一致，贯彻其原则和要求。由于各语种专业之间和同语种内不同建设点之间存在着服务面向、所在高校、办学条件与资源等方面差异，它们在课程体系建构上亦表现出差异[1]。本章仅就上述针对不同课程模块设计所提的 4 个问题展开分析。

15.3.1 各专业点所建构的专业核心课程模块是否符合《国标》《指南》的规定？

基于对全部 23 个语种 167 个专业点培养方案中核心课程体系的分析，我们有以下发现。

其一，虽然各专业点所建构的专业核心课程体系在课程模块命名和具体课程名称上与《国标》和《指南》并不完全对应，但所有语种专业所设计的核心课程数量均超出《国标》和《指南》所列，在这一点上，各专业办学点依据《国标》基准但高于《国标》基础要求。

---

1 例如，国际关系学院英语专业课程体系不分设"专业核心课程"和"专业方向课程"模块，而是将二者融合起来，形成"专业课"，下设 7 个模块：英语核心课程模块、英语基础模块、思辨能力培养模块、跨文化交际模块、文学与语言学模块、翻译模块、国别与区域研究模块。所设 7 个模块内均只要求选满学分，学生修读专业课程总学分须达 97。该专业另将第二外语（12 学分）从通识教育课程模块中抽离出来，单列为一个模块，第 3－6 学期开设。

其二，各专业点所建构的核心课程模块以语言知识和技能类为主，专业知识入门类课程为辅。以英语专业类建设点为例，语言技能课程所占专业总学分较之《国标》前时期有所降低，此与《国标》《指南》要求的在语言基础阶段加大知识含量的精神相符合，但依然体现出各专业点重视外语基本功教学。典型例子如外国语类大学中的北京外国语大学英语专业和大连外国语大学英语专业，这与该两校较早实施并引领英语专业以内容为依托的课程体系改革关系密切（常俊跃、赵永青 2010；金利民 2010；孙有中、金利民 2010；孙有中、李莉文 2011）。翻译专业和商务英语专业因《国标》特别授权《指南》和相关专业建设点设置符合其专业定位的核心课程模块，相应于其"特权"，分别构建了注重汉英双语能力与较宽知识面和注重商务英语语言能力的核心课程模块。前者如北京外国语大学、上海外国语大学、天津外国语大学等校的翻译专业[1]，后者如广东外语外贸大学、上海对外经贸大学、天津财经大学和山东财经大学等校的商务英语专业。就三个英语类专业共性而言，需要在高中英语基础上进一步提升英语知识水平和运用能力，尤其是准确和流利的书面表达能力。相比之下，其他语种类专业点则因为大学零起点和总学时有限，更加注重低年级阶段的外语基本功教学，且呈现外语知识和技能课程"高密度化"，在专业核心课程模块中，在课程、学时和学分上均先保证外语技能训练。无论是地处北京、上海的专业点，如对外经济贸易大学阿拉伯语专业、同济大学德语专业，还是立身于中西部高校的非英语类语种专业点，如云南大学缅甸语专业、广西民族大学泰语专业、新疆大学俄语专业，所有专业点均重点打造相关外语的基本功，为之分配大量的核心必修课程和课时。

其三，专业核心课程模块所含专业知识类课程因语种专业不同亦有差异。总体而言，英语类专业建设点很大程度上遵照了《国标》和《指南》关于专业知识基础课程设置的要求，覆盖语言学、文学、跨文化研究等方向的核心基础课程，而文化教学仍需加强（何玲梅 2013）。相比之下，非英语外语语种专业中多数在专业核心课程模块仅偶见文学、文化或概况类课程，如武汉大学法语专业开设法国文学史、北京第二外国语学院阿拉伯语专业在"专业技能课程"下开设阿语名著导读（文学）、名著导读（文化）等少量专业知识课程；个别专业点仅有语言知识和技能课程，亦即忽视了《国标》和《指南》中本模块同样要求包含的专业知识课程。非英语外语语种专业在专业核心

---

[1] 首批 8 个翻译专业获国家级一流专业建设点，除 1 个为西安翻译学院获得，其余 7 个全部分布在外国语类大学。遗憾的是，我们未能获得西安翻译学院翻译专业的人才培养方案。

课程模块较少设置甚至未设置专业知识课程，而是将这些置于专业方向（即《国标》中的"培养方向"）课程模块，这一现象可能与这些均为零起点专业且多数为非通用语种类专业、其核心任务更须聚焦于语言知识和技能的提高有关。

其四，除了语言知识技能和专业知识类入门，《国标》和《指南》还设计有一类（实际上只是一门）研究方法和论文写作类基础课程，与前两类课程共同为进入培养方向乃至最终的毕业论文搭建知识、技能和方法的基本框架，做好专业准备。《国标》和《指南》将"论文写作与研究方法[1]"课程置于"专业核心课程"模块下，或列为"专业方向课程"（如阿拉伯语专业），且开课时间较晚（第7学期）。但在实施中，相当数量的专业点第7学期教学管理已经较为松散，不少学生已处于半实习状态，该门课程的学习受到一定影响。在实际教学中，该门课程的主要内容以学术论文写作基本要求和规范为主，并未真正重视研究方法的教学，针对性有所欠缺。相比之下，中国海洋大学英语专业对研究方法教学的重视在本科阶段较为少见。该专业第5和第7学期在"专业教育"部分分别开设"外国文学研究方法""区域国别研究方法""翻译理论研究方法""应用语言学研究方法"和"语料库语言学研究方法"，且同时开设"学术论文写作"课程。这些研究方法课程涵盖了传统的语言学、文学和翻译学，并增加了具有技术优势的语料库方法和区域国别研究方法，方法类课程较全，针对性强，其落实可圈可点。

15.3.2 各专业点建构的培养方向课程模块是否符合《国标》《指南》精神？是否能起到示范作用？

《国标》对各高校外语类专业点建设的一个重要指导原则是"坚持多元发展"。《指南》"总序"解读了这一原则，要求"充分发掘本校教育教学优势资源，特色发展，错位竞争，服务国家外语人才多元需求，服务地方经济社会发展多元需求，服务学生个性化发展多元需求"。不同专业点在地域上的合理规划布局与建设本身是外语类专业服务国家和地方的举措，本身即符合多元发展精神，体现错位发展要求。相同专业

---

[1] 《国标》的提法为"论文写作与基本研究方法"；《指南》（上）英语类专业的提法均为"研究方法与学术写作"；《指南》（下）的提法多样，如"学术写作与研究方法"（俄、日、非通用语）、"学术论文及研究方法"（德）、"法语学术论文写作"（法）、"论文写作与基本研究方法"（阿）。

错位竞争则各成特色，可避免人才培养"千校一面""千人一面"之不良格局和恶性竞争，且能满足国家和地方发展的多元需求。不同类型高校之间错位发展即分类卓越，而分类卓越便有利于特色发展。贯彻落实多元发展原则和要求的根本途径是特色发展（冯光武 2017；张文忠 2021），体现为在把握专业内涵的前提下，结合所在高校优势资源与特色，根据专业定位与面向、基础与优势，制订具有鲜明特色的"培养方向课程"体系。在此意义上，各专业点办学目标须最大程度体现多元发展，成为所在区域、所属高校类型、同类专业中的佼佼者，建立和巩固专业优势特色。同时，在满足国家和地方多元需求的前提下，服务学生个性化发展多元需求，要求能够提供多种专业方向选择，为学生个性化发展提供基础和空间。

《国标》要求的"培养方向课程"模块，在各专业的《指南》中均称为"专业方向课程"。《国标》和《指南》鼓励各高校外语类专业"根据自己的培养目标和培养规格自主设置培养方向课程"，赋予各专业点自主设置培养方向的权利和空间，同时亦赋予各专业点内涵发展、特色发展、创新发展的建设责任和人才培养重任。由于外国语言文学类专业的"超一级学科"属性，《国标》列出了 8 大专业方向，涉及国家和地方发展对外语类专业人才的多元需求，这些方向及其配套课程模块在不同类型高校的不同语种专业人才培养体系中得到了不同程度的体现。《国标》《指南》提出本模块的课程由必修和选修两类构成，这既考虑到专业总学分要求及限制、各校具体要求，亦兼顾到学生学习兴趣和多样化选择。

各专业点的"专业方向课程[1]"模块有三个特点。

第一，无论所属何种语种、所在高校何种类型，各专业点设计其培养方向时均遵循"有所为有所不为"原则。这当然是一种主动的也是必然的选择。即使如北京外国语大学和北京大学等资源条件方面具有较大优势的院校，外语类专业点也只能根据现有条件选择培养方向并设置相应课程体系，其"有所为"的培养方向设置符合办学根本要求。首批外语类国家级一流专业建设点多数设计为 3 – 5 个培养方向，外语院校的专业方向数量从 5 个至 10 个不等。如北京外国语大学日语专业、波兰语专业、土耳其语专业[2] 等在要求修读 90 学分的必修课程（含土耳其语言、历史、文学、文化等

---

[1] 《国标》所列"培养方向课程"在不同专业点的人才培养方案中有不同名称，如"专业教育选修课程""专业选修课程""培养方向课程"等。

[2] 该专业每 4 年招收一届学生。

内容）基础上，设置超出期待的 9 至 10 个"学科方向"及模块课程[1]：区域研究方向、历史学方向、文学方向、政治学方向、法学方向、经济管理方向、国际商务方向、社会学方向、语言学方向、文学方向、翻译学方向及传播学方向。毫无疑问，如此放开的专业方向绝非一个专业的师资（如上述波兰语专业仅 4 名教师，含 1 名外籍教师）能够实施，该批专业所在北京外国语大学整体课程体系和人才培养模式改革为其专业方向设置和学生选择提供了政策支持与空间。

设置多少培养方向似与专业点招生规模关系密切，并与所在高校类型有关。外语院校和师范院校招生规模相对较大。例如，在外语院校，由于校内资源在较大程度上共享，各专业点能够支撑多个培养方向；师范院校本科生（主要是英语类专业）招生规模[2]相对稳定，由于曾经的"去师范化"影响，在方向设置上与综合性大学相似。

第二，与时俱进，面向"一带一路"建设重大需求。各高校外语类专业点设置最多的培养方向依然是传统的语言学、文学、翻译方向，但国别区域研究在"一带一路"倡议实施以后，成为服务国家重大需求的人才培养方向，成为外国语言文学一级学科名正言顺的一个重要方向，在外语类专业如雨后春笋般发展起来。首轮外语类国家级一流专业建设点中的全部非通用语种类专业均设置了对象国研究或区域研究的培养方向和模块课程，如西安外国语大学西班牙语专业、广西民族大学泰语专业和越南语专业、云南民族大学缅甸语专业和泰语专业；英语类专业和俄语、德语、法语、西班牙语、阿拉伯语等专业的绝大部分专业点亦与时俱进，设置了国别区域研究培养方向或课程模块。不同语种专业均认识到培养国别区域研究人才是其服务国家发展和国际交流的重要责任，该方向是具有地理和区域及资源优势的专业点的重要建设与发展方向，如西南、西北、东北边疆地区的外语类专业点以培养研究毗邻国家和区域的政治、经济、文化等的人才为其重要特色。

第三，多类复合型人才培养方向与课程模块的创新设置。复合型人才培养早已成为外语界共识，当前"一带一路"建设更是需要大批卓越复合型人才（蒋洪新

---

[1] 这些专业有一个规定，如选择一个学科方向课程，学生需修读 3 门必选课和 3 门自选课。如修读两个学科方向课程，则每个方向须各修读 3 门必选课。

[2] 受诸多因素影响，一些师范院校过去较长一段时间"去师范化"倾向明显，外语教育/课程论方向规模呈萎缩趋势，非师范类专业方向学生比例增大；近年来强调师范教育，不少师范院校的专业方向设置"回归初心"，外语专业（尤其是英语专业）教师教育方向规模相对较为稳定。

2018），外语类专业对此责无旁贷。外语类专业与何种专业复合？如何复合培养？各专业点提供了多种途径。

途径之一为外语类专业与其他人文社科专业复合。例如，山东大学除了设置传统的语言学、文学、文化方向外，还应国际人才需求，设置了"英语＋国际政治双学位班"；南京大学英语专业鼓励满足"准出"条件的学生选修文史哲、新闻学、法学、经济学、社会学和管理学等学科课程，以利于获得第二专业学位；北京外国语大学保加利亚语专业下设"文学＋翻译""文学＋外交"和"文学＋经贸"3个复合方向；同样是北京外国语大学，其葡萄牙语专业除了开设文学、语言学、政治学及国际商务等"学科方向"，还要求学生选择一个方向6门课程，或两个方向各3门课程（以学科基础理论及方法论课程为主，涵盖各类葡语授课的必修及选修"方向课"），同时与该校法学院、欧语学院合作，鼓励二年级和高年级葡语学生参加"小语种法学特色班"，培养复合型人才。

途径之二为"复语人才"培养方向。这是面向我国未来参与国际治理、培养国际组织所需人才的重要创新设置，包括"英语＋第二外语""第二外语＋英语"和"两门非英语语种"等三种方式。其一，"英语＋第二外语"培养方向为部分英语专业点的复语人才培养模式，如南昌大学英语专业发挥综合性大学优势，培养"英语＋日语"复语型英语人才。其二，"第二外语＋英语"的培养方向是其他外语语种专业利用学生已有较好英语基础这一条件所设置的培养方向，如：北京大学印地语专业，北京外国语大学匈牙利语专业、阿尔巴尼亚语专业，上海外国语大学波斯语专业，天津外国语大学阿拉伯语（复语）等设置的复语人才培养方向。其三，"两门非英语语种"或两门非通用语种复语人才培养方向，该设置面向"一带一路"建设，如北京外国语大学土耳其语专业学生同时修读阿塞拜疆语。以上三种方式设置为主辅修。此外，还有以双外语专业的方式培养复语人才的模式，如南京师范大学实施英语专业＋法语/德语/西班牙语/日语"双外语五年制"复语人才培养，课程体系与单语专业要求相同。

除普通高校根据自身条件设置特色鲜明的复合型人才培养方向和课程模块以外，军事院校的外语类专业培养方向设置及课程体系建构直接针对国防事业发展的需求，更须专门设置。

需要指出的是，《指南》中英语类专业、俄语专业和日语专业要求完整修读一个培养方向的课程，另选修其他培养方向部分课程并获得学分，以保证较为宽厚的专业知识基础且学有专长,提供了个性化发展的空间[1];其他专业则均允许灵活设置。这一差异一方面能够反映不同语种在人才需求、师资和资源上的差异和所受限制,而在实践中,部分高校虽勉强开设非通用语种专业,但无力开设多个方向;另一方面也说明众多非通用语种类专业开设之困难,需要政府加大人、财、物投入,力保国家非通用语种类专业人才供给。

15.3.3 《国标》《指南》设置的实践教学环节要求贯彻情况如何?

《国标》《指南》就实践教学涉及的内容和方式做出了明确规定和建议,并要求实践教学环节须不低于专业总学时的15%。从各专业点的相关设置看,对"实践教学环节"理解有宽有窄,宽解者视实践教学环节贯穿本科学习全过程,且贯穿不同类型课程;窄解者视其为专业学习和创新创业实践。由于理解有宽有窄,不同语种专业点之间在实践教学环节的设置和要求以及相同语种内不同专业点之间的设置和要求均显现较大差异。梳理各专业点"实践教学环节"设置,3个特点清晰呈现。

其一,各专业点均注重实践教学,设计并实施了形式多样的实践教学内容。以青岛大学德语专业为例,其主要实践性教学环节包括创新能力拓展项目、社会实践项目、承担德语口笔译任务、德语戏剧表演、德语角活动、各类德语竞赛、各类学术报告、留学报告、毕业实习等多种形式。该专业提供多种实践渠道供学生选择,学生可通过包括公派留学德国、中德双学位项目以及在国内企事业单位、德国驻中国各文化机构、德国独资或中德合资企业实习进行翻译和工作实践。同时,该专业分派学生为青岛和其他地区举办的各级各类政治、经济、商务、体育、文化等活动提供语言类服务,参与实践。

其二,《国标》《指南》所建议的专业实习、创新创业实践、社会实践和国际交流等4种实践教学内容在英语类专业各建设点的培养方案中有较为全面的落实;俄语、日语、德语、法语等语种专业,尤其是本文表15.1最后一栏10个非通用语种专业,其落实更为集中于专业实践(以语言技能训练为主)和国际交流两项实践内容上。

---

1 除了统一的专业方向选择,少量专业点还在专业选修课部分设置"个性发展课程"或制订了鼓励学生个性化发展的课程选修政策,如大连理工大学英语专业要求修满4学分、大连外国语大学英语专业课外实践教学环节"个性化培养"要求2学分、贵州大学英语专业要求"个性课程"最低选修13.5学分。

其三，4项内容设置要求和贯彻情况不一。首先，"专业实习"为所有专业点统一要求，但除了师范院校英语专业英语教育方向有较明确的教学见习、教学实习要求外，其他专业几无相关要求。诚然，此项内容对于外语类专业学生而言很大程度上意味着"毕业实习"和就业去向，而毕业生就业早已不是计划经济时代的毕业分配，高校专业点对此似无能为力，一般将专业实习（特别是毕业实习）交由学生自主决策，自主实施。其次，"创新创业实践"和"社会实践"这两项内容在英语类专业之间较统一，而其他语种专业与英语类专业相比则略显参差，非通用语种类专业之间相差无几。再次，"国际交流"项则在英语类专业和其他外语类专业之间形成反差。相较于英语类专业培养过程中与英语国家之间的校际交流不足，其他语种专业能够为学生提供更多的交换学习类的国际交流条件。首批俄、日、法、德、阿专业以及非通用语专业的80个一流专业建设点有一个共同之处：即利用与对象国高校或机构建立的合作关系为学生提供短期留学或交换学习等国际交流条件，如北京外国语大学匈牙利语专业、波兰语专业，上海外国语大学波斯语专业，青岛大学德语专业，云南大学缅甸语专业，延边大学朝鲜语专业等均制订了明确的国际交流规划和学分换算等相关规定。例如，上述青岛大学德语专业为本科学生设立4至10个月不等的德国巴伐利亚州政府每月735欧元的全额奖学金；该专业每年选拔出10至12名成绩优秀的本科生于第六学期赴德国拜罗伊特大学交流学习一个学期。另有一定比例的外语专业与相应语种的国外大学及机构展开合作，如广西民族大学越南语专业和延边大学朝鲜语专业等设立"3+1"培养模式。延边大学朝鲜语专业与多所国外知名大学建立合作伙伴关系，积极开拓国外语言训练基地。该专业实施"3+1"培养模式，每年派出约50名学生赴朝鲜和韩国多所大学进行语言实习和文化考察。

值得说明的是，《国标》《指南》并未将与语言技能相关的训练实践纳入"实践教学环节"，但众多专业点在其人才培养方案中将之纳入该环节。考虑到专业核心课程中的语言技能训练要求，可以说这是所有专业点重视程度最高和规定最为统一的一项，其实践方式的设计亦最为丰富。

为便于借鉴，本章参阅了分布于东北、华北、西北、西南、华中、华南、华东各地包含表15.1涉及的全部23个语种25个外国语言文学类专业的多类院校（综合性大学、师范院校、外语院校、理工院校、民族院校、财经政法院校）共计56个一流专业建设点的人才培养方案，梳理其"实践教学环节"设置和要求，总结出各外语类知识基础且学有专长，提供了个性化发展的空间[1]；其他专业则均允许灵活设置。这一差异一方面能够反映不同语种在人才需求、师资和资源上的差异和所受限制，而在实践中，部分高校虽勉强开设非通用语种专业，但无力开设多个方向；另一方面也说明众多非通用语种类专业开设之困难，需要政府加大人、财、物投入，力保国家非通用语种类专业人才供给。

15.3.3 《国标》《指南》设置的实践教学环节要求贯彻情况如何？

《国标》《指南》就实践教学涉及的内容和方式做出了明确规定和建议，并要求实践教学环节须不低于专业总学时的15%。从各专业点的相关设置看，对"实践教学环节"理解有宽有窄，宽解者视实践教学环节贯穿本科学习全过程，且贯穿不同类型课程；窄解者视其为专业学习和创新创业实践。由于理解有宽有窄，不同语种专业点之间在实践教学环节的设置和要求以及相同语种内不同专业点之间的设置和要求均显现较大差异。梳理各专业点"实践教学环节"设置，3个特点清晰呈现。

其一，各专业点均注重实践教学，设计并实施了形式多样的实践教学内容。以青岛大学德语专业为例，其主要实践性教学环节包括创新能力拓展项目、社会实践项目、承担德语口笔译任务、德语戏剧表演、德语角活动、各类德语竞赛、各类学术报告、留学报告、毕业实习等多种形式。该专业提供多种实践渠道供学生选择，学生可通过包括公派留学德国、中德双学位项目以及在国内企事业单位、德国驻中国各文化机构、德国独资或中德合资企业实习进行翻译和工作实践。同时，该专业分派学生为青岛和其他地区举办的各级各类政治、经济、商务、体育、文化等活动提供语言类服务，参与实践。

其二，《国标》《指南》所建议的专业实习、创新创业实践、社会实践和国际交流等4种实践教学内容在英语类专业各建设点的培养方案中有较为全面的落实；俄语、日语、德语、法语等语种专业，尤其是本文表15.1最后一栏10个非通用语种专业，其落实更为集中于专业实践（以语言技能训练为主）和国际交流两项实践内容上。

---

1 除了统一的专业方向选择，少量专业点还在专业选修课部分设置"个性发展课程"或制订了鼓励学生个性化发展的课程选修政策，如大连理工大学英语专业要求修满4学分、大连外国语大学英语专业课外实践教学环节"个性化培养"要求2学分、贵州大学英语专业要求"个性课程"最低选修13.5学分。

其三，4项内容设置要求和贯彻情况不一。首先，"专业实习"为所有专业点统一要求，但除了师范院校英语专业英语教育方向有较明确的教学见习、教学实习要求外，其他专业几无相关要求。诚然，此项内容对于外语类专业学生而言很大程度上意味着"毕业实习"和就业去向，而毕业生就业早已不是计划经济时代的毕业分配，高校专业点对此似无能为力，一般将专业实习（特别是毕业实习）交由学生自主决策，自主实施。其次，"创新创业实践"和"社会实践"这两项内容在英语类专业之间较统一，而其他语种专业与英语类专业相比则略显参差，非通用语种类专业之间相差无几。再次，"国际交流"项则在英语类专业和其他外语类专业之间形成反差。相较于英语类专业培养过程中与英语国家之间的校际交流不足，其他语种专业能够为学生提供更多的交换学习类的国际交流条件。首批俄、日、法、德、阿专业以及非通用语专业的80个一流专业建设点有一个共同之处：即利用与对象国高校或机构建立的合作关系为学生提供短期留学或交换学习等国际交流条件，如北京外国语大学匈牙利语专业、波兰语专业，上海外国语大学波斯语专业，青岛大学德语专业，云南大学缅甸语专业，延边大学朝鲜语专业等均制订了明确的国际交流规划和学分换算等相关规定。例如，上述青岛大学德语专业为本科学生设立4至10个月不等的德国巴伐利亚州政府每月735欧元的全额奖学金；该专业每年选拔出10至12名成绩优秀的本科生于第六学期赴德国拜罗伊特大学交流学习一个学期。另有一定比例的外语专业与相应语种的国外大学及机构展开合作，如广西民族大学越南语专业和延边大学朝鲜语专业等设立"3+1"培养模式。延边大学朝鲜语专业与多所国外知名大学建立合作伙伴关系，积极开拓国外语言训练基地。该专业实施"3+1"培养模式，每年派出约50名学生赴朝鲜和韩国多所大学进行语言实习和文化考察。

  值得说明的是，《国标》《指南》并未将与语言技能相关的训练实践纳入"实践教学环节"，但众多专业点在其人才培养方案中将之纳入该环节。考虑到专业核心课程中的语言技能训练要求，可以说这是所有专业点重视程度最高和规定最为统一的一项，其实践方式的设计亦最为丰富。

  为便于借鉴，本章参阅了分布于东北、华北、西北、西南、华中、华南、华东各地包含表15.1涉及的全部23个语种25个外国语言文学类专业的多类院校（综合性大学、师范院校、外语院校、理工院校、民族院校、财经政法院校）共计56个一流专业建设点的人才培养方案，梳理其"实践教学环节"设置和要求，总结出各外语类专业点落实《国标》《指南》规定的专业实习、创新创业实践、社会实践和国际交流等实践教学四大方面的多种形式和路径。基于上述分析,我们在《国标》《指南》所列"专业实习"前增加了"专业实践"类别,具体见表 15.2。

表 15.2 外国语言文学类专业建设点实践教学内容与形式汇总

实践教学环节内容	实践教学形式与课程
专业实践	听说读写译语言技能训练、语音达标训练、戏剧与实践、专业实践工作坊、文献信息检索、认识实习、模拟联合国、创办专业相关公众号、专业实践训练(导师制)等
专业实习	岗位见习、岗位实习、应用软件类/程序设计类实验、国际会展实习、接受大学生就业指导、中学 STEAM 训练(实践)、在线课程制作、教育研习、英语教学案例分析、英语教学活动设计、观课说课评课、模拟授课、法律援助等
创新创业实践	外语专业知识与技能竞赛、科技竞赛、创业竞赛、学习兴趣小组、学术社团、创新创业项目、科研规范训练、学生科研项目、助研、发表高水平论文、大学生创业基础、学科类和创新创业类竞赛、获得专利
社会实践	社会调查、田野调查、志愿服务、校内外大型活动、思政讲座、思想政治理论课社会实践、勤工助学、支教、助教、公益活动、公益劳动、安全教育
国际交流	国际夏令营、短期留学、海外高校交换学习、国内外联合培养、参加国际会议、暑期国际学校课程

此外,实践教学环节并非仅涉及狭义"专业"内容,通识教育课程同样涉及实践教学,如军事训练、体育锻炼、思政教学社会实践内容。部分内容集中安排,部分内容则须贯穿学习全过程。各类实践教学活动为外语类专业学生的全面发展创造了丰富的资源。

15.3.4 《国标》《指南》有关毕业论文的要求贯彻情况如何?

在《国标》"课程结构"部分,课程体系将"毕业论文"单列,与通识教育课程、专业核心课程等 4 大类并列；而各专业《指南》对此有不同处理。英语类三个专业统一将"毕业论文"作为"实践教学环节"的一个部分，与"专业实习"等 4 类实践并列；另有俄语专业和法语专业与英语类专业相同处理。德语、阿拉伯语、日语和非通用语种类专业均沿用《国标》的处理方法，即将"毕业论文"纳入"课程结构"，这 4 个专业的《指南》均缺少"实践教学环节"的教学计划表。

为使本科毕业论文真正成为一个有利于人才培养的环节，成为同学们在解决理论或现实问题过程中进一步学习和成长的环节，《国标》《指南》中规定了一门与毕业论文相关的必修专业核心课程——"论文写作与研究方法"[1]。大部分专业点将该课程置于第 6 或第 7 学期开设，这是学生学习专业方向课程、准备专业实习、计划选题的阶段，也是做中学、边学边用、学以致用的训练阶段。《国标》《指南》要求毕业论文选题应符合专业培养目标和培养规格，论文写作须符合学术规范。然而，学术论文并非毕业论文的唯一形式。《国标》提供了 5 种"毕业论文"形式，除学术论文外，还有翻译作品、实践报告、调研报告和案例分析。商务英语专业因其培养方向的实践内容有别于其他外国语言文学类专业，其专业《指南》允许学生以商务计划书、商务研究报告和商务案例分析报告作为毕业论文形式。除非通用语种类专业《指南》允许毕业论文以专业外语或汉语写作外，其他语种专业均要求以专业外语开展写作。

《国标》并未规定毕业论文的学分和学时，而仅规定毕业论文学分应不低于专业总学分的 3%。《指南》中英语类 3 个专业、俄语及法语专业对此均设计为第 8 学期 10 周教学工作量，计 5 学分；其他专业无相关规定。各专业点具体设计有较大差异，如对外经济贸易大学商务英语和阿拉伯语专业规定毕业论文撰写时长为 24 周，计 12 学分，为所有专业点中毕业论文学分最多者[2]；黑龙江大学俄语专业要求 14 周，计 8

---

1 学术论文写作与基本研究方法有着密切联系，严格说来，前者基于后者，无研究方法，便无高质量研究。但是否适合合并为一门课程开设，尚需存疑。事实上少数院校的外语类专业培养方向分设为"研究方法"和"论文写作"两门课程，如北京师范大学英语专业、山东大学英语专业、华中师范大学英语专业；但亦有部分专业点，如北京语言大学日语专业，仅设置"论文指导课"，其课程说明中未提及研究方法。南京大学英语专业在学术论文写作方面给予了 6 学分，分别于第 5、6、7 学期开设"英语学术写作（上）""英语学术写作（下）"和"论文写作与研讨"3 门课程，且均为专业核心课程；该专业毕业论文亦被赋予相对更高的 8 学分。

2 对外经济贸易大学商务英语专业和阿拉伯语专业的毕业要求分别为最低 180 学分和 197 学分。毕业论文按 12 学分计，则分别占该两个专业总学分要求的 6.67% 和 6.09%。

学分；同样 8 学分，海南大学日语专业要求 8 周；四川大学英语专业计 6 学分，120 学时；云南民族大学缅甸语和天津财经大学商务英语专业均计 6 学分，要求 16 周；天津外国语大学日语等诸专业点设计为 5 学分；北京外国语大学、上海外国语大学、西安外国语大学各专业均设计为 4 学分；北京大学各语种专业规定毕业论文为获得学士学位的必要条件，但不计学分。《国标》《指南》将毕业论文核算为 5 学分，原因可能在于这一分值符合"不低于专业总学分的 3%"这一原则规定。以总学分最低 150 计算，毕业论文应达 4.5 分以上方满足《国标》要求。

《国标》《指南》建议了 5 种毕业论文形式，实则考虑到各专业点的人才培养多元化现实（祝朝伟 2014；常俊跃、刘之攀 2015），为各专业点做出灵活要求提供了方便，各专业点依据专业定位和培养方向合理选择即可[1]。在各专业点的毕业论文要求中，学术论文是普遍接受的形式，在部分专业点甚至是唯一接受的形式，例如北京大学法语专业、印地语专业等。部分专业点，尤其是以培养应用型人才为主的综合性院校和外语院校的英语类专业点，明确提出可接受不同形式的毕业论文。例如湘潭大学英语专业给出了 3 个选择项，学生可选择学术论文、翻译实践报告、创意写作中任何一种。再如西安外国语大学商务英语专业的毕业论文可选择学术论文、翻译作品、案例分析、调研报告、毕业设计、毕业作品等形式。同为商务英语专业，对外经济贸易大学的毕业论议分为学术类和实践类，其中学术类采用学术论文/毕业设计，实践类包含项目报告（如商业计划、营销方案、案例分析、翻译及评述等）和调研报告（如企业、行业、市场调研分析等）；该专业提出实践类毕业论议的指导和考核须有企业或行业专家参与，为参阅到的材料中所仅见。此要求突出了复合应用型人才培养的特色，值得借鉴。诚然，提供多类型毕业论文选择的前提是教师熟悉多类形式的毕业论文并具备相应指导能力，这对各专业点的师资建设提出了新的任务。

从上述对首批纳入国家级一流专业建设点的外语类专业课程体系情况所做的 4 方面分析可以看出，不同语种专业对于《国标》《指南》的落实情况既有共性，也有个性，同中有异。鉴于语种众多，人才培养起点不一，同一《国标》下的课程体系建构和实践必然存在差异。总体而言，在追求培养复合型外语专业人才这一点上，各专业点各显神通，最大程度贯彻《国标》《指南》的原则和要求，充分利用各种资源条件，

---

[1] 如西安外国语大学翻译专业的毕业论文仅接受翻译作品。

设置了颇有特色的课程体系。如课程体系得到较好实施，则这些专业点可以为各自专业的学生打下较好语言基本功，形成必要的专业知识结构，并为进入培养方向的学习和实践做好初步准备，包括专业知识和基本研究方法准备。

15.4 问题与借鉴

《国标》《指南》的一些重要原则和要求需要依托良好的课程体系加以落实，更需要在良好的课程教学中落实。科学的课程体系设置需要摒弃完全实用主义思维，应以全人教育为出发点，既遵循学科逻辑，又对接国家经济社会发展需要，为学生的终生发展奠基。

另一方面，《国标》要求外语类专业充分利用学校通识教育课程资源，帮助学生搭建合理的知识结构。有两例可资借鉴。一例为中国海洋大学英语专业的做法，其复合型外语人才培养目标要求学生掌握在涉海外交、外事、英语教育、国际贸易等领域具备竞争优势和可持续发展的潜力，要求本科生毕业前均须从学校通识教育的 5 个子模块[1]里选修两个及以上模块至少 8 个学分的课程，且选修课程与该专业培养方案设置的专业课程不相关。另一例为北京外国语大学非通用语种类专业（如波兰语专业）的做法。这些专业统一规定学生须在校级通识课程中的 6 大模块[2]修满 12 个选修学分，每个模块至少要选两学分，且不得选修与自己专业相近的课程；同时规定学生每学期选修通识课门数不超过两门。此两例有两个共同点：一是要求课程面较广；二是学分要求较多且跨时长。这两个共同点起到了将通识教育贯穿全过程、合理建构知识结构的作用。

《国标》特别指出，应突出思辨能力和创新能力培养。此二项为长期困扰外语类专业人才培养的难题，一个重要原因是缺少课程依托。事实上，培养思辨能力和创新能力不仅需要依托课程教学进行，也需要理论知识课程与实践教学相互配合来促成。这方面亦有两例可供借鉴。一例为国际关系学院英语专业的实践，该专业在其课程

---

1 中国海洋大学的校级通识课程模块包含 5 个子模块，分别为"科学精神与科学技术""社会发展与公民教育""经典阅读与人文修养""艺术与审美"和"海洋环境与生态文明"。
2 北京外国语大学校级通识课程 6 模块为："历史、哲学与比较文明""文学、艺术与文化研究""社会科学与区域研究""语言、翻译与跨文化传播""科学技术与社会发展"和"身心健康与自身发展"。

体系中专设了"思辨能力培养模块",含8门课程计16学分(要求选满15学分,实际上要求全选)。另一例来自南开大学英语专业的实践,该专业课程体系中设有"英语演讲与辩论""创新研究与训练"等专业必修课,并提供了包含"个性化英语学习""英语研究式学习""应用语言学研究方法"和"学术英语写作(项目)"在内的"创新能力培养模块"选修课程(张文忠、冯光武 2015)。依托真实研究项目,课内外打通,融思辨能力和创新能力训练于项目之中。不仅如此,学生亲身参与实践项目所带来的知识深度远比单纯理论灌输深厚得多,对于矫正"思辨缺席症"(黄源深 1998,2010)无异于一剂良药。此类实践是外语类专业贯彻思辨能力和创新能力培养的积极尝试。

一如《国标》要求,各专业点应根据经济社会发展需要建立动态课程调整机制。课程设置不能一成不变,其体系建构与实施同社会发展之间存在的张力将推动外语类专业不断创新发展,开辟更加广阔的空间。

参考文献

[1] 常俊跃. 对《国标》框架下外语院校英语专业课程设置的思考 [J]. 外语教学,2018(1):60-64.

[2] 常俊跃、刘之攀. 外语专业本科毕业设计(论文)多样化的现实思考 [J]. 东北亚外语研究,2015(1):54-58.

[3] 常俊跃、赵永青. 学生视角下的英语专业基础阶段"内容·语言"融合的课程体系 [J]. 外语与外语教学,2010(1):13-17+73.

[4] 常俊跃、赵永青、赵秀艳. 关于我国高校英语专业培养目标、培养要求和核心课程的思考 [J]. 外语与外语教学,2013(6):933-940.

[5] 冯光武. 把握国标精神 找准学校定位 突出专业特色——《高等学校英语专业本科教学质量国家标准》的实施建议 [J]. 外语界,2017(1):2-6.

[6] 何玲梅. 英语专业英语课程设置的向度 [J]. 外语教学,2013(2):76-80.

[7] 贺学耘、曾燕波. 高校本科翻译专业课程设置现状及体系重构 [J]. 解放军外国语学院学报,2013(5):69-72.

[8] 黄源深. 思辨缺席 [J]. 外语与外语教学,1998(7):1-19.

[9] 黄源深. 英语专业课程必须彻底改革——再谈"思辨缺席"[J]. 外语界, 2010（1）: 11-16.

[10] 蒋洪新. 构建人类命运共同体视阈下的中国外语教育改革[J]. 外语教学与研究, 2018（3）: 419-420.

[11] 教育部. 教育部办公厅关于实施一流本科专业建设"双万计划"的通知, 2019.

[12] 教育部. 教育部关于一流本科课程建设的实施意见, 2019.

[13] 教育部. 一流本科教育宣言, 2018.

[14] 金利民. 注重人文内涵的英语专业课程体系改革[J]. 外语教学与研究, 2010（3）: 176-183.

[15] 孙有中. 贯彻落实《国标》和《指南》，推进一流专业和一流课程建设[J]. 外语界, 2020（3）: 2-4.

[16] 孙有中、金利民. 英语专业的专业知识课程设置改革初探[J]. 外语教学与研究, 2010（4）: 303-305.

[17] 孙有中、李莉文. CBI和ESP与中国高校英语专业和大学英语教学改革的方向[J]. 外语研究, 2011（5）: 1-4.

[18] 孙玉华. 高校外语专业课程建设刍议[J]. 外语与外语教学, 2010（1）: 6-8.

[19] 王巍巍、仲伟合. "国标"指导下的英语类专业课程改革与建设[J]. 外语界, 2017（3）: 2-8+15.

[20] 王卓. 回归与创新:《国标》视野下高校英语专业外国文学课程体系构建[J]. 外语电化教学, 2019（5）: 7-12.

[21] 张文忠. 外语人才培养规格新议[J]. 山东外语教学, 2021（1）: 49-58.

[22] 张文忠、冯光武. 关于英语专业设置创新能力培养课程模块之思考[J]. 外语与外语教学, 2015（3）: 29-34.

[23] 祝朝伟. 翻译专业本科毕业论文多样化改革质量监控与成效研究[J]. 英语研究, 2014（1）: 60-64.

[24] 庄智象、谢宇、韩天霖，等. 国际化创新型外语人才培养的思考——教学大纲、课程体系、教学方法与手段[J]. 外语界, 2012（4）: 61-67.